영어의 시작과 끝 리라클 영어

머리말 PRAFACE

> **"계속하다 보면
> 저절로 알게 된다구요?"**

절대로, 절대로! 아닙니다. 정확한 개념 이해가 동반되지 않은 상태에서 문제 풀이만 해봐야 늘 기가 막히게 그 점수 그대로일 것입니다. 이것은 제가 만들어 낸 얘기가 아니라 아마 주변에서 흔히 목격했던 내용들일 것입니다.

그런데 왜 그런 것일까요?

영어는 단계별 학습으로 이루어져 있기 때문에 전 단계가 완벽하게 이루어지지 않았다면 백날 고급 영어를 뒤적여 봐야 점수는 늘 제자리입니다.

또한 많은 학자들이 하나같이 입을 모아서 하는 얘기는, 가장 좋은 교재란 본인의 실력보다 30퍼센트 정도 높은 것이어야 한다는 것입니다. 너무 어려워도 도움이 안 되고, 너무 쉬워도 공부할 게 없다는 것이죠. 포기하지 않을 정도, 한 단계 한 단계 도전이 재미있게 느껴질 정도, 딱 그 정도가 가장 유용한 교재라고 합니다.

하지만 중·고급 단계의 영어 책들은 많이 있지만, 영어의 기초가 조금 부족한 학습자들을 대상으로 한 영어 책은 많이 찾아볼 수가 없었습니다.

그래서 꼭 좋은 기초 영문법 책을 써야겠다는 생각을 하게 되었습니다.

또한 영어를 강의하면서 영어 과목에 어려움을 겪는 많은 학생들과 상담을 해보면 하나같이 기초가 부족해서라는 생각이 듭니다. 그러한 상태에서 상위 내용만 주입해 봐야 점수는 별로 오르지 않습니다. 이런 학생들을 보면서 '이들에게 필요한 것이 무엇일까', '쉽고 재미있게 영어의 기본기를 닦을 수는 없을까', '차근차근 단계별로 시작할 수는 없을까', '포기하지 않게 하는 영어 책은 없을까' 하는 고민에 고민을 거듭한 후에 나온 책이 바로 '테이크 아웃 기초영문법'입니다.

"여러분의 고충을 완벽하게 해결해 드리겠습니다"

　여러분의 고충을 완벽하게 해결해 드리겠습니다. 복잡하고 어려운 영문법은 없습니다. 하나하나씩 개념을 정리하고, 그와 관련된 출제 포인트를 익힌 후 단원별 문제를 통해 점검하고 누적되는 Actual Test를 통해 앞뒤 내용을 계속해서 공부할 수 있도록 만들었습니다.

　단, 한권의 책을 자기의 것으로 만들기 위해서는 보통 최소 3번 이상 정독을 해야 한다고 합니다. 이 책을 한 번 본다고 해서 100퍼센트 자기의 것이 되지 않으므로 반드시 3번 이상 정독을 해야 합니다. 저와 함께 이것만 약속하신다면 저는 여러분께 완벽한 기본 영어 정복을 선물해 드릴 수 있을 겁니다. 오늘부터 마음 굳세게 먹고, 저와 함께 영어 정복의 여행을 시작해 보자구요!!!

그럼 우리 함께 갑시다!!! Here we go!!!

구성과 특징
composition & feature

CHAPTER 01　품사와 문장 성분

01　영어의 8품사

TIP&TIP

보어에 대한 보충 설명

보어는 수식어와는 다르게 문장 필수 성분으로 생략이 불가능하다. 수식어는 문장 필수 성분이 주어, 서술어, 목적어, 보어 혹은 다른 수식 성분을 수식하는 역할이므로, 생략해도 문장 성분에 이상이 없지만, 보어는 생략할 경우 문장이 비문이 되거나, 다른 의미가 된다.

- Eating fibers a lot is **very good for your health**.
　　　　　　　　　　　　주어보어

종속절을 주절에 연결해 준다.

명사절을 이끄는 종속접속사	부사절을 이끄는 종속접속사
that if whether what(관계대명사) 의문사	이유 : because, now that 등 양보 : though, although, even though, even if 등 양태 : as 등 시간 : when, until, since, while 등 조건 : if, unless 등 목적 : so that, in order that 등 결과 : so that, so ~ that 등

CHAPTER 01　출제 포인트

Point 01　문장 기본 구조를 완성하라!

CHAPTER 01　단원별 확인 문제

01　다음 밑줄 친 부분 중 어법상 틀린 것은?

　I ① organize my ② office and ③ my need the ④ latest computer model.

01 CHAPTER 01-10

초보자들을 위해 영문법의 핵심만을 뽑아 총 10개의 챕터로 구성하였습니다.
각 챕터는 이론 설명, 출제 포인트, 단원별 확인 문제로 구성되어 있습니다.

CHAPTER
각 챕터에서 무엇을 배우는지 알려 줍니다. 해당하는 문법의 설명과 학습할 사항에 대하여 간략하게 제시하고 있습니다.

TIP&TIP
학습자들이 놓치기 쉬운 문법 사항을 정리하여 설명해 놓았습니다. 꼭 알아두었으면 하는 내용이므로 반드시 숙지하기 바랍니다.

도표
해당 문법에 대한 추가 설명을 도표와 박스로 간략하게 정리하여, 설명에서 빠진 부분을 보충하였습니다.

출제 포인트
출제자들은 반드시 알아야 할 문법의 핵심 문제를 시험에 출제합니다. 따라서 이에 대비하기 위해 각 챕터의 문법 문제에 접근하는 방법과 그에 해당하는 확인 문제를 수록하였습니다.

단원별 확인문제
각 챕터마다 문법 사항을 학습한 후, 관련 문제풀이를 통해 확실한 이해를 하고 다음 챕터로 넘어갈 수 있도록 하였습니다.

02 Actual Test

두 개의 챕터가 끝날 때마다 실전 문제를 풀어볼 수 있도록 하였습니다. 각 문법 내용을 충분히 파악하고 있는지 문제를 통해 확인하도록 하였습니다.

---

01 Actual Test

정답 및 해설 p. 379

◈ 다음 밑줄 친 부분 중 어법상 틀린 것을 고르시오. [1~20]

01　① Scientists involved in the ② discovery of ③ newly elements will be likely to ④ receive prizes.

02　In the ① same way those ② conservationists are fighting to ③ safeguard the world's biological ④ diverse.

03　① Although the assertions of these bio-cultural ② proponents, ③ their ideas have generally ④ fallen.

---

03 Final Test

두 개의 챕터가 끝날 때마다 실전 문제를 풀어볼 수 있도록 하였습니다. 각 문법 내용을 충분히 파악하고 있는지 문제를 통해 확인하도록 하였습니다.

---

01 Final Test

정답 및 해설 p. 379

◈ 다음 밑줄 친 부분 중 어법상 틀린 것을 고르시오. [1~18]

01　In 1999, Nuno ① come ② to California ③ because he wanted ④ to find a new job.

02　There are ① too many ② books she has in her room that she ③ doesn't need to buy ④ new one.

03　① After hard work from the job, she ② laid down and ③ fell asleep ④ in no time.

---

04 정답 및 해설

두 개의 챕터가 끝날 때마다 실전 문제를 풀어볼 수 있도록 하였습니다. 각 문법 내용을 충분히 파악하고 있는지 문제를 통해 확인하도록 하였습니다.

PART 01 정답 및 해설

01 단원별 확인 문제　p. 42

01	02	03	04	05	06	07	08	09	10
③	①	②	④	②	①	②	④	④	②
11	12	13	14	15	16	17	18	19	20
②	①	③	④	②	①	②	③	①	③

01　I ① organize my ② office and ③ my need the ④ latest computer model.

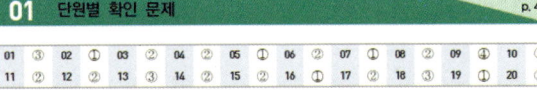

③ 동사 need 앞자리는 주어 자리이므로 소유격 대명사 my를 주격 대명사 I로 고친다. ① organize 앞에 주어 I가 있고, 뒤에 목적어 my office가 있으므로 동사 organize는 적절하다. ② 소유격 대명사 뒤에는 명사자리이므로 office는 적절하다. ④ 형용사의 비교급과 최상급은 형용사이며, 부사의 비교급과 최상급은 부사이다. late는 형용사(늦은), 부사(늦게)가 모두 가능

출제포인트　인칭대명사의 격
독해　③ (my → I)
해설　사무실을 정리하는 중이라 최신 컴퓨터 모델이 필요합니다.
어휘　organize [ɔ́ːrgənàiz] vt. 조직하다; 정리하다
latest [léitist] a. 최신의, 최근의

목차
CONTENTS

PART 01

CHAPTER 01	품사와 문장 성분	010
CHAPTER 02	주어 – 동사 수일치	048
	Actual Test 01	064

PART 02

CHAPTER 03	병치	068
CHAPTER 04	동사와 문장 구조	082
	Actual Test 02	114

PART 03

CHAPTER 05	태	120
CHAPTER 06	시제	141
	Actual Test 03	174

목차
CONTENTS

PART 04
- CHAPTER 07　준동사(=비정형 동사) —— 180
- CHAPTER 08　관계사 —— 227
- Actual Test 04 —— 247

PART 05
- CHAPTER 09　비교 —— 252
- CHAPTER 10　구문 정리 —— 274
- Actual Test 05 —— 290

PART 06
- FINAL TEST 01 —— 296
- FINAL TEST 02 —— 299
- FINAL TEST 03 —— 302
- BONUS 전치사구 —— 306

정답 및 해설 —— 317

영어의 시작과 끝 **리라클영어**

R
테이크아웃
기초영문법

PART 01

chapter 01 품사와 문장 성분

chapter 02 주어-동사 수일치

Actual Test 01

CHAPTER 01 품사와 문장 성분

01 영어의 8품사

(1) 명사(Noun)

사람, 사물, 동물의 이름을 나타내거나, '~(하)기, ~(하는) 것, ~(할)지'로 해석되는 어떤 행동이나 추상적인 개념을 나타낸다. 문장에서 주어, 목적어(타동사의 목적어, 전치사의 목적어), 보어 등으로 쓰인다.

- A **cat** is a cute animal. 고양이는 귀여운 동물이다.
- My **friends** like **puppies**. 나의 친구들은 강아지를 좋아한다.

(2) 동사(Verb)

사물의 동작이나 상태를 나타내며, 문장에서 서술어(술어동사)로 쓰인다. 우리말의 '~다'로 해석된다.

- Jennifer **played** the piano. 제니퍼는 피아노를 연주했다.
- We **are** friends. 우리는 친구다.
- Rira **wrote** this book. 리라가 이 책을 썼다.

(3) 형용사(Adjective)

사람과 사물의 성질·상태·수량 등을 나타내며, 명사(구)를 수식하거나 또는 보어로 사용된다. 주로 '~ㄴ(받침 니은), ~ㄹ(받침 리을), ~의'로 해석된다.

- **Tall** trees need lots of water and sun. 키 큰 나무는 많은 물과 햇빛을 필요로 한다.
- **Professional** men usually get much stress. 전문직 종사자들은 대개 많은 스트레스를 받는다.
  (* professional [prəféʃənəl] a 전문직의 n 전문가)
- The **kind** girl is my niece. 그 친절한 소녀는 나의 조카이다.

(4) 부사(Adverb)

시간, 장소, 이유, 방법 등을 나타내며, 문장 안에서 **형용사(구), 부사(구), 동사(구), 문장 전체 등을 수식**한다(명사를 제외한 나머지는 모두 부사가 수식한다고 보면 된다).

- They don't hesitate to make **environmentally** disruptive behaviors. [형용사 수식]

  그들은 환경적으로 파괴적인 행동을 서슴없이 일삼는다(일삼는 것을 주저하지 않는다).

- She draw several lines **vertically** straightly on the white paper board. [부사 수식]

  그녀는 하얀 종이판에 수직으로 똑바르게 몇 개의 선을 그었다.

- He runs **fast**. 그는 빨리 달린다. [동사구 수식]

- **Fortunately,** she can finish the job in time. [문장 전체 수식]

  운이 좋게도, 그녀는 시간 안에 그 일을 끝낼 수 있다.

(5) 전치사(Preposition)

명사 또는 대명사 앞에 놓여서 **다른 낱말과의 관계(장소, 방향, 위치, 때 등)**를 나타낸다. 전치사와 명사 혹은 대명사의 덩어리를 전치사구라고 한다. 전치사구는 문장에서 **형용사구** 또는 **부사구**의 역할을 한다.

- She saw Harrison **at** the hotel **near** Incheon International Airport.
  그녀는 인천 국제공항 근처에 있는 호텔에서 해리슨을 보았다.

- I bought a single ticket **to** Chicago.
  나는 시카고로 가는 편도 티켓을 샀다.

- The book **on** the table **in** the living room was difficult to me.
  거실 테이블 위에 그 책은 나에게는 어렵다.

(6) 접속사(Conjunction)

문장 내의 연결 장치로 절과 절을 연결한다. 접속사의 종류로는 등위접속사와 종속접속사가 있다.

① 등위접속사(대등접속사)

등위접속사(대등접속사)는 절과 절의 가운데에 위치하여 양 절을 대등하게 연결해 주는 접속사이다. 이 중 and, but, or는 양쪽에 공통이 되는 어구를 생략할 수 있으므로, 결국 단어와 단어, 구와 구, 절과 절 모두를 대등하게 연결해 줄 수가 있다.

and	그리고	so	그래서
but	그러나	for	왜냐하면
or(↔ nor)	또는(↔ 또한 ~ 아니다)	yet	그러나

- I go fishing or hiking on Sunday.
  나는 일요일에 낚시를 가거나 하이킹을 간다.
- The business is very profitable but risky.
  그 사업은 매우 수익성이 좋지만 위험성이 있다.
- She bought a blueberry cheese cake and apple pie.
  그녀는 블루베리 치즈케이크와 애플파이를 샀다.
- My mother is very respectable, so I respect her so much.
  나의 어머니는 매우 훌륭하셔서, 나는 그녀를 굉장히 존경한다.
- I didn't go to work, for I was very sick.
  나는 직장에 가지 않았다. 왜냐하면 너무 아팠기 때문이다.

TIP&TIP

등위상관접속사

등위상관접속사 역시, 양쪽이 대등하게 병치를 이루어야 한다.

- both A and B A, B 둘 다
- either A or B A, B 둘 중 하나
- neither A nor B A, B 둘 중 어떤 것도 ~ 아니다
- not A but B A가 아니라 B
- not only A but also B A 뿐만 아니라 B 도 또한

- I like **both** meat **and** vegetable. 나는 고기와 야채 둘 다 좋아한다.
- I will **either** meet him **or** stay at home. 나는 그를 만나거나 집에 있을 것이다.
- He speaks **neither** slowly **nor** accurately. 그는 천천히 말하지도 정확하게 말하지도 않는다.
- He is **not** a teacher **but** a poet. 그는 선생님이 아니라 시인이다.
- She is **not only** angry **but also** nervous. 그녀는 화가 났을 뿐만 아니라 초조해한다.

② 종속접속사

종속절을 주절에 연결해 준다.

명사절을 이끄는 종속접속사	부사절을 이끄는 종속접속사
that if whether what(관계대명사) 의문사	이유 : because, now that 등 양보 : though, although, even though, even if 등 양태 : as 등 시간 : when, until, since, while 등 조건 : if, unless 등 목적 : so that, in order that 등 결과 : so that, so ~ that 등

· I don't know **when** she may come back.
  나는 그녀가 언제 돌아올지 모른다.
· **Although** he is a soldier, he is not brave.
  그는 군인일지라도, 용감하지는 않다.
· I don't like summer **because** I hate boiling and steaming weather.
  나는 푹푹 찌는 날씨를 싫어하기 때문에 여름을 좋아하지 않는다.

(7) 대명사(Pronoun)

영어에서는 같은 명사를 반복하는 것을 싫어하여, **한 번 나온 명사를 대신하여 사용**한다. 명사와 같이 주어, 목적어, 보어로 쓰인다.

· **He** is my uncle. 그는 나의 삼촌이다.
· Yeonwoo loves **me**. 연우는 나를 사랑한다.
· Sujin sent an invitation card to **him**. 수진은 초대장을 그에게 보냈다.

(8) 감탄사(Interjection)

감탄하는 기분을 나타내는 말이다.

· **Gee,** I forgot this! 어머나! (나는) 이것을 깜빡 잊었네!
· **Oops!** I lost my wallet. 아뿔싸! (나는) 내 지갑을 잃어버렸네.
  cf gee 어머나(놀랐을 때나 어이없거나 황당할 때) / oops 아뿔싸(실수했을 때)

문장 안에서 8품사의 사용

구 분	주요 역할(성분)
명 사	주어, 목적어, 보어
동 사	서술어
형용사	(명사) 수식어, 보어
부 사	(형/부/동/문) 수식어, 문장 필수 부사
전치사	연결어
접속사	연결어
대명사	주어, 목적어, 보어

MEMO

기초 확인 문제

다음 밑줄 친 단어의 품사를 말해 보세요.

① Jenny <u>likes</u> cheese cakes.

② We had a <u>good</u> time last night.

③ I fell in love with him <u>when</u> I saw Ethan first.

④ <u>I</u> don't know his name.

⑤ Korea held a World Cup <u>in</u> 2002.

⑥ She reached the place <u>late</u>.

⑦ You <u>probably</u> know him.

⑧ I was <u>much</u> satisfied with the result.

⑨ She <u>feels</u> very happy.

⑩ <u>Since</u> 2003, they have run the business.

정답 및 해설

① 동사 / 제니는 치즈케이크를 <u>좋아한다</u>.
② 형용사 / 우리는 지난 밤 <u>좋은</u> 시간을 보냈다.
③ 접속사 / 나는 에단을 처음 봤을 <u>때</u> 그와 사랑에 빠졌다.
④ 대명사 / <u>나는</u> 그의 이름을 모른다.
⑤ 전치사 / 한국은 2002년<u>에</u> 월드컵을 개최했다.
⑥ 부사 / 그녀는 그 장소에 <u>늦게</u> 도착했다.
⑦ 부사 / 너는 <u>아마도</u> 그를 알거야.
⑧ 부사 / 나는 그 결과에 <u>매우</u> 만족스러웠다.
⑨ 동사 / 그녀는 매우 행복하다고 <u>느낀다</u>.
⑩ 전치사 / 2003년 <u>이후로</u>, 그들은 사업을 하고 있다.

02 구와 절

- 구 : 두 개 이상의 단어가 함께 쓰이면서 하나의 품사와 같은 역할을 하는 것. 단, 주어와 동사의 형태가 없어야 한다.
- 절 : 두 개 이상의 단어가 모여 하나의 품사와 같은 역할을 하는데, 이때 주어와 동사의 형태가 있어야 한다.

(1) 구의 종류

① 명사구

a gorgeous Italian leather bag, a handsome tall Korean man, the company on Wall Street, a pretty girl in a fabulous dress

② 동사구

can swim, have used, might sign the document, love Korean idol groups so much

③ 형용사구

very cute, much more important, of use, in the car

④ 부사구

very quickly, first of all, in the shop, at 5 o'clock, with courage

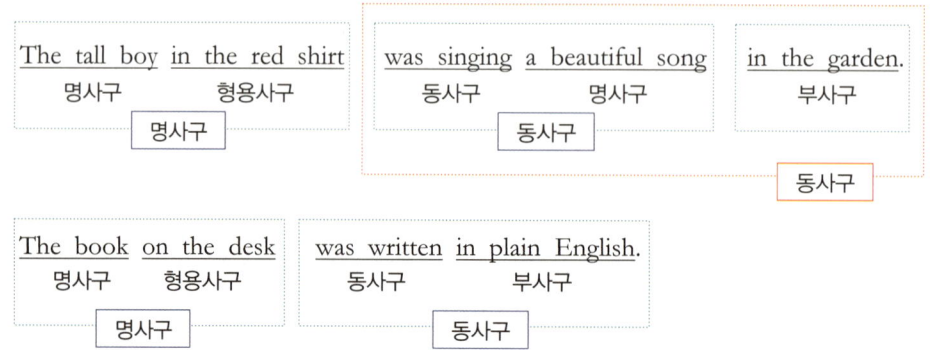

(2) 절의 종류

① 주절

문장 가운데서 중심이 되는 절을 주절(主節)이라고 하며, '~가 …다'라고 해석되는 절을 말한다.

- **She is a very attractive singer.** 그녀는 아주 매력적인 가수이다.

② 종속절

주절에 딸린 절을 종속절(從屬節)이라 한다. '~다'라고 해석되지 못하므로, **혼자서 독립할 수 없고, 주절의 일부(주절의 주어나 목적어, 보어, 수식어)가 되는 절**을 말한다. 종속절의 종류는 명사절, 형용사절, 부사절이 있다.

ⓐ 명사절(Noun Clause)

주어와 동사를 포함하는 단어들이 모여서 하나의 명사 단위로 사용되며, 주어, 목적어, 보어로 쓰인다. 주로 '**~(하는) 것, ~(하는)지**' 등으로 해석된다.

종 류			
That절	If/Whether절	의문사절(간접의문문)	관계대명사 What절

- I finally realized [**that she had changed a lot**].   목적어로 쓰임
  나는 [그녀가 많이 변했다는 것]을 마침내 깨달았다.

- I wonder [**whether he can come back or not**].   목적어로 쓰임
  나는 [그가 돌아올 수 있을지 없을지]가 궁금하다.

- This is [**what I hoped**].   보어로 쓰임
  이것은 [내가 바랐던 것]이다.

- [**That you should get up early**] is important.   주어로 쓰임
  = It is important [that you should get up early].
  [당신이 일찍 일어나야 하는 것]은 중요합니다(당신은 일찍 일어나야 합니다).

ⓑ 형용사절(Adjective Clause)

주어와 동사를 포함하는 단어들이 모여서 하나의 형용사 단위로 사용되며, 명사를 수식하는 형용사 역할을 한다. **관계대명사 what절을 제외한 나머지 관계대명사절과, 관계부사절**은 모두 형용사절에 속한다.

종 류	
관계대명사절	관계부사절

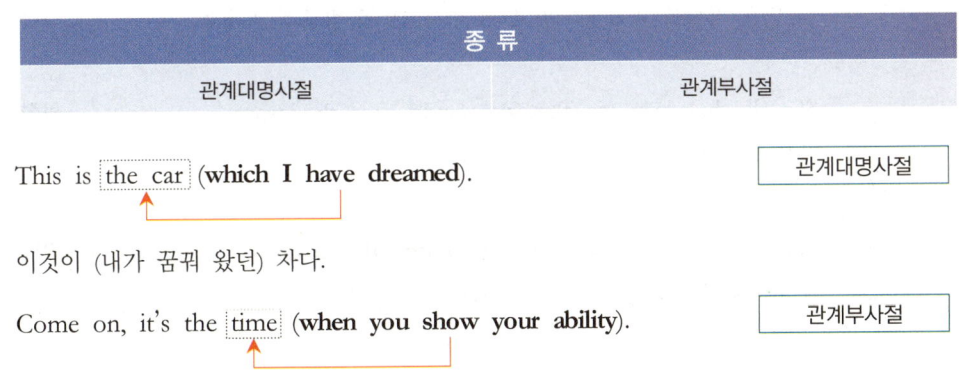

This is the car (**which I have dreamed**).   관계대명사절

이것이 (내가 꿈꿔 왔던) 차다.

Come on, it's the time (**when you show your ability**).   관계부사절

제발, 이제 (네가 너의 능력을 보여줄) 시간이다.

ⓒ 부사절(Adverb Clause)
주어와 동사를 포함하는 단어들이 모여서 하나의 부사 단위로 사용되며, 이유, 양보, 양태, 시간, 조건, 목적, 결과 등을 나타낸다.

종류	
이유	Because S V ~, As S V ~ 등
양보	Although S V ~, Though S V ~, Even though S V ~, Even if S V ~ 등
양태	As S V ~ 등
시간	When S V ~, While S V ~, Before S V ~, After S V ~, As soon as S V ~ 등
조건	If S V ~, Unless S V ~ 등
목적	So that S V ~ 등
결과	, so that S V ~ 등

*S = 주어, V = 동사

- (**Because it rains a lot**), take your umbrella. 　　　　　　[이유의 부사절]
  비가 많이 오기 때문에, 우산을 가져가라.

- (**Although she studied a lot**), she felt nervous before taking a test. 　　[양보의 부사절]
  그녀는 공부를 많이 했을지라도, 시험을 보기 전에 초조해했다.

- (**As your parents love you**), you have to love them. 　　　　[양태의 부사절]
  너의 부모님이 너를 사랑하는 것처럼, 너도 부모님을 사랑해야 한다.

- (**Before you go to bed**), don't forget to turn off the TV. 　　[시간의 부사절]
  자러 가기 전에, TV 끄는 것을 잊지 마라.

- (**If you want to have more information**), please visit our website. 　[조건의 부사절]
  더 많은 정보를 원하신다면, 우리 웹사이트를 방문해 주세요.

- She did her best (**so that she could pass the exam**). 　　　[목적의 부사절]
  시험에 합격하기 위해서, 그녀는 최선을 다했다.

- She did her best, (**so that she passed the exam**). 　　　　[결과의 부사절]
  그녀는 최선을 다했고, 그 결과 시험에 합격했다.

기초 확인 문제

다음 밑줄 친 구나 절의 종류(품사)를 말해 보세요.

① She raises beautiful tulips and roses in her garden.

② Justine enjoys playing soccer and basketball with his friends in the afternoon of the weekends.

③ I was late for school because of a car accident.

④ Traveling abroad is really interesting.

⑤ Harry hopes to travel Eastern Europe during summer vacation.

⑥ She met a financial analyst to invest her retirement allowance in the stocks.

⑦ Making fun of friends is a behavior that should be corrected.

⑧ I have a friend to listen to me.

⑨ Darkness, gradually, covers the front yard where we planted a small tree in the afternoon.

⑩ We played the rock music in the auditorium.

⑪ I'm really sorry to say so.

⑫ She might be born in Busan.

⑬ There are many people studying hard in the library.

⑭ I like chatting with my friends.

⑮ I remember seeing him at the meeting last year.

⑯ I think that I could afford to buy a lap top that I really have wanted to purchase.

⑰ When she arrives, she will call me.

⑱ I received a timepiece which is made up of metal from my best friend on my birthday.

⑲ Although I love you, I have to leave you.

⑳ I don't know whether I could remember the place where we are supposed to meet.

㉑ Heaven helps those who help themselves.

㉒ I remember the place where we met first.

㉓ What I thought was right.

정답 및 해설

① 명사구 / 그녀는 <u>아름다운 튤립과 장미</u>를 자신의 정원에서 기르고 있다.
② 부사구 / 저스틴은 주말 오후에 <u>친구들과</u> 축구와 농구하는 것을 즐긴다.
③ 부사구 / 나는 <u>자동차 사고 때문에</u> 학교에 늦었다.
④ 명사구 / <u>해외로 여행을 가는 것</u>은 정말 흥미롭다.
⑤ 명사구 / 해리는 여름 방학 동안에 <u>유럽을 여행하기</u>를 희망한다.
⑥ 부사구 / 그녀는 <u>퇴직금을 주식에 투자하려고</u> 재정 분석가를 만났다.
⑦ 명사구 / <u>친구를 놀리는 것</u>은 교정되어야 할 행동이다.
⑧ 형용사구 / 나는 <u>내 얘기를 들어 줄</u> 친구가 있다.
⑨ 형용사절 / 어둠은 <u>우리가 오후에 한 그루의 작은 나무를 심었던</u> 앞마당을 서서히 덮고 있다.
⑩ 부사구 / 우리는 <u>강당에서</u> 록음악을 연주했다.
⑪ 부사구 / <u>그렇게 말하게 되어</u> 정말 유감이다.
⑫ 동사구 / 그녀는 부산에서 <u>태어났을지도 모른다</u>.
⑬ 형용사구 / 도서관에는 <u>열심히 공부하는</u> 많은 사람들이 있다.
⑭ 명사구 / 나는 <u>내 친구들과 이야기하는 것</u>을 좋아한다.
⑮ 명사구 / 나는 <u>작년에 미팅에서 그를 본 것</u>을 기억한다.
⑯ 명사절 / 나는 <u>내가 정말로 사길 원하는 랩탑을 구입할 수 있을 것 같다는 것</u>을 생각한다.
⑰ 부사절 / <u>그녀가 도착할 때</u>, 그녀는 나에게 전화를 할 것이다.
⑱ 명사구 / 나는 내 생일날 제일 친한 친구로부터 <u>금속으로 만들어진</u> 시계를 선물 받았다.
⑲ 부사절 / <u>비록 내가 너를 사랑할지라도</u>, 나는 너를 떠나야만 한다.
⑳ 명사절 / 나는 <u>우리가 만나기로 한 그 장소를 내가 기억할 수 있을지</u> 모르겠다.
㉑ 형용사절 / 하늘은 <u>스스로 돕는</u> 자를 돕는다.
㉒ 형용사절 / 나는 <u>우리가 처음 만났던</u> 그 장소를 기억한다.
㉓ 명사절 / <u>내가 생각했던 것</u>이 맞았다.

어휘
financial analyst n 재정 분석가
retirement allowance n 퇴직금
stock [stɑk] n 주식
make fun of ~ ~를 놀리다
plant [plænt] v 심다 n 식물; 공장
yard [jɑːrd] n 마당
can afford to R ~할 여유가 있다
lap top n 랩탑 컴퓨터
timepiece n 시계
be made up of ~ ~으로 구성되다
be supposed to R ~해야만 한다; ~하기로 되어있다

03 문장 성분

(1) 주어(Subject)

문장의 주체가 되며(해석했을 때 '~은/는/이/가'에 해당), 명사와 대명사 및 동명사구, 부정사구, 명사절과 같은 명사(패밀리)는 모두 주어의 역할을 할 수 있다.

- **Bona** goes to church on Sundays. 보나는 일요일마다 교회에 간다.
- **Singing a song** is one of my hobbies. 노래를 부르는 것은 내 취미들 중 하나이다.
- **What I really want** is to see him. 내가 정말 원하는 것은 그를 보는 것이다.

(2) 서술어/술어동사(Predicate)

주어의 행동이나 상태를 나타내는 말('~다'로 해석됨)로, 문장에서 가장 중심이 되는 말이다. 동사(패밀리)가 서술어 역할을 할 수 있다.

- My sister **lives** in this apartment. 나의 언니는 이 아파트에 산다.
- Mary **is** my girl friend. 메리는 내 여자 친구이다.
- Wonjun **can speak** Chinese. 원준이는 중국어를 할 수 있다.

(3) 보어(Complement)

동사만으로는 의미가 충분하게 설명되지 못할 때, 그 모자란 부분을 보충해 줄 말이 있어야 한다. 따라서 동사가 서술해주지 못하는 부분에 대해서 주어나 목적어를 보충 설명하는 말이 바로 보어이다. 명사(구)와 형용사(구)들이 모두 보어의 역할을 할 수 있다.

구 분	명 사	형용사
주어 보어	• 주어와 동격이 될 때 He is a professor. (He와 professor가 동격) 그는 교수님입니다.	• 주어와 동격이 되지 않을 때(주어의 상태나 성질을 나타낼 때) He is polite. [He와 politeness가 동격이 안 됨. He가 예의 바른 성질(polite)을 가지고 있음.] 그는 예의 바르다.
목적어 보어	• 목적어와 동격이 될 때 Rira called her son Johnny. (her son과 Johnny가 동격) 리라는 그녀의 아들을 쟈니라고 불렀다.	• 목적어와 동격이 되지 않을 때(목적어의 상태나 성질을 나타낼 때) Her son made her happy. [her와 happiness가 동격이 안 됨. her가 행복한 상태(happy)임.] 그녀의 아들은 그녀를 행복하게 만들어 주었다.

TIP&TIP

보어에 대한 보충 설명

보어는 수식어와는 다르게 문장 필수 성분으로 생략이 불가능하다. 수식어는 문장 필수 성분인 주어, 서술어, 목적어, 보어 혹은 다른 수식 성분을 수식하는 역할이므로, 생략해도 문장 성분에 이상이 없지만, 보어는 생략할 경우 문장이 비문이 되거나, 다른 의미가 된다.

- Eating fibers a lot is **very good for your health**.
  주어보어
  섬유소를 많이 먹는 것은 건강에 좋다.

- A cup of coffee and good jazz music make me **happy and relaxed**.
  목적보어
  한 잔의 커피와 멋진 재즈 음악은 나를 행복하고 편안하게 한다.

- We call a baby **Joy**.
  목적보어
  우리는 그 아기를 조이라고 부른다.

만약 위 문장에서 보어를 생략한다면???

- Eating fibers a lot is. (×)
  섬유소를 많이 먹는 것이 대체 뭐라는 거니???

- A cup of coffee and good jazz music makes me. (×)
  한 잔의 커피와 좋은 음악이 나를 만든다고??? 내 부모님은 어쩌구???

- We call a baby. (○)
  틀린 문장은 아니지만 이 문장은 원 문장과는 다른 의미가 된다. 즉, "우리는 아기를 부른다." 혹은 "우리는 그 아기에게 전화를 한다."는 의미가 된다.

(4) 목적어(Object)[물체어, 대상어]

동사의 행동의 대상이 되는 말로, 명사(패밀리)가 목적어의 역할을 한다. 목적어는 주로 '~을/를' 혹은 '~에게'라고 해석한다.

- I was eating **pizza**.
  나는 피자를 먹고 있었다.

- Tell **me**. 나에게 말해라.

- Mary loves **swimming in the pool**.
  메리는 수영장에서 수영하는 것을 좋아한다.

- They insisted **that she should study hard**.
  그들은 그녀가 공부를 열심히 해야 한다고 주장했다.

(5) 수식어(Modifier)

수식어는 문장 주성분(주어, 서술어, 보어, 목적어)을 수식하는 말이므로, 문장의 필수 성분에는 포함되지 않는다. 형용사는 명사(구)를 수식하고, 부사는 명사를 제외한 나머지 어구[형용사(구), 부사(구), 동사(구), 문장 전체]를 수식한다.

- I received **beautiful** flowers.
  나는 아름다운 꽃들을 받았다.

- They finished the project **completely**.
  그들은 그 프로젝트를 완벽하게 끝냈다.

- **Successful** people are **highly** punctual **every time**.
  성공하는 사람들은 언제나 시간을 잘 지킨다.

- The movie was **really** interesting.
  그 영화는 정말 재미있었다.

- The **little** boy behaved **bravely**.
  어린 소년이 용감하게 행동했다.

기초 확인 문제

❂ 다음 밑줄 친 부분의 문장 성분을 말해 보세요.

① <u>We</u> have to finish this work.

② My mom always cooks <u>a huge turkey</u> on Christmas for my family.

③ After she graduated from the fashion school with great performance, she became <u>an outstanding designer</u>.

④ <u>Tom</u> designed a new model car.

⑤ She always makes me <u>sleepy</u>.

⑥ Cindy bought me <u>a cake</u>.

⑦ My mom called the dog <u>Daebak</u>.

⑧ She <u>can type</u> this report.

⑨ Eating a lot is <u>too bad for your health</u>.

⑩ Karen finishes <u>her work</u> before 7 o'clock.

정답 및 해설

① 주어 / <u>우리는</u> 이 일을 끝내야만 한다.
② 목적어 / 엄마는 항상 성탄절에 우리 가족을 위해 <u>커다란 칠면조를</u> 요리하신다.
③ 보어[주어보어] / 그녀는 우수한 성적으로 패션 스쿨을 졸업한 후에, <u>뛰어난 디자이너가</u> 되었다.
④ 주어 / <u>탐은</u> 신차를 설계했다.
⑤ 보어[목적보어] / 그녀는 항상 나를 <u>졸리게</u> 한다.
⑥ 목적어 / 신디는 나에게 <u>케이크를</u> 사 주었다.
⑦ 보어[목적보어] / 나의 엄마는 그 강아지를 <u>대박이라고</u> 불렀다.
⑧ 서술어 / 그녀는 이 보고서를 <u>입력할 수 있다</u>.
⑨ 보어[주어보어] / 많이 먹는 것은 <u>당신의 건강에 아주 해롭다</u>.
⑩ 목적어 / 카렌은 7시 전에 <u>그녀의 일을</u> 끝낸다.

어휘
turkey [tə́ːrki] n 칠면조
design [dizáin] v 설계하다; 계획하다 n 디자인, 도안; 계획
graduate [grǽdʒuèit] v 졸업하다
performance [pərfɔ́ːrməns] n 실행, 수행; 일, 작업
outstanding [àutstǽndiŋ] a 눈에 띄는, 뛰어난; 미해결의

CHAPTER 01 출제 포인트

Point 01 문장 기본 구조를 완성하라!

기본적인 문장 구조와 어구들을 살펴보면 다음과 같다.

01 N + 타동사 + N (+ 수식어)

대부분의 동사는 자/타가 다 되는 동사이고, 그것들의 대부분은 타동사로 쓰이므로 동사 뒤에 목적어로 쓰이는 명사가 온다.

- Many people buy coffee (on their way to work).
  명사구   동사   명사   부사구
  [주어]   [서술어][목적어]   [수식어]

많은 사람들은 직장으로 가는 길에 커피를 산다.

cf N + 자동사 (+ 수식어)

- Jason walked (all day long).
  명사   동사   부사구
  [주어] [서술어] [수식어]

제이슨은 하루 종일 걸었다.

02 N + be 동사 + 명사/형용사

be 동사는 불완전자동사이므로 뒤에 주어보어로 쓰이는 명사나 형용사가 온다.

- The man is my brother. 그 남자는 나의 오빠이다.
             명사구
             [주어보어]

- The man is handsome. 그 남자는 잘생겼다.
             형용사
             [주어보어]

03 전치사 + 명사

전치사 뒤에는 전치사의 목적어로 쓰이는 명사가 온다.

- The house over the bridge had already been sold.
  　　　　　전치사　　명사구
  　　　　　　　　[전치사의 목적어]

  다리 건너에 있는 저 집은 이미 팔렸다.

- I know the situation in detail.
  　　　　　　　　　　전치사　명사
  　　　　　　　　　　　　[전치사의 목적어]

  나는 그 상황을 자세히 알고 있다.

04 형용사 → 명사를 수식

» 명사구에서 관사의 위치는 명사구의 제일 앞자리이다. ((관) (부) 형 명)

- He enjoyed beautiful weather in Italy. 그는 이탈리아의 아름다운 날씨를 즐겼다.
- She is a kind lady. 그녀는 친절한 여자이다

05 부사 → 명사를 제외한 모든 어구 수식[형용사(구), 부사(구), 동사(구), 문장 전체를 수식]

- The company was highly profitable. 그 회사는 아주 수익이 좋았다.
- Fortunately, the weather became fine in the afternoon.
  운이 좋게도 오후에는 날씨가 좋아졌다.
- She tried to speak clearly. 그녀는 명확하게 말하려고 노력했다.
- She politely declined my offer. 그녀는 정중히 나의 제안을 거절했다.
- He made a phone call to me early in the morning.
  그는 아침 일찍 나에게 전화를 걸었다.

확인 학습 문제

01 다음 빈칸에 들어갈 말로 가장 적절한 것은?

_____ like to hold dance parties.

① Young
② Young people are
③ Young people
④ Are

02 다음 밑줄 친 부분 중 어법상 틀린 것은?

A better understanding of Alzheimer's ① <u>disease</u> is a ② <u>high</u> priority ③ <u>in</u> a ④ <u>demographical</u> aging society.

03 다음 밑줄 친 부분 중 어법상 틀린 것은?

Many ① <u>people</u> are ② <u>successfully</u> in keeping early hours, only ③ <u>at</u> the beginning of ④ <u>the year</u>.

04 다음 밑줄 친 부분 중 어법상 틀린 것은?

① <u>In</u> Korea, a lot of ② <u>people</u> ③ <u>life</u> in the ④ <u>apartment houses</u>.

05 다음 밑줄 친 부분 중 어법상 틀린 것은?

① <u>Unfortunately</u>, the rain forests in ② <u>many</u> places ③ <u>are</u> put in ④ <u>dangerous</u>.

06 다음 밑줄 친 부분 중 어법상 틀린 것은?

To ① <u>make</u> paper with red and ② <u>blue</u> threads ③ <u>in</u> it is ④ <u>illegally</u> in the United States.

정답 및 해설

01 정답 ③
해석 젊은 사람들은 댄스파티 여는 것을 좋아한다.
풀이 빈칸 뒤에 동사 like가 있으므로 빈칸은 주어 자리(명사 자리)이다. 따라서 정답은 ③이 된다. ②는 동사 중복으로 답이 될 수 없다.
어휘 hold [hould] vt 열다, 개최하다; 들고 있다; 보류하다

02 정답 ④ (demographical → demographically)
해석 인구 통계학적으로 고령화 사회에서 치매에 대해 제대로 이해하는 것이 가장 시급한 과제이다.
풀이 ④ 분사(형용사) aging을 꾸며 주는 것은 형용사가 아니라 부사이다. 따라서 형용사 demographical을 부사 demographically로 고친다. ② 형용사 high가 명사 priority를 꾸며 주고 있다.
어휘 Alzheimer's disease 알츠하이머병, 노인성 치매
priority [praiɔ́(:)rəti] n 우선권; 우선 사항, 긴급사
demographically ad 인구 통계학적으로 보아

03 정답 ② (successfully → successful)
해석 많은 사람들이 새해 초에만 일찍 자고 일찍 일어나기를 잘한다.
풀이 ② be 동사 뒤에는 부사가 아니라 형용사 보어가 들어가야 한다(사람들과 성공이 동격이 아니므로 명사 보어는 적절하지 않다). 따라서 부사 successfully를 형용사 successful로 고친다.
어휘 keep early hours 일찍 자고 일찍 일어나다
in Ring ~하는 데에 있어서
at the beginning of ~ ~의 초에

04 정답 ③ (life → live)
해석 한국에서는, 많은 사람들이 아파트에 살고 있다.
풀이 ③ 문장 내 본동사가 없으므로 명사 life를 동사 live로 고친다. 주어가 복수이므로 복수동사 live가 된다.

05 정답 ④ (dangerous → danger)
해석 불행하게도 여러 지역의 열대 우림이 위험에 처해 있다.
풀이 ④ 전치사 뒤에는 형용사가 아니라 명사가 들어가야 한다. 따라서 형용사 dangerous를 명사 danger로 고친다. ① unfortunately는 '불행하게도'라는 뜻의 부사로, 문장 전체를 꾸며 주고 있다. ② many는 셀 수 있는 복수명사와 함께 쓰이는 형용사이므로 적절하다. ③ 주어가 the rain forests로 복수명사이므로, 복수동사 are는 적절하다.

06 정답 ④ (illegally → illegal)
해석 미국에서는 빨간색과 파란색 실무늬를 넣은 종이를 만드는 것이 불법이다.
풀이 ④ be 동사 뒤에는 부사가 아니라 형용사 보어가 들어가야 한다. 따라서 부사 illegally를 형용사 illegal로 고친다. ① to make 뒤에 목적어(paper)가 있으므로, to R의 형태는 능동태가 적절하다.
어휘 thread [θred] n 실; 줄거리, 맥락
illegal [ilí:gəl] a 불법적인

Point 02 수식어(구)는 잠시만 잊어주세요

아무리 긴 문장이라도 골자는 간단하다. '**~가 …하다**'가 모든 문장의 핵심 구조이다. 따라서 문장 구조분석을 위해서 문장 필수성분이 아닌 수식어구들은 모조리 괄호 속에 묶어 버리면 쉽게 문장 구조를 파악할 수 있다.

> **▎수식어구 list(형용사와 부사에 상당하는 어구들)**
> 1. 전명구(전치사 + 명사)
> 2. 관계대명사 what을 제외한 관계절
> 3. 부사, 부사구, 부사절(이유, 양보, 양태, 시간, 조건 등)
> 4. , ,(콤마 콤마) 속에 들어 있는 어구
> 5. 분사구(문)

· The man (who is guilty) **says** [that all men speak ill of him].
    S   V   O
죄가 있는 사람은 모든 사람들이 자기를 욕한다고 말한다.

확인 학습 문제

01 다음 빈칸에 들어갈 말로 가장 적절한 것은?

Despite bad weather, Susie, one of my best friends, _____ to go camping tomorrow.

① deciding ② decision
③ decided ④ decisive

02 다음 빈칸에 들어갈 말로 가장 적절한 것은?

_____ of the lecture of this subject is posted on the school bulletin board.

① The schedule
② It is
③ Although
④ Unfortunately

정답 및 해설

01 정답 ③

해석 악천후에도 불구하고, 나의 가장 친한 친구 중 한 명인 수지는 내일 캠핑을 가기로 결심했다.

풀이 전치사구 Despite bad weather와 삽입어구 one of my best friends를 괄호 속에 넣으면, Susie가 주어가 되고, 빈칸은 동사 자리임을 알 수 있다. 따라서 정답은 ③이 된다.

어휘 despite [dispáit] prep ~에도 불구하고
decide [disáid] vt 결심하다
go Ring ~하러 가다

02 정답 ①

해석 이 과목의 강의 일정은 학교 게시판에 붙여져 있습니다.

풀이 '전치사 + 명사'는 수식어구이다. 따라서 of the lecture of this subject를 괄호 속에 넣으면 바로 뒤에 있는 동사구 is posted가 보인다. 이 문장에서는 주어에 해당하는 성분이 빠져 있으므로 빈칸에는 주어 역할을 하는 명사가 들어가야 한다. 보기 중에서 명사(구)로 쓰인 것은 ①번뿐이다. 따라서 ①이 정답이다.

어휘 lecture [léktʃər] n 강의
post [poust] vt 붙이다, 게시하다
bulletin board n 게시판

Point 03   하나의 절에는 반드시 하나의 동사

to 부정사, 동명사, 분사는 동사가 아니라 준동사이다. 이들은 be 동사나 have 동사와 결합하여 동사구를 만들 수 있지만, 이들 자체로는 절대로 동사가 될 수 없다. 하나의 절에는 하나의 동사가 꼭 있어야 하므로, 하나의 절 안에 동사가 없다면 그 절 안에 있는 준동사를 동사로 만들어주면 된다.

· The visitors, (instead of waiting for a guide), walked around the museum freely.
　　　S　　　　　　　수식어　　　　　　　V자리
방문객들은 가이드를 기다리지 않고 박물관을 자유롭게 돌아다녔다.

확인 학습 문제

01 어법상 빈칸에 들어갈 말로 가장 적절한 것은?

Local people _____ us a lot of support in our campaign.

① give
② giving
③ to give
④ given

02 다음 밑줄 친 부분 중 어법상 틀린 것은?

① Lots of people ② staying in this youth hostel ③ while they ④ are backpacking in Swiss.

03 어법상 빈칸에 들어갈 말로 가장 적절한 것은?

When the boy became a six, he _____ a difficult task needing intelligence power.

① attempting
② attempted
③ to attempt
④ to attempting

정답 및 해설

01 정답 ①

해석 현지 사람들은 우리의 캠페인에 많은 지원을 해준다.

풀이 문장 내 주어 local people에 대한 동사가 없으므로, 빈칸은 동사 자리이다. 나머지 보기들은 모두 준동사로 동사 자리에 들어갈 수 없으므로, 정답은 ①이 된다.

02 정답 ② (staying → stay)

해석 많은 사람들이 스위스에서 배낭여행을 다니는 동안에 이 유스 호스텔에서 묵는다.

풀이 staying in this youth hostel을 분사구라고 보면 앞에 있는 주어를 수식해 주지만, 이 문장에서 본동사가 없게 되므로 분사를 동사로 바꿔야 한다. 즉, staying을 동사 stay로 고친다. ① lots of 는 '많은'이라는 뜻으로, 가산/불가산명사 앞에 올 수 있다. ③ while은 '~하는 동안에'라는 뜻의 접속사이다. ③ 뒤에 '주어 + 동사'가 있으므로 ③은 접속사 자리가 맞다.

어휘 backpack [bǽkpæk] vi 배낭여행을 하다

03 정답 ②

해석 아이가 여섯 살이 되었을 때, 그는 지적인 힘을 요구하는 어려운 일을 시도했다.

풀이 빈칸 앞의 he는 주격 대명사이므로, he는 문장 내 주어이다. 빈칸을 사이에 두고 앞과 뒤에 동사가 없으므로, 빈칸은 동사 자리임을 알 수 있다. to R와 동명사는 모두 준동사로, 동사 자리에 들어갈 수 없다. 따라서 ② attempted가 정답이다.

어휘 attempt [ətémpt] vt 시도하다
task [tæsk] n 일, 임무; 작업
intelligence [intélədʒəns] n 지성, 이지; 이해력, 사고력

MEMO

Point 04 and, but, or는 품사계의 '양팔 저울'

등위접속사 and, but, or는 앞뒤에 공통된 어구가 나오면 생략이 가능하므로 결국 양쪽에 대등한 어구만 남게 되는 구조를 만드는 접속사이다. 따라서 등위접속사 and, but, or는 앞뒤로 병치가 되도록 해야 한다(무게를 맞춘다). 병치시키기(무게를 맞추기) 위해서는 **양쪽 어구의 품사를 같게 하고, 구조를 같게** 해야 한다(단어와 단어, 구와 구, 절과 절은 물론이고, and 앞에 to R면 and 뒤에도 to R, but 앞에 동명사이면 but 뒤에도 동명사, or 앞에 전치사구이면 or 뒤에도 전치사구 등). 그리고 **내용도** 맞춰야 한다[parents and educations(×) (부모와 교육) → parents and educators(부모와 교육가들)].

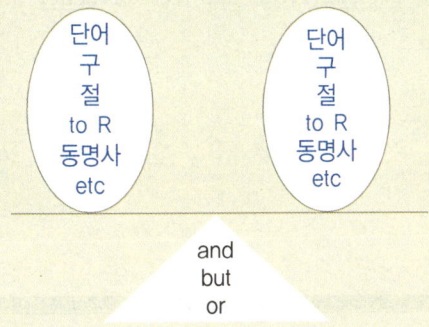

- I go **riding** a bicycle / or / to play basketball to the Han river park on weekends. (×)
  ↳ playing basketball

나는 주말에 한강 공원에 자전거를 타거나 농구를 하러 간다.

등위접속사 or를 사이에 두고 or 앞에는 Ring 구조인데 or 뒤에는 to R가 있으므로 옳지 않다. 따라서 or 뒤에 있는 to R를 Ring 구조로 고친다.

확인 학습 문제

01 다음 밑줄 친 부분 중 어법상 <u>틀린</u> 것은?

① <u>When</u> it rains ② <u>heavily</u>, ③ <u>driving</u> a car is terrible and ④ <u>danger</u>.

02 다음 밑줄 친 부분 중 어법상 틀린 것은?

The man ① <u>looks</u> cute and ② <u>youthfully</u>, and now our age difference ③ <u>is</u> very ④ <u>noticeable</u>.

03 다음 밑줄 친 부분 중 어법상 틀린 것은?

① <u>Through</u> diet and ② <u>exercise</u>, you can feel ③ <u>better</u> and ④ <u>to maintain</u> a healthy weight.

정답 및 해설

01 정답 ④ (danger → dangerous)
해석 폭우가 쏟아질 때, 운전하는 것은 끔찍하고 위험하다.
풀이 ④ and 앞에 형용사가 있으므로 and 뒤에도 형용사가 와야 한다. 따라서 명사 danger를 형용사 dangerous로 고친다.
어휘 heavily [hévili] ad 심하게
terrible [térəbəl] a 끔찍한
dangerous [déindʒərəs] a 위험한

02 정답 ② (youthfully → youthful)
해석 그 남자가 귀엽고 젊어 보여서, 이제 우리의 나이 차이는 확연히 드러났습니다.
풀이 ② and 앞에 형용사 cute가 있으므로 and 뒤에도 형용사의 형태가 와야 한다. 따라서 부사 youthfully를 형용사 youthful로 고친다.
어휘 youthful [júːθfəl] a 젊은, 팔팔한
age difference 나이 차이
noticeable [nóutisəbəl] a 주목할 만한, 두드러진

03 정답 ④ (to maintain → maintain)
해석 식이 요법과 운동을 통해서, 당신은 기분이 더 좋아지고 적정 체중을 유지할 수 있습니다.
풀이 ④ 등위접속사 and를 사이에 두고 양쪽이 병치가 되어야 하는데, and 앞에 동사구는 있지만 to R구는 없다. 따라서 to maintain을 동사 maintain으로 고친다.
어휘 diet [dáiət] n 식이요법
healthy [hélθi] a 건강한; 건전한; 건강에 좋은
healthy weight 건강한 체중, 적정 체중

Point 05 전치사(+ 명사) vs (종속)접속사(+ S + V ~)

전치사와 접속사가 시험에 출제될 때는 기본적인 구조를 묻기 때문에 전치사구와 종속절의 구조를 확인하기만 하면 된다. 전치사 뒤에는 '명사(구)'가, 종속접속사 뒤에는 '주어+동사 (구)~'가 온다. 이를 간단히 줄여서 전명구(전치사+명사구), 접주동(종속접속사+주어+동사)으로 기억해두자.

구 분	의 미	전치사 + N	종속접속사 + S V ~
이 유	~ 때문에	because of + N	because + S V ~
양 보	~에도 불구하고, 비록 ~일지라도	despite + N in spite of + N	though + S V ~ although + S V ~ even though + S V ~ even if + S V ~
시 간	~할 때	in + N	when + S V ~
	~하는 동안에	during + N for + N	while + S V ~

· <del>Although</del> all my efforts to persuade her, she wouldn't agree with me.
　　↳ Despite(= In spite of)
그녀를 설득하려는 나의 모든 노력에도 불구하고 그녀는 나에게 동의하려 하지 않았다.

위 문장에서 although는 접속사이다. 접속사 뒤에는 주어와 동사가 나와야 하는데 all my efforts to persuade her는 명사구이므로 접속사 although를 전치사 despite로 바꿔야 한다.

▎전치사와 접속사가 쓰임이 같은 단어

since, until, before, after, as 등

확인 학습 문제

01 다음 밑줄 친 부분 중 어법상 틀린 것은?

① <u>Because</u> this individualism, nowadays ② <u>almost</u> every ③ <u>family</u> is ④ <u>in</u> the danger of breakup.

02 다음 밑줄 친 부분 중 어법상 틀린 것은?

① <u>Despite</u> he worked hard, he failed ② <u>in</u> the project ③ <u>in which</u> he invested ④ <u>almost</u> all of his.

정답 및 해설

01 정답 ① (Because → Because of)

해석 이런 개인주의 때문에 오늘날 거의 모든 가족이 붕괴의 위험에 처해 있다.

풀이 ① 종속접속사 because에 밑줄이 쳐져 있는 이유는 전치사와 종속접속사를 구분하는지를 묻기 위해서이다. because는 종속접속사이므로 뒤에 '주어 + 동사'가 와야 하는데 이 문장에서는 because 뒤에 명사구가 와 있으므로, 접속사 Because를 전치사 Because of로 고친다. ② almost는 부사로서 뒤에 있는 형용사 every(모든)를 꾸며 주고 있다. ③ every는 단수명사와 결합하므로, 단수명사 family는 적절하다.

어휘 individualism [ìndəvídʒuəlìzm] n 개인주의
nowadays [náuədèiz] ad 요즘에는, 현재에는
almost [ɔ́ːlmoust] ad 거의
breakup n 붕괴, 와해; 분리; 해산

02 정답 ① (Despite → Although)

해석 그가 열심히 일했을지라도, 그는 자신의 거의 모든 것을 투자했던 프로젝트에서 실패했다.

풀이 ① despite는 전치사이므로 뒤에 명사(구)가 나와야 하는데, 뒤를 보니 '주어 + 동사'의 절이 나와 있다. 따라서 전치사 Despite를 접속사 Although로 고친다. ③ in which(전치사 + 관계대명사)는 완전한 구조의 절을 이끈다. 밑줄 뒤에 'he(주어) + invested(동사) + all of his(목적어)'의 완전한 구조가 나왔으므로 ③은 맞는 표현이다.

어휘 invest [invést] vt 투자하다; 투입하다; 쏟다
fail [feil] vi 실패하다; ~하지 못하다
almost [ɔ́ːlmoust] ad 거의
all [ɔːl] pron 모든 것 a 모든 ad 모두

Point 06 인칭대명사 격/수를 밝혀라!

문법 문제에서 대명사에는 반드시 밑줄이 있다. 이때 대명사를 보면서 그냥 해석만 하고 넘어가면 안 된다. 인칭대명사의 가장 큰 특징은 인칭대명사가 자리에 따라 **격**을 달리한다는 것이다. 즉, **주어자리**에는 **주격**, **목적어 자리**에는 **목적격**, **명사 앞자리**에는 **소유격**이 들어간다. 그리고나서 대명사가 지칭하는 선행사를 확인하여 인칭대명사의 **수(단수/복수)**를 따져봐야 한다. 또한 소유격 대명사 its를 it's와 혼동하지 않도록 주의하자.

▍인칭대명사의 격 변화

격 인칭·수	주 격	소유격	목적격	소유대명사
1인칭 단수	I	my	me	mine
1인칭 복수	we	our	us	ours
2인칭 단/복수	you	your	you	yours
3인칭 단수(여성)	she	her	her	hers
3인칭 단수(남성)	he	his	him	his
3인칭 단수(사물)	it	its	it	(its)
3인칭 복수	they	their	them	theirs

- 주어 자리 → 주격 (동사 앞자리는 주어 자리)

   즉, 주격 대명사 + V ~

   · She goes to school. 그녀는 학교에 다닌다.

- 목적어 자리 → 목적격 (타동사나 전치사 뒷자리는 목적어 자리)

   즉, ┌ Vt + 목적격 대명사
   　　└ 전치사 + 목적격 대명사

   · She loves me . 그녀는 나를 사랑한다.
   · She gave it to him . 그녀는 그것을 그에게 주었다.

- 명사 앞자리 → 소유격 (명사 앞자리는 소유격 자리)

즉, ┌ 소유격 대명사 + 명사 + V ~
     ├ Vt + 소유격 대명사 + 명사
     └ 전치사 + 소유격 대명사 + 명사

- My car was newly purchased. 나는 새로운 차를 구입했다.
- I lent him my books. 나는 그에게 내 책을 빌려주었다.
- at his house 그의 집에서

확인 학습 문제

01 다음 밑줄 친 부분 중 어법상 <u>틀린</u> 것은?

① <u>Becoming</u> a better friend for ② <u>you</u> dog begins with ③ <u>understanding</u> its ④ <u>nature</u>.

02 다음 밑줄 친 부분 중 어법상 옳지 <u>않은</u> 것은?

Raymond and Heather watched ① <u>them</u> daughter carefully, and observed ② <u>all the behaviors</u> thoroughly ③ <u>so as to figure out</u> causes of the mental disorder ④ <u>which</u> her daughter suffered.

03 다음 중 어법상 옳지 <u>않은</u> 문장은?

① She and he are a couple.
② Everyone has to attend the meeting except us.
③ I love him and he loves me.
④ She called you and I.

정답 및 해설

01 정답 ② (you → your)
해석 여러분의 강아지에게 더 좋은 친구가 되는 것은 그들의 본성(특징)을 이해하는 데서 시작됩니다.
풀이 ② 전치사 for의 목적어는 명사 dog다. 명사 dog 앞에서 명사를 한정해 주는 대명사는 소유격이 되어야 하므로 주격/목적격 대명사 you를 소유격 your로 고친다.
어휘 begin with ~ ~으로 시작하다
nature [néitʃər] n 본질; 본성; 자연

02 정답 ① (them → their)
해석 레이몬드와 헤더는 그들의 딸을 주의 깊게 쳐다보았고, 딸이 겪고 있는 정신적 장애의 원인을 알아내기 위해서 그녀의 모든 행동을 철저히 관찰했다.
풀이 ① watch의 목적어는 them이 아니라 그들의 딸(daughter)이다. 명사 daughter 앞에 들어가는 대명사는 소유격이 되어야하므로, them을 their로 고친다. ② all은 관사 the보다 앞에 위치한다. ③ so as to R는 '~하기 위해서'라는 뜻의 관용어구이다. ④ 선행사가 the mental disorder이고, 관계절 내 동사 suffered의 목적어가 없으므로 목적격 관계대명사 which는 적절하다.
어휘 observe [əbzə́ːrv] vt 관찰하다; 준수하다, 지키다
so as to R ~하기 위해서
cause [kɔːz] n 원인, 이유
mental disorder n 정신적 장애
　cf disorder [disɔ́ːrdər] n 혼란; 장애, 질환
suffer [sʌ́fər] v 경험하다; ~에 견디다, 참다

03 정답 ④ (I → me)
해석 ① 그녀와 그는 커플이다.
② 모든 사람들은 우리를 제외하고 그 회의에 참석해야 한다.
③ 나는 그를 사랑하고, 그는 나를 사랑한다.
④ 그녀는 너와 나를 불렀다.
풀이 ④ you and I는 타동사 called의 목적어이므로, 목적격 대명사를 써야 한다. 따라서 you and I를 you and me로 고친다.
어휘 except [iksépt] prep ~를 제외하고
attend [əténd] vt 참석하다, 출석하다

MEMO

Point 07　명사는 수량형용사와 수일치가 가장 기본

정말 거의 모든 명사는 가산명사와 불가산명사가 다 된다. 따라서 가산과 불가산을 따질 필요가 없다. 그보다는 수량형용사가 왔을 때, 그 **형용사와 명사의 수일치**를 따져 주는 것이 훨씬 더 현실적인 솔루션임을 잊지 말자.

숫자(two, three, four …)
many
a (great) number of
a great many
a few / few
several
various(= a variety of)
these / those

+ 셀 수 있는 복수명사

a / an(= one)
each
every
many a
another
this / that

+ 셀 수 있는 단수명사

much(= a large amount of)
a little / little

+ 셀 수 없는 명사

all
a lot of / lots of
plenty of
most
some / any
no
other

+ 셀 수 없는 명사
　셀 수 있는 명사

확인 학습 문제

01 다음 밑줄 친 부분 중 어법상 틀린 것은?

Every ① girls in our ② company ③ is crazy about ④ him.

02 다음 빈칸에 들어갈 말로 가장 적절한 것은?

The major problem with Korea Auction website is that it takes too _____ clicks until customers pay for the chosen items.

① many
② much
③ many a
④ every

03 다음 밑줄 친 부분 중 어법상 틀린 것은?

However, ① before you enjoy ② these fun activities outside, you have to ③ remember a few ④ thing.

04 다음 밑줄 친 부분 중 어법상 틀린 것은?

Now, another ① superstars has brought ② amazement and sense of ③ concern ④ in England.

05 다음 밑줄 친 부분 중 어법상 틀린 것은?

There are various ① reasons for these ② problem, and we ③ need to take several ④ steps.

정답 및 해설

01 정답 ① (girls → girl)
해석 우리 회사에 있는 모든 여성들이 그에게 반했다.
풀이 ① every라는 형용사 뒤에는 단수명사가 와야 한다. every는 every morning, every day, every student와 같이 단수명사와 결합하는 형용사이다. 따라서 every 뒤에 girls를 girl로 고친다.
어휘 be crazy about ~에 푹 빠져 있다

02 정답 ①
해석 한국의 전자 상거래 사이트의 가장 큰 문제는 고객이 선택한 물건을 결제하기까지 클릭 횟수가 너무 많다는 것입니다.
풀이 빈칸 뒤에 복수명사(clicks)가 보이므로 복수와 함께 쓸 수 있는 수량형용사(한정사)를 선택해야 한다. much는 불가산명사와 어울리므로 탈락이고, many a와 every는 단수명사와 어울리므로 정답은 ①이 된다.
어휘 major [méidʒər] a 주요한
take [teik] vt 걸리다, (시간을) 쓰다; 가져가다; 취하다
item [áitəm] n 물건

03 정답 ④ (thing → things)
해석 하지만 야외에서 이런 재미있는 활동을 하기 전에 당신은 몇 가지를 기억해야 합니다.
풀이 ④ 'a few + 복수명사' 구조이다. 따라서 thing을 things로 고친다. ② these는 지시형용사로 복수명사와 결합한다. ③ have to R는 '~해야만 한다'라는 뜻의 관용어구이다.
어휘 outside [àutsáid] ad 야외에서

04 정답 ① (superstars → superstar)
해석 현재 다른 뛰어난 선수가 놀라움과 걱정을 영국에 가져다주었다.
풀이 ① 'another + 단수명사' 구조이다. 따라서 복수형 superstars를 단수형 superstar로 고친다.
어휘 amazement [əméizmənt] n 놀라움
concern [kənsə́ːrn] n 걱정

05 정답 ② (problem → problems)
해석 이러한 문제에 대해서는 여러 가지 이유가 있으므로 우리는 몇 가지 조치를 취해야 한다.
풀이 ② 'these + 복수명사' 구조이다. 따라서 problem을 problems로 고친다. ① various는 '다양한'이라는 뜻으로 복수명사와 결합한다. ④ several은 '몇몇의'라는 뜻으로 복수명사와 결합한다.
어휘 reason [ríːzən] n 이유, 원인
need to R ~해야만 한다
take steps 조치를 취하다

CHAPTER 01 단원별 확인 문제

01 다음 밑줄 친 부분 중 어법상 틀린 것은?

I ① <u>organize</u> my ② <u>office</u> and ③ <u>my</u> need the ④ <u>latest</u> computer model.

❖ 다음 빈칸에 들어갈 말로 가장 적절한 것을 고르시오. [2~3]

02 Mr. Fox earned the _____ trust from his clients when he reported his final profit report.

① complete
② completely
③ completed
④ completing

03 The editor revised the article somewhat because the vocabulary in it was too _____ and the contents were so trite.

① repeating
② repetitive
③ repetition
④ repeat

❈ 다음 밑줄 친 부분 중 어법상 틀린 것을 고르시오. [4~8]

04 Emy ① <u>runs</u> ② <u>such</u> quickly that I could not ③ <u>keep</u> up ④ <u>with</u> her.

05 Recent research found that ① <u>identity</u> twins who ② <u>were</u> brought up ③ <u>separately</u> were more different than ④ <u>those</u> brought up together.

06 Rice and ① <u>barley</u> are ② <u>ready</u> available in Korea, ③ <u>because</u> korean people ④ <u>live on</u> them.

07 ① <u>Although</u> the recent slowdown, the ② <u>demand</u> of the ③ <u>newly</u> launched motors ④ <u>was</u> high in the country.

08 Some ① <u>bad</u> people attack women ② <u>because of</u> they are ③ <u>weaker</u> and more vulnerable ④ <u>than</u> men.

◈ 다음 빈칸에 들어갈 말로 가장 적절한 것을 고르시오. [9~10]

09 People living in this city think that the new hospital near the city center is not _____ sound.

① finance　　　　　　　　　② finances
③ financial　　　　　　　　　④ financially

10 I am really sorry for _____.

① lately　　　　　　　　　② being late
③ to be late　　　　　　　　　④ be late

◈ 다음 밑줄 친 부분 중 어법상 틀린 것을 고르시오. [11~20]

11 ① She said every ② countries needed ③ to work hard to ④ make the world peaceful.

12 ① However, many a younger ② students has fewer ③ chances to use their ④ hands when writing.

13 ① You can ② either take a tram or ③ walking yourself in order to ④ look at the animals.

14 He didn't ① express ② him thoughts for ③ fear that he be ④ misunderstood.

15 However, you have to ① remember several ② thing before you ③ put something in ④ your mouth.

16 We have a few ① vacancy not ② in permanent ③ but in ④ temporary positions.

17 ① The Netherlands now ② becoming the only country ③ in the world to allow the mercy killing of ④ patients.

18 ① Google will be developing and ② providing various ③ video content for the Samsung's ④ gadget.

19 Singapore is famous for ① it's cleanliness, and this ② country ③ is made up of one main island and 63 other smaller ④ islands.

20 ① There are a number of ② excellent and skilled ③ employee ④ in our company.

CHAPTER 02 주어-동사 수일치

▎주어-동사 수일치를 파악하는 3단계 요령

(1) 문장을 결정하는 핵심 성분인 서술어(동사)를 찾아라!

보통 주어는 후치 수식을 받는 경우가 많으므로 주어가 아주 길다. 그렇다면 동사를 먼저 찾아라!

(2) 수식어를 괄호로 묶어 보면 주어의 핵심어가 단수인지, 복수인지 알게 된다!

주어는 주어를 이루는 핵심 요소인 명사와 이를 수식하는 수식어인 형용사 상당어구[형용사(구), 분사, 전치사구, 관계절 등]로 이루어져 있으므로 수식어구를 괄호 속에 묶어 버린 후 주어의 핵심어만 가지고 단수와 복수를 파악해야 한다.

(3) 주어의 핵심어와 동사를 일치시키자.

단수 주어는 명사형 그대로이고, 복수 주어는 -(e)s로 끝나게 된다. 이때 주어가 3인칭 단수면, 현재 동사에 -(e)s를 붙여 준다는 것을 잊지 말자. 즉, 주어가 **N**이면, 동사는 **Vs**이고, 주어가 **Ns**이면 동사는 **V**가 된다.

CHAPTER 02 출제 포인트

Point 01 콤마 콤마(, ,)와 수식어구는 괄호로 묶어주기

삽입어구 즉, 콤마 콤마(, ,)의 안에 있는 것은 동격어구와 수식어구이므로 문장의 주요 성분과 무관하다. 그리고 수식하는 어구들도 마찬가지이다. 따라서 이러한 어구들을 괄호로 묶어놓고 주어와 동사의 일치 관계를 챙겨 주는 것이 편리하다.

▌자주 보는 수식어구

전치사+명사, 분사구, 관계절, 부사 상당어구

- Eunju, (my best friend), **is** a designer in Australia.
  나의 가장 친한 친구인 은주는 호주에서 디자이너이다.

- London, (the capital of UK), **has** wonderful parks in the city.
  영국의 수도인 런던은 도시에 아름다운 공원들이 있다.

- The books (which I have) **are** very informative and useful.
  영국의 수도인 런던은 도시에 아름다운 공원들이 있다.

MEMO

확인 학습 문제

01 다음 밑줄 친 부분 중 어법상 틀린 것은?

His wife, movie star Valerie Hobson, ① <u>always</u> ② <u>stand by</u> her husband ③ <u>because</u> he is ④ <u>right</u>.

02 다음 빈칸에 들어갈 말로 가장 적절한 것은?

His judgement about the situation _____ based on reason, not on prejudice.

① are   ② is
③ am   ④ be

03 다음 중 어법상 옳은 문장은?

① Only researcher with permission enter the lab.
② The area in the highest latitude in the globe is the Arctic, the north pole.
③ The girl on the table in the right side use a fork to beat the eggs.
④ The apples, in the basket over there, looks good.

정답 및 해설

01 **정답** ② (stand by → stands by)

해석 영화 스타 발레리 홉슨인 그의 부인은 그가 옳기 때문에 항상 그의 남편을 지지한다.

풀이 ② 동격어구인 삽입어구(movie star Valerie Hobson)와 수식어(부사 always)를 괄호로 묶어 보면 주어와 동사의 뼈대가 보인다. 주어(His wife)가 3인칭 단수이고, 동사가 현재 시제이므로, 복수동사 stand by는 적절하지 않으므로, 이를 단수동사 stands by로 고친다. ① always는 빈도 부사로, 일반동사 앞에 위치한다. ③ because는 접속사로 절을 이끈다.

어휘 stand by 지지하다; 대기하다

02 **정답** ②

해석 상황에 대한 그의 판단은 편견이 아니라 이성에 근거한다.

풀이 about the situation은 수식어이므로 괄호 속에 넣으면 주어가 His judgement임을 알 수 있다. 주어가 단수명사이므로 단수동사인 is가 정답이 된다.

어휘 judgement [dʒʌdʒmənt] n 판단
situation [sìtʃuéiʃən] n 상황
be based on ~ ~에 근거하다, ~에 의존하다
reason [ríːzən] n 이성; 이유
prejudice [prédʒədis] n 편견, 선입관

03 **정답** ②

해석 ① 오직 허가를 받은 연구원만이 실험실에 들어간다.
② 지구상에서 가장 높은 위도에 위치한 지역은 북극이다.
③ 오른쪽 테이블에 있는 소녀는 달걀을 섞기 위해서 포크를 사용한다.
④ 저쪽 바구니에 있는 사과들이 맛있어 보인다.

풀이 ② in the highest latitude in the globe는 수식어구이고, the area가 주어이다. 주어가 단수명사이므로, 단수동사 is는 적절하다. ① with permission이 수식어구이고, 주어가 only researcher로 단수명사이다. 따라서 동사가 단수가 되어야 하므로, enter를 enters로 고친다. ③ on the table in the right side가 수식어구이고, 주어가 the girl로 단수명사이다. 따라서 동사가 단수가 되어야 하므로, use를 uses로 고친다. ④ 주어가 the apples로 복수이므로, 단수동사 looks를 복수동사인 look으로 고친다.

어휘 permission [pəːrmíʃən] n 허가, 허락
latitude [lǽtətjùːd] n 위도
arctic [áːrktik] a 북극의; [the A-] 북극(지방)
pole [poul] n 극, 극지
beat [biːt] vt 치다, 두드리다; (달걀 등을) 휘저어 섞다, 거품 일게 하다; 때려 부수다

Point 02 등위상관접속사가 주어 자리에 온 경우

Both A and B의 경우는 복수 취급하기 때문에 복수동사와 수일치하고, Either A or B, Neither A nor B, Not A but B, Not only A but also B는 B의 수에 동사를 일치시킨다.

▍등위상관접속사와 동사의 수일치

Both A **and** B   + 복수동사

Either A **or** B
Neither A **nor** B
Not A **but** B   + 동사(→ B의 수에 동사를 일치시킴)
Not only A **but also** B

- Both you and I **are** all happy. 나와 너 모두 행복하다.
- Either we or one of them **has** to go there. 우리나 그들 중 한 사람이 거기로 가야 한다.
- Neither I nor they **are** busy. 나도 그들도 바쁘지 않다.
- Not I but you **are** the person who wins the race. 내가 아니라 당신이 경주에서 이긴 사람이다.

- both A and B : A와 B 둘 다
- either A or B : A와 B 둘 중 하나
- neither A nor B : A와 B 둘 중 어떤 것도 ~ 아니다
- not A but B : A가 아니라 B
- not only A but also B : A뿐만 아니라 B도 또한

확인 학습 문제

01 다음 밑줄 친 부분 중 어법상 틀린 것은?

Either ① <u>he</u> or his friends ② <u>puts</u> away the pile ③ <u>of</u> blankets and help ④ <u>her</u> with the laundry.

02 다음 밑줄 친 부분 중 어법상 틀린 것은?

① <u>Not only</u> the Korean government but ② <u>also</u> Koreans ③ <u>is</u> trying to preserve the beautiful ④ <u>environment</u>.

정답 및 해설

01 정답 ② (puts → put)
해석 그 또는 그의 친구가 담요 더미를 치우고 그녀가 세탁하는 것을 돕는다.
풀이 ② 등위상관접속사의 수일치 문제이다. Either A or B가 주어 자리에 왔을 때는 B의 수에 동사를 일치시킨다. his friends가 B이므로 B는 복수명사이다. 따라서 동사의 수도 복수형태가 되어야 하므로 단수동사 puts를 복수동사인 put으로 고친다.
어휘 put away 치우다
pile [pail] n. 더미
blanket [blǽŋkit] n. 담요
laundry [lɔ́:ndri] n. 세탁

02 정답 ③ (is → are)
해석 한국 정부뿐만 아니라 한국 사람들도 아름다운 환경을 보존하기 위해서 노력하고 있다.
풀이 ③ not only A but also B(A뿐만 아니라 B도) 구문의 동사의 수는 B의 수에 일치시킨다. 여기서 Koreans는 복수주어이므로 단수동사 is를 복수동사 are로 고친다.
어휘 government [gʌ́vərnmənt] n. 정부
preserve [prizə́:rv] vt. 보존하다
environment [inváiərənmənt] n. 환경

Point 03   one of [the / 소유격] + Ns(복수명사) + Vs(단수동사)

'~들 중의 하나'라는 의미의 'one of the + Ns(복수명사)'에서 'of + the Ns(복수명사)'가 전치사구로 one을 수식해 주는 수식어구이므로 이를 괄호로 묶을 수 있다. 주어의 핵심어가 대명사 one으로 단수 형태이므로 단수동사와 일치시킨다.

- **One** of the students **agrees** with me.
  그 학생들 중 한 명이 나에게 동의한다.

> **one, another, each, either, neither가 주어로 오는 경우**
>
> - one, another, each, either, neither는 모두 하나하나의 개체를 받는 부정대명사, 즉 단수를 나타내는 대명사이므로 이는 단수동사와 수일치한다.
>
> cf one – 하나, another – 다른 하나, either – 둘 중 하나, neither – 둘 중 하나도 ~아니다

- **Another** **is eating** pasta.
  다른 사람이 파스타를 먹고 있다.

- **Either** of them **is studying** Chinese.
  그들 중 한 명은 중국어를 공부하고 있다.

- **Each** of them **looks up to** the sky.
  그들 각각은 하늘을 올려다보고 있다.

확인 학습 문제

01 다음 밑줄 친 부분 중 어법상 틀린 것은?

One of ① <u>my</u> dental problems ② <u>are</u> that I don't feel ③ <u>any</u> pain ④ <u>until</u> a serious problem develops.

02 다음 밑줄 친 부분 중 어법상 <u>틀린</u> 것은?

Neither of ① <u>those</u> streams ② <u>remain</u> shallow: people ③ <u>say</u> that they ④ <u>are</u> five feet deep.

03 다음 밑줄 친 부분 중 어법상 <u>틀린</u> 것은?

I usually ① <u>have</u> two ② <u>secretaries</u> in the office, ③ <u>but</u> either of them ④ <u>seem</u> off duty today.

정답 및 해설

01 정답 ② (are → is)
해석 나의 치아와 관련한 문제 중 하나는 어떤 심각한 문제가 발생되기 전까지 내가 어떤 통증도 느끼지 못한다는 것이다.
풀이 <u>One</u> (of my dental problems) <u>are</u> <u>that I don't feel any pain until a serious problem develops</u>.
　　주어　　수식어　　동사　　　　　　주어보어
② 주어의 핵심어가 one으로 단수이므로 복수동사 are를 단수동사 is로 고친다. ① 정관사 the 대신 소유격을 쓸 수 있다. ④ 이 문장에서 until은 접속사로 절을 이끈다.
어휘 dental [déntl] a 치아의; 치과의
　　 develop [divéləp] vt (병·문제가) 생기다, 발생하다; 발달하다

02 정답 ② (remain → remains)
해석 저 개울들 중 어떤 것도 얕지 않다. 사람들은 그것들의 깊이가 5피트라고 말한다.
풀이 ② of those streams가 수식어구이므로 괄호로 묶어 보면 Neither가 주어의 핵심어임을 알 수 있다. neither는 단수 취급하는 대명사이므로 단수동사와 수일치한다. 따라서 remain을 remains로 고친다. ① those는 복수명사와 수일치하는 형용사이므로, 뒤에 복수명사(streams)가 있으므로 적절하다. ③ say는 완전타동사로, 뒤에 목적어(that절)가 있으므로 동사의 형태는 능동태가 적절하다.
어휘 stream [striːm] n 개울, 시냇물
　　 shallow [ʃælou] a 얕은

03 정답 ④ (seem → seems)
해석 나는 보통 사무실에 2명의 비서를 두고 있지만, 오늘 그들 중 한 명이 비번이다.
풀이 ④ 주어가 either of them인데 of them은 수식어구이므로 either가 주어의 핵심어가 된다. either는 '둘 중의 하나'라는 뜻으로 단수 취급하므로, 동사 또한 단수가 되어야 한다. 따라서 seem을 seems로 고친다. ② 수사(two)가 있으므로, 명사는 복수가 되어야 한다.
어휘 secretary [sékrətèri] n 비서
　　 off duty 비번인 cf on duty 근무 중인

Point 04 There is / are 구문의 수일치

There is/are 구문은 '~이 있다'라는 의미의 존재 구문이다. 이 구문은 is/are 뒤에 주어가 나오는 도치된 구문이므로 동사 뒤에 있는 주어의 수를 동사와 수일치 시켜야 하므로 주의해야 한다. There is/are 뒤에 있는 주어가 단수이면 There is, 복수이면 There are가 된다.

· There **is** a wonderful car in the parking lot. 주차장에 멋진 차가 있다.
· There **are** wonderful cars in the parking lot. 주차장에 멋진 차들이 있다.

MEMO

확인 학습 문제

01 다음 밑줄 친 부분 중 어법상 틀린 것은?

There ① is lots of duties, ② but don't ③ forget to ④ pour some boiling water in the bucket.

02 다음 밑줄 친 부분 중 어법상 틀린 것은?

There ① is several ② popular coffee shops and restaurants ③ on the first floor of ④ our building.

정답 및 해설

01 정답 ① (is → are)
해석 해야 할 일이 많지만, 양동이에 뜨거운 물 붓는 것을 잊지 마라.
풀이 There is/are 구문은 주어가 도치된 구문이므로 동사 뒤에 있는 주어의 수를 봐야 한다. ① 밑줄 뒤 주어가 lots of duties(복수)이므로 단수동사 is를 복수동사인 are로 고친다. ④ to pour 뒤에 목적어(some boiling water)가 있으므로, to R의 형태는 능동형이 적절하다.
어휘 pour [pɔːr] vt 붓다; 퍼붓다; 따르다
boiling [bɔ́iliŋ] a 끓고 있는; 몹시 더운
bucket [bʌ́kit] n 양동이

02 정답 ① (is → are)
해석 우리 건물 1층에는 몇 개의 대중적인 커피점과 식당이 있다.
풀이 ① There is/are 구문은 유도부사 구문으로, 주어와 동사의 도치가 일어난 구문이다. 주어가 several popular coffee shops and restaurants로 복수이므로 동사 또한 복수가 되어야 한다. 따라서 단수동사 is를 복수동사 are로 고친다. ④ 명사 앞자리는 소유격 대명사 자리이므로, 소유격 대명사 our는 적절하다.

Point 05

a number of Ns + V
the number of Ns + Vs

a number of는 '많은'이란 의미의 수량형용사로 복수명사와 수일치한다. 반면에 the number of ~는 '~의 숫자'라는 의미의 명사구이다.

구 분	핵심어	수식어
a number of **Ns**	Ns	a number of
the number of Ns	the number	of Ns

따라서 두 개의 어구가 주어자리에 들어가게 되면 두 개의 문장은 전혀 다른 구조와 의미를 가지게 된다. 예를 들어 a number of pencils는 '많은 연필들'이란 말이 되어 핵심어가 pencils가 되지만, the number of pencils는 '연필의 숫자'라는 말이 되어 핵심어가 the number가 된다. 이때 pencils와 number는 의미도 다르지만 명사의 수도 다르다. 따라서 일치하는 동사의 수가 달라진다는 점에 주의해야 한다.

· A number of students **are daydreaming** in the library in hot summer.
  많은 학생들은 더운 여름에 도서관에서 공상에 빠져 있다.

· The number of students in this school **seems** to be increasing.
  이 학교의 학생 수는 늘고 있는 것 같다.

MEMO

확인 학습 문제

01 다음 밑줄 친 부분 중 어법상 틀린 것은?

A ① <u>number</u> of kids ② <u>attends</u> summer camp ③ <u>in</u> the National Zoo ④ <u>during</u> summer vacation.

02 다음 밑줄 친 부분 중 어법상 틀린 것은?

The number of ① <u>people</u> ② <u>in</u> employment ③ <u>have</u> fallen ④ <u>since</u> 1996.

정답 및 해설

01 정답 ② (attends → attend)
해석 많은 아이들이 여름 방학동안 국립동물원의 여름 캠프에 참석한다.
풀이 a number of는 '많은'이라는 뜻의 형용사로 명사 kids를 꾸며주고 있다. 주어로 쓰인 a number of kids가 복수명사이므로, 동사 또한 복수가 되어야 한다. 따라서 단수동사 attends를 복수동사 attend로 고친다.
어휘 attend [əténd] vt 출석하다, 참석하다

02 정답 ③ (have → has)
해석 1996년 이후로 고용된 사람의 수가 줄었다.
풀이 The number (of people) (in employment) have fallen (since 1996).
　　　주어　　수식어　　　수식어　　　동사　　수식어
③ 주어가 the number(~의 숫자)로 단수이므로 복수형인 have를 단수형인 has로 고친다.
cf the number of + 복수명사 + 단수동사

Point 06 -body, -thing, -one이 붙은 말이 주어로 오면 단수 취급

anybody, somebody, everybody, nobody, everything, nothing, anything, something, anyone, everyone, someone 등이 주어로 오면 단수 취급한다.

· Something **is** wrong. 무언가가 잘못되었다.
· Everybody **wants** to be happy. 모든 사람들은 행복해지기를 원한다.

확인 학습 문제

01 다음 밑줄 친 부분 중 어법상 틀린 것은?

① If one person ② yawns, everyone else ③ seem to start ④ too.

정답 및 해설

01 정답 ③ (seem → seems)
해석 한 사람이 하품을 하면, 다른 모든 사람들 역시 (하품을 따라 하기) 시작한다.
풀이 ③ everyone은 단수 취급을 하는 주어이므로 동사 또한 단수로 고친다. 따라서 seem을 seems로 고친다. ① If는 조건의 부사절을 이끄는 접속사이다. ② 주어가 one person으로 단수이므로 단수동사 yawns는 적절하다. ④ '역시, 또한'이라는 뜻의 부사이다.
어휘 yawn [jɔːn] vi 하품하다
else [els] ad 그 밖에
seem to R ~한 것 같다

CHAPTER 02 단원별 확인 문제

01 다음 밑줄 친 부분 중 어법상 틀린 것을 고르시오

① In Korea, a number of people ② believes their blood type ③ has something to do with ④ their personality.

02 다음 중 어법상 옳은 것?

① People who are satisfied appreciates what they have in life.
② George don't completed the assignment yet.
③ My daughter is not yet old enough to go to school.
④ There are, of course, a fee to enter the art museum.

◎ 다음 밑줄 친 부분 중 어법상 틀린 것을 고르시오. [3~10]

03 One of the ① qualities which distinguish us ② from animals ③ reflect a shared genetic ④ inheritance.

04 Either French ① or Spanish ② are not easy for me, so I could not ③ make myself understood ④ in either language.

05 Another ① problem is that teen girls ② does not ③ exercise as much as ④ boys.

06 Neither I ① <u>nor</u> one of ② <u>them</u> ③ <u>are</u> going to attend the seminar ④ <u>tomorrow</u>.

07 A ① <u>large</u> number ② <u>of persons</u> who used to live here ③ <u>emigrates</u> to America ④ <u>from</u> this country.

08 The ① <u>number of</u> runaway ② <u>teenagers</u> ③ <u>are</u> ④ <u>increasing</u> these days.

09 There ① <u>is</u> children ② <u>playing</u> ③ <u>about</u> in ④ <u>the</u> garden.

10 Anyone ① <u>under the age</u> of nineteen ② <u>are</u> not ③ <u>allowed</u> ④ <u>to see</u> the movie.

11 다음 중 어법상 틀린 문장은?
① A number of members were present.
② The number of visitors is 300 on average a day.
③ Both Amy and Mary plays the piano.
④ Either you or I have to do this.

◈ 다음 밑줄 친 부분 중 어법상 틀린 것을 고르시오. [12~15]

12 ① There ② are an opening ③ for a teacher ④ at that school.

13 ① Today's consumers, surrounded by a lot of products and service, ② is faced ③ with a wider range of ④ choices than ever before.

14 First impressions, according to ① recent psychological research, ② is processed in the most ③ primitive part ④ of the human brain.

15 Microwave ovens, ① necessities of houses, ② consumes more electricity in ③ powering ④ their digital timers.

01 Actual Test

정답 및 해설 p. 329

❋ 다음 밑줄 친 부분 중 어법상 틀린 것을 고르시오. [1~20]

01 ① Scientists involved in the ② discovery of ③ newly elements will be likely to ④ receive prizes.

02 In the ① same way those ② conservationists are fighting to ③ safeguard the world's biological ④ diverse.

03 ① Although the assertions of these bio-cultural ② proponents, ③ their ideas have generally ④ fallen.

04 Language and culture are so ① close interrelated ② that they are ③ essential to ④ each other.

05 ① Expensively equipment was required, ② with operators ③ who possessed specialized ④ technical expertise.

06 ① Every time Sandy ② use a computer, ③ she runs anti-virus ④ software.

07 ① The most ② important key to success ③ are positive ④ thinking.

08 We ① should know ② that ③ confident is more important ④ than money.

09 Noise pollution ① is different ② from other ③ form of pollution in a number of ④ ways.

64 • Basic Grammar

10 Yesterday I ① couldn't work ② any more ③ because the noise ④ from the upstairs.

11 ① Every year there ② are a special ③ convention held ④ in the U.S. called "Comic-Con."

12 Either of his brothers ① join the show, ② so we are ③ expecting that ④ so much.

13 ① Despite Ted had only ② fooled Bona ③ for fun, she was ④ deeply offended by him.

14 ① As he ② went around through the world, he can ③ speak many different ④ language.

15 ① Both Erin and Ray ② was ③ born in San Francisco ④ in 2002.

16 ① After heavy ② rain, there ③ were few ④ tree in the street.

17 Business owners who depend ① on citrus ② hopes that spring ③ growth will ④ bring costs back to normal.

18 ① Anyone can be nominated ② for an honor, but only a few ③ person actually receive an ④ award.

19 Cindy ① saw two brown ② cocker spaniel ③ running in the street ④ while she waited for her mom.

20 ① Later, the government will ② impose a tax on ③ tobacco in line with more ④ stringently standards.

영어의 시작과 끝 **리라클영어**

테이크아웃
기초영문법

PART 02

chapter 03 병치
chapter 04 동사와 문장구조
Actual Test 02

CHAPTER 03 병치

» 병치란 둘 이상의 것을 같은 자리에 두거나 나란히 놓는 것을 말한다. 이때 '나란하다'란 의미는 품사, 구조, 내용에 있어서 대등한 무게를 지닌다는 의미가 된다.

01 등위접속사 병치 구문

등위접속사 and, but, or은 마치 양팔저울과 같다. 등위접속사 and, but, or의 양쪽에 대등한 어구, 즉 품사, 구조, 내용면에서 병치를 이루는 어구가 와야 한다.

$$A \begin{bmatrix} and \\ but \\ or \end{bmatrix} B \quad (A = B : A와 B는 병치)$$

cf 이때 인칭대명사라면 격까지 같아야 한다.

(1) 등위접속사 병치

앞에서 설명했듯이 등위접속사 and, but, or을 사이에 둔 양쪽 어구는 병치가 된다.

① 단어끼리 병치

- Jennifer is an **instructor** and **writer**. 제니퍼는 강사이며 작가이다.
- Cindy looks **gorgeous** and **attractive**. 신디는 화려하고 매력적이다.

② 구(phrase)끼리 병치

- My friend **hates yoga** but **loves Jazz dance**.
  내 친구는 요가를 싫어하지만 재즈 댄스는 좋아한다.

③ 절(clause)끼리 병치

- **It looked like a terrible accident,** but **all the people in the car weren't extremely damaged.**
  그것은 끔찍한 사고처럼 보였으나, 차에 있던 모든 사람들은 그리 심하게 다치지는 않았다.

(2) 열거 구문 병치

열거 구문에서 and나 or에 의해 단어, 구, 절을 세 개 이상 나열할 때, 맨 뒤에 오는 and나 or만 그대로 두고 나머지는 콤마(,)로 대신한다. 예를 들어 A, B, C를 열거할 시에 A and B and C가 아니라 A, B and C가 되는 것이다. 이때 A와 B와 C는 사실 모두 등위접속사 and에 의해 연결되었으므로 A와 B와 C는 모두 서로 병치되어야 한다.

> **TIP&TIP**
>
> apple, strawberry, and grape와 같이 **and** 앞에 콤마(,)는 있어도 좋고, 없어도 상관없다.

① 단어 열거

- Vicky is an engineer , mother , **and** house wife .
  비키는 기술자, 어머니, 그리고 가정주부이다.

- She is very careful , positive , **and** intelligent .
  그녀는 매우 세심하고, 긍정적이고, 지적이다.

② 구 열거

ⓐ 명사구를 열거할 수 있다.

- I like surfing the net , shopping with friends , **or** traveling around the world .
  나는 인터넷 서핑을 하는 것과, 친구들과 쇼핑하는 것, 또는 전 세계를 여행하는 것을 좋아한다.

ⓑ to R구를 열거할 수 있다.

- Wonjun wanted to buy stock , to make a lot of money , **and** to invest his money in venture business .
  원준은 주식을 사서, 돈을 많이 벌어서, 그의 돈을 벤처 사업에 투자하기를 원했다.

  cf R를 열거할 수 있다.
  Wonjun wanted to buy stock , make a lot of money , **and** invest his money in venture business .

③ 절 열거

- Junho believes that health is the most important factor in our life , that the wonderful way to live is to enjoy ourselves , **and** that we are supposed to appreciate our existing .
  준호는 건강이 우리의 인생에서 가장 중요한 요소이며, 인생을 살아가는 멋진 방법은 우리 스스로 즐기는 것이며, 우리는 우리가 살아 있음에 감사해야만 한다고 생각한다.

(3) 등위상관접속사의 병치

등위상관접속사도 등위접속사를 사이에 두고 양쪽의 어구가 연결되어 있으므로 양쪽어구는 병치가 된다.

· I might guess Yunmi is now **either** working in her company **or** attending her sports dance class.
나는 윤미가 지금 그녀의 회사에서 일하고 있거나 그녀의 스포츠 댄스 수업에 참가하고 있는 중일거라고 짐작한다.

· Junho has an ambition **not only** to make a lot of money **but also** to be the famous herb doctor.
준호는 돈을 많이 벌고자 하는 야망뿐만 아니라 유명한 한의사가 되고자 하는 야망도 가지고 있다.

> **cf** 등위상관접속사
> - both A and B : A와 B 둘 다
> - either A or B : A와 B 둘 중 하나
> - neither A nor B : A와 B 둘 중 어떤 것도 ~ 아니다
> - not A but B : A가 아니라 B
> - not only A but also B : A뿐만 아니라 B도 또한

MEMO

02 비교 구문의 병치

비교 구문에서 비교대상 A와 B는 비교가능한 대등한 것이어야 하므로, **비교대상 A와 B는 병치**시켜야 한다.

> A is -er [more] than B
> A is as ~ as B   (A = B : A와 B는 병치)
> A differ from [then] B
> A is the same as B
>
> cf 이때 인칭대명사라면 격까지 같아야 한다.

- The weather of Korea is better than England. (×)
- The weather of Korea is better than that of England. (O)

한국의 날씨는 영국의 날씨보다 더 좋다.

- The ears of rabbits are different from dogs. (×)
- The ears of rabbits are different from those of dogs. (O)

토끼의 귀는 개의 그것과는 다르다.

CHAPTER 03 출제 포인트

Point 01 등위접속사 and, but, or는 같은 무게만 재는 저울

등위접속사 **and, but, or**를 사이에 둔 양쪽어구는 **병치**시켜야 한다.

▍대등한 어구의 확인

1. **같은 품사의 단어가 오는지 확인하자.**
   명사-명사, 동사-동사, 형용사-형용사, 부사-부사

2. **같은 구조인지도 확인을 해야 한다.**
   to R-to R, 동명사-동명사, 구-구, 절-절

3. **같은 내용인지도 확인을 해야 한다.**
   예를 들어, 같은 명사의 단어가 병치된다고 할지라도 '교육자 and 사회'는 같은 성질의 것이 아니므로 '교육자 and 사회학자'로 바꿔 주어야 옳다.

   cf 인칭대명사가 병치를 이룰 때는 격 또한 맞춰 주어야 한다.
   · She and I, her and me처럼 인칭대명사는 주격이면 주격과 병치시키고, 목적격이면 목적격과 병치시켜야 한다.

MEMO

확인 학습 문제

01 다음 밑줄 친 부분 중 어법상 틀린 것은?

You help ① <u>him</u> come ② <u>into</u> the house, and ③ <u>make</u> him feel comfortable and ④ <u>securely</u>.

02 다음 밑줄 친 부분 중 어법상 틀린 것은?

I appreciate your ① <u>kind</u> and consideration in ② <u>sparing</u> your valuable time for me ③ <u>during</u> my visit ④ <u>to</u> Singapore.

정답 및 해설

01 정답 ④ (securely → secure)

해석 당신은 그가 집안으로 들어오도록 도와주고, 그를 편안하고 안전하게 느끼도록 해준다.

풀이 ④ and 앞에 형용사 comfortable이 있으므로 and 뒤에 있는 부사 securely는 앞 단어와 병치가 되지 않는다. 따라서 부사 securely를 형용사 secure로 고쳐야 적절하다. ① him은 동사 help의 목적어이므로 목적격 대명사 him은 적절하다. ③ 이 문장은 동사구가 2개 병치되는 구조이다. help him come into the house가 동사구 1이고, make him feel comfortable and securely가 동사구 2이다. 주어가 you로 2인칭이고, 동사들의 수는 단수형으로 병치되고 있으며, 주어와 수일치도 적절하다.

어휘 comfortable [kʌ́mfərtəbəl] ⓐ 편안한, 기분 좋은
secure [sikjúər] ⓐ 안전한

02 정답 ① (kind → kindness)

해석 제가 싱가포르를 방문하는 동안 저에게 당신의 귀중한 시간을 할애해 주신 당신의 배려와 친절에 대해서 감사드립니다.

풀이 ① and를 사이에 두고 같은 품사가 와야 한다. consideration이 명사로 쓰였으므로 형용사 kind의 명사형인 kindness로 고친다. ② 전치사 in의 목적어 자리이며, sparing 뒤에 목적어 your valuable time이 있으므로 능동형 동명사 sparing은 적절하다. ③ during은 '~ 동안'이라는 뜻의 전치사로, 명사를 목적어로 취한다.

어휘 in Ring ~에 있어서
consideration [kənsìdəréiʃən] ⓝ 배려; 고려
spare [spɛər] ⓥⓣ 할애하다; 절약하다
valuable [vǽljuːəbəl] ⓐ 귀중한

Point 02 열거 구문의 병치

'사과, 딸기, 포도, 배'등의 과일을 열거할 때 영문법에서는 열거되는 모든 단어와 단어 사이에 접속사를 사용해서 연결하지 않고 맨 마지막 2개의 어구에만 접속사 and나 or를 사용해서 연결하고 나머지는 모두 콤마가 접속사 and나 or를 대신한다. 즉, apples, strawberries, grapes and pears가 된다. 이때 apples와 strawberries, strawberries와 grapes, grapes와 pears는 모두 서로 병치가 되어야 한다.

· This summer vacation tour package provides comfortable accommodations, continental breakfasts, dinner vouchers, and admission tickets to the observatory for all the participants.
여름방학 투어 패키지는 참가자 전원에게 편안한 숙소와 유럽식 아침식사와 저녁 식사권과 전망대 입장권을 제공합니다.

확인 학습 문제

01 다음 밑줄 친 부분 중 어법상 틀린 것은?

Minho's ① three favorite hobbies ② are singing songs, ③ taking photographs with his digital camera, and ④ he watches movies.

02 다음 빈칸에 들어갈 말로 가장 적절한 것은?

Conditions required for growing trees and flowers include sufficient light, appropriate temperature, and _____.

① abundant water is required
② abundant water
③ abundantly water
④ to be abundant water

정답 및 해설

01 **정답** ④ (he watches → watching)

해석 민호가 좋아하는 3가지의 취미는 노래 부르기, 디지털카메라로 사진 찍기, 그리고 영화 보기이다.

풀이 ④ 동명사 형태의 주어보어가 열거된 문장이다. 첫 번째 취미는 노래 부르기(singing songs), 두 번째 취미는 사진 찍기(taking photographs), 세 번째 취미는 영화 보기(he watches movies)로 들고 있다. 열거 구문에서 열거되는 대상이 앞의 2개는 동명사구인데, 세 번째 것은 절이므로 병치가 되지 않았다. 따라서 he watches를 watching으로 고친다. ② 주어가 Minho's three favorite hobbies로 복수이므로, 복수동사 are는 적절하다.

어휘 favorite [féivərit] a 가장 좋아하는

02 **정답** ②

해석 나무와 꽃을 기르기 위해 필요한 조건은 충분한 빛과 적당한 온도, 그리고 풍부한 용수이다.

풀이 동사 include에 대한 명사구 목적어가 열거되는 구조이다. 따라서 명사구의 형태인 ② abundant water가 가장 적절하다.

어휘 condition [kəndíʃən] n 조건; 상태
require [rikwáiər] vt 요구하다
grow [grou] vt 재배하다, 기르다; 자라다
include [inklúːd] vt 포함하다
sufficient [səfíʃənt] a 충분한
appropriate [əpróupriit] a 적당한, 알맞은
temperature [témpərətʃər] n 온도
abundant [əbʌ́ndənt] a 풍부한

MEMO

Point 03 등위상관접속사의 병치

등위상관접속사에 있는 A, B 어구 또한 등위접속사 and, but, or로 연결되어 있으므로 A와 B는 병치를 이룬다.

- both A and B
- either A or B
- neither A nor B
- not A but B
- not only A but also B

구문에서 A와 B는 병치

· I like **both** riding a bicycle **and** jogging along the coast.
  나는 자전거를 타는 것과 해안가를 조깅하는 것 둘 다를 좋아한다.
· She is **either** sleepy **or** tired. 그녀는 졸리거나 피곤하다.
· **Neither** he **nor** I am angry. 그도 나도 화나지 않는다.
· She **not only** sings a song **but also** plays the guitar.
  그녀는 노래를 부를 뿐만 아니라 기타도 연주한다.

확인 학습 문제

01 다음 밑줄 친 부분 중 어법상 틀린 것은?

① <u>Before</u> you ② <u>turn in</u> your assignment, either go over it or ③ <u>consulting</u> with your ④ <u>seniors</u>.

02 다음 밑줄 친 부분 중 어법상 틀린 것은?

① <u>It's</u> good ② <u>neither</u> to smoke nor to ③ <u>drinking</u> in order ④ <u>to keep healthy</u>.

03 다음 밑줄 친 부분 중 어법상 틀린 것은?

Jennifer ① <u>not only</u> has been ② <u>outstanding</u> in dance but ③ <u>also</u> in ④ <u>her</u> studies

---

정답 및 해설

01 정답 ③ (consulting → consult)
해석 과제를 제출하기 전에 검토를 해 보거나, 선배들과 상의를 해 보십시오.
풀이 ③ 등위상관접속사의 무게 맞추기 문제이다. 밑줄 앞에 go over의 동사원형이 왔으므로 or 뒤에도 동사원형이 되어야 한다. 따라서 consulting을 consult로 고친다. ② turn in은 '~을 제출하다'라는 뜻의 동사구이다.
어휘 turn in ~을 제출하다
assignment [əsáinmənt] n 과제
go over 검토하다
consult [kənsʌ́lt] vt 상담하다, 상의하다
senior [síːnjər] n 선배, 연장자

02 정답 ③ (drinking → drink)
해석 건강을 유지하기 위해서는 담배를 피우거나 술을 마시지 않는 게 좋다.
풀이 ③ neither A nor B 구문이다. nor 앞에 to R(to smoke)가 왔으므로 nor 뒤에도 to R가 와야 한다. 따라서 drinking을 drink로 고친다. ④ in order to R는 '~하기 위해서'라는 뜻의 to R 관용 표현이며, keep이 불완전자동사로 쓰여 형용사 healthy를 보어로 취한 것이다.

03 정답 ① (not only를 in dance 앞으로)
해석 제니퍼는 춤에 있어서 뿐만 아니라 공부에서도 또한 뛰어나다.
풀이 ① but also 뒤에 '전치사 + 명사'구(in her studies)가 있으므로 but also 앞에도 '전치사 + 명사'구가 제시되어야 병치를 이루게 된다. 따라서 not only를 in dance 앞으로 옮긴다. ③ 'not only A but also B' 구문이다. ④ 명사 앞자리는 인칭대명사의 소유격 자리이다. 따라서 소유격 대명사 her는 적절하다.
어휘 outstanding [àutstǽndiŋ] a 뛰어난; 두드러진

Point 04 비교 구문에서 비교 대상의 무게는 같다.

비교 대상 A와 B는 서로 비교 가능한 대상이어야 하므로 A와 B는 병치를 이루어야 한다.

┃ 비교 대상 A = 비교 대상 B

- The car of Yeongmin is bigger than Nari. (×) 영민의 차는 나리의 것보다 크다.
  ↳ that of Nari 또는 Nari's

- He is taller than her. (×) 그는 그녀보다 (키가) 크다.
  ↳ she

확인 학습 문제

01 다음 밑줄 친 부분 중 어법상 틀린 것은?

Taking a subway ① <u>to</u> the city hall ② <u>saves</u> much ③ <u>more</u> time than ④ <u>to drive</u> a car.

02 다음 밑줄 친 부분 중 어법상 틀린 것은?

① <u>In</u> July, the weather of Seoul is better than ② <u>Tokyo</u>, ③ <u>because</u> it's very ④ <u>humid</u> in Japan in summer.

03 다음에서 어법상 옳은 것을 고르시오.

① The climate of Italy is somewhat similar to Florida.
② The caloric value of a piece of cake is higher than a potato.
③ The population of Seoul is larger than that of Busan.
④ Swimming is a more strenuous exercise than to take a bicycle.

정답 및 해설

01 정답 ④ (to drive → driving)

해석 시청까지 지하철을 타고 가는 것은 자동차로 가는 것보다 훨씬 더 많은 시간을 절약한다.

풀이 ④ 비교 구문에서 비교 대상의 무게는 같아야 한다. 비교 대상 A가 동명사구 Taking a subway이므로 비교 대상 B도 동명사구가 되어야 한다. 따라서 to drive를 driving으로 고친다. ② 주어가 동명사구일 경우, 단수 취급하므로 단수동사 saves는 적절하게 쓰였다. ③ time을 꾸며 주는 형용사 much의 비교급 표현이다.

어휘 city hall n 시청
save [seiv] vt 절약하다; 구하다

02 정답 ② (Tokyo → that of Tokyo)

해석 7월에는 서울의 날씨가 도쿄의 날씨보다 더 좋다. 왜냐하면 여름에 일본은 아주 습하기 때문이다.

풀이 ② 서울의 날씨와 도쿄의 날씨를 비교해야 하는데, 이 문장에서는 서울의 날씨와 도쿄를 비교하고 있으므로 비교대상의 병치가 부적절하다. 따라서 Tokyo를 도쿄의 날씨, 즉 that of Tokyo로 고쳐야 적절하다. ③ 접속사 because는 절을 이끌고 있으므로 적절하게 쓰였다. ④ humid는 형용사이므로 be 동사 뒤의 보어자리에 적절하다.

어휘 humid [hjúːmid] a 습한

03 정답 ③

해석 ① 이탈리아의 기후는 플로리다의 기후와 다소 비슷하다.
② 케이크 한 조각의 칼로리가 감자의 칼로리보다 더 높다.
③ 서울의 인구는 부산의 인구보다 더 많다.
④ 수영하는 것은 자전거를 타는 것보다 더 힘든 운동이다.

풀이 ③ 서울의 인구와 부산의 인구를 비교하고 있으므로 비교 대상의 병치가 적절하다. ① 이탈리아의 기후와 플로리다(도시)를 비교하고 있으므로 비교 대상의 병치가 적절하지 않다. 따라서 Florida를 that of Florida(플로리다의 기후)로 고친다. ② 케이크 한 조각의 칼로리와 감자를 비교하고 있으므로 비교 대상의 병치가 적절하지 않다. 따라서 a potato를 that of a potato로 고친다. ④ swimming과 to take a bicycle을 비교하고 있으므로 비교 대상의 병치가 적절하지 않다. 따라서 swimming을 to swim으로 고치거나, to take a bicycle을 taking a bicycle로 고친다.

어휘 somewhat [sʌ́mhwʌ̀t] ad 다소, 약간
caloric value n 칼로리양
piece [piːs] n 조각
strenuous [strénjuəs] a 힘든, 고생스러운; 분투하는, 격렬한

CHAPTER 03 단원별 확인 문제

❋ 다음 밑줄 친 부분 중 어법상 틀린 것을 고르시오. [1~14]

01 A ① diary should ② be an honest and ③ regularly record of your ④ thoughts, wishes, and dreams.

02 The weather ① of South Korea is ② better than ③ North Korea when it comes to ④ temperature.

03 To know ① your weakness ② is as ③ necessary as ④ learning your strengths.

04 ① Since I love ② watching movies, I have ③ more DVDs than ④ her.

05 Amy speaks, ① reads, and ② write English ③ very ④ well.

06 Boa is ① well ② known both in Korea ③ and in ④ Japanese.

07 My mom ① tries to ② fill our home ③ with ④ happy and love.

08 ① That big basket was difficult ② to carry, ③ not because of its weight but ④ because it is bulky.

09 University students ① who finished ② their final exams usually ③ spend their whole time reading comic books, watching TV, or ④ to drinking heavily.

10 ① They say that kids ② learn English ③ faster than ④ adults' speed.

11 Many ① religions have used paintings and other ② arts to aid in worship, to instruct ③ children, and ④ inspire feeling of devotion.

12 ① Walking ② through the heavy rain ③ is sentimental but ④ unhealth.

13 Purchasing ① a house ② with a yard is much ③ more expensive than ④ to buy an apartment in Seoul.

14 ① Our brain processes and ② store ③ different kinds of information ④ in different ways.

15 다음 중 어법상 옳은 것은?
① She feels more frustrated and gloomily after being fired.
② My younger sister is taller than me.
③ Your bag is bigger than me.
④ Her advice was timely and informative.

CHAPTER 04 동사와 문장 구조

» 동사는 문장 구조를 결정하는 가장 중요한 요소이다. 동사에 따라서 목적어, 보어 등을 선택하게 되므로 동사에 대한 학습은 영어 문장 구조에서 가장 중요하다고 할 수 있다. 이러한 동사를 분석해 보면 다음과 같다.

01 기능상에 따른 동사의 종류

(1) 조동사

술어동사인 본동사를 도와주는 동사로 고유한 의미를 통해 화자의 말하는 분위기(mood : 가능, 의무, 미래, 추측 등)를 나타내고, 시제 및 태, 부정, 도치 등의 문장 구조의 문법적 요소를 나타낸다. 혼자서는 독립하여 문장 내 서술어로 쓸 수 없고, **반드시 본동사와 함께 쓰여야 한다.**

조동사(Auxiliary Verb)	
화법 조동사(Modal Auxiliary)	문법 조동사(Helping Verb)
가능, 의무, 미래, 추측, 당연 등의 화자의 심적 상태(mood)를 나타낸다.	의문문, 부정문, 도치 구문을 만들고, 수동태, 시제를 나타내며, 동사를 강조한다.
can, could, may, might, will, would, shall, should, must, used to, had better, would rather 등	① 완료 시제를 만드는 **have** ② 수동태나 진행형을 만드는 **be** ③ 부정문, 의문문, 도치문을 만들고, 동사를 강조하는 **do** (일반동사 도우미)

- She **might** get to work earlier than we expected.
  그녀는 우리가 예상했던 것보다 일찍 일할지도 모른다.
- He **had better** see a doctor. 그는 병원에 가는 게 낫겠다.
- They **have** spent almost six hours cleaning the house.
  그들은 집을 청소하는 데 거의 6시간을 보냈다.
- The kids **were** jumping on the bed. 아이들은 침대에서 점프를 하고 있었다.
- The car **was** repaired and painted. 그 차는 수리되고 칠해졌다.
- **Do** you know Chinese characters? 당신은 한자를 알고 있나요?
- She **did**n't remember the car accident. 그녀는 그 교통사고를 기억하지 못했다.

TIP&TIP

┃조동사 살펴보기

• **조동사와 본동사**

2단어 이상으로 이루어진 (순수)동사구에서 맨 오른쪽 단어가 본동사이고, 나머지는 (모두) 조동사이다.

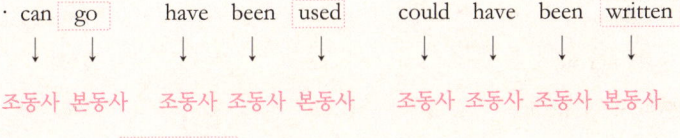

· can go   have been used   could have been written
  ↓   ↓   ↓   ↓   ↓   ↓   ↓   ↓   ↓

조동사 본동사   조동사 조동사 본동사   조동사 조동사 조동사 본동사

· may be circulating
  ↓   ↓   ↓

조동사 조동사 본동사

• **부정문 만들기**

원칙적으로 부정문은 **조동사**나 **be 동사** 뒤에 부정어(not)를 붙인다. 조동사의 부정형은 '**조동사 + not**'이 되는데, 만약 동사구에서 조동사가 2개 이상 있을 경우에는, 제1조동사 뒤에 부정어를 붙인다.

· She could **not** manage the problem. 그녀는 그 문제를 처리할 수 없었다.
      조   본V

· They have **not** been living in Daegu for eight years. 그들은 지난 8년 동안 대구에서 살지 않았다.
      조1   조2 본V

· It should **not** have been released to the public. 그것은 대중들에게 발표되지 말았어야만 했다.
      조1   조2   조3   본V

(2) 술어동사

① be 동사

'~이다, ~이 있다'라는 의미로 쓰이며, **주어의 인칭과 수에 따라 형태를 달리한다**. be 동사는 일반동사와는 달리 **'조동사의 성질'**을 가지고 있다.

인 칭	수	현재형	과거형
1인칭	단수(I)	am	was
	복수(We)	are	were
2인칭	단/복수(You)	are	were
3인칭	단수(She, He, It)	is	was
	복수(They, Ns)	are	were

② 일반동사

문장의 술어로 쓰인다. 주어가 3인칭 단수이고, 현재 시제일 때는 뒤에 **-(e)s**를 붙인다. 과거 시제일 때는 **-ed**를 붙인다.

02 목적어 여부에 따른 동사의 종류

(1) 자동사 : 목적어가 필요 없다.

자(自)동사란 말 그대로 **혼자서 스스로 쓸 수 있는 동사**를 말한다. 자동사란 크게 **완전자동사**와 **불완전자동사**로 나뉘는데 보어의 필요 유무에 따라서 나뉜다. 자동사만으로 의미가 불완전한 동사를 불완전자동사라고 하며, 이는 보어(보충어)를 필요로 한다.

> **주요 자동사**
>
> appear, arrive, come, disappear, exist, fall, function, go, happen, live, matter, remain, rise, take place, work 등

· All of them **remained** in the class after school.
  방과 후, 그들 모두는 교실에 남아 있었다.

(2) 타동사 : 목적어가 반드시 필요하다.

타(他)동사란 홀로 쓰이지 못하고 타(다른) 대상(물체)이 반드시 있어야 그 행위를 할 수 있는 동사를 말한다. 타동사 역시 의미의 완전성에 따라서 크게 완전타동사와 불완전타동사로 나뉜다. 목적보어를 필요로 하지 않는 동사를 완전타동사라 하고, 목적보어를 필요로 하는 동사를 불완전타동사라고 한다.

> **주요 타동사**
> attend, buy, deliver, kick, love, marry, resemble, send 등

· The man **delivered** newspapers to us every morning last year.
그 남자는 작년에 매일 아침 우리에게 신문을 배달했다.

TIP&TIP

중요한 것은 거의 대부분의 동사가 사전을 찾아보면 자/타가 다 된다고 되어 있으므로 그러한 동사들 사이에서 자동사와 타동사를 구분하고자 하는 것은 무의미하다. 따라서 절대로 타동사로만 쓰이는 동사와(only 타동사) 절대로 자동사로만 쓰이는 동사(only 자동사)를 외우는 것이 현명하다. 이 부분에 대해서는 뒤에서 자세히 설명하겠다.

03 동사의 문형별 분석

문장의 구조를 결정하는 가장 중요한 요소는 문장 내에 있는 동사이다. 이러한 동사에 의해서 다양하게 나타나는 구문들을 크게 5가지로 분류할 수 있게 되는데 이를 문장의 5형식이라고 한다.

(1) 완전자동사 구문

목적어가 필요 없으며, 의미가 완전한 동사? 완전자동사

완전자동사로 이루어진 구문? 1형식 구문

> 주어(S) + 완전자동사(V)

· This machine works (properly). 이 기계는 제대로 작동한다.
    S   V   수식어

(2) 불완전자동사 구문

목적어가 필요 없으며, 의미가 불완전한 자동사? **불완전자동사**

불완전자동사로 이루어진 구문? **2형식 구문**

불완전자동사가 꼭 필요로 하는 것은? **보어**

주어(S) + 불완전자동사(V) + 주어보어(SC)

· Raymond became chairman of the committee. 레이몬드는 위원회의 의장이 되었다.
    S   V   SC

> **보 어**
>
> 보어 자리에 들어갈 수 있는 품사는 **명사**와 **형용사**이다. 이때 주체가 보충을 받는 말과 **동격이 되면 명사를, 동격이 되지 않으면 형용사**를 쓴다.
>
> · She is **a teacher**. 그녀는 선생님이다. (She와 teacher가 동격)
> · She is **happy**. 그녀는 행복하다. (She와 happy는 동격이 되지 않음.)
>
> 위 첫 문장에서 그녀와 teacher가 동격이 되므로 명사 보어가 쓰였지만, 두 번째 문장에서 그녀와 happy가 동격이 되지 못하므로 형용사 보어가 쓰였다.

TIP&TIP

불완전자동사는 **be** 동사나 **become**으로 바꾸어도 뜻이 통한다.
· She **looks** angry. → She **is** angry. 그녀는 화가 났다.
· They **grew** old. → They **bacame** old. 그들은 나이가 들었다.

(3) 완전타동사 구문

목적어(대상어)가 반드시 필요하며, 의미가 완전한 동사? **완전타동사**

완전타동사로 이루어진 구문? **3형식 구문**

완전타동사가 꼭 필요로 하는 것은? **목적어(대상어)**

주어(S) + 완전타동사(V) + 목적어(O)

They started a new project. 그들은 새로운 프로젝트를 시작했다.
 S   V   O

(4) 수여동사 구문

목적어(대상어)가 2개인 동사? **수여동사**

수여동사로 이루어진 구문? **4형식 구문**

수여동사가 꼭 필요로 하는 것은? **간접목적어(사람)와 직접목적어(사물)**

> 주어(S) + 수여동사(V) + 간접목적어(IO) + 직접목적어(DO)

She asked me a question. 그녀는 나에게 질문을 했다.
 S   V   IO   DO

> **┃빈출 수여동사**
>
> ask, award, grant, give, offer, envy, win 등

(5) 불완전타동사 구문

목적어를 필요로 하며, 의미가 불완전한 동사? **불완전타동사**

불완전타동사로 이루어진 구문? **5형식 구문**

불완전타동사가 꼭 필요로 하는 것은? **목적어(대상어)와 목적보어**

> 주어(S) + 불완전타동사(V) + 목적어(O) + 목적보어(OC)

· My mom made me a dentist. 엄마는 나를 치과 의사로 만드셨다.
    S   V   O   OC

· She thought him honesst. 그녀는 그가 정직하다고 생각했다.
  S   V   O   OC

불완전타동사의 특징은 목적보어이다. 목적보어 자리에 들어갈 수 있는 것은 명사(상당어구)와 형용사(상당어구)이다. 목적어와 목적보어가 의미상으로 서로 동격이 될 때에만 목적보어에 명사 상당어구가 들어가고, 그렇지 않으면 목적보어에는 형용사 상당어구가 들어간다.

목적보어 자리에 들어가는 **형용사 상당어구**에는 **부정사, 분사와 같은 준동사**들이 주류를 이룬다. 이들을 자세히 살펴보면 다음과 같다.

① 목적보어에 to R를 사용하는 동사

> ask, advise, allow, cause, enable, encourage, expect, force, get, order, persuade, permit, remind, tell, require, want, would like 등

- She **wanted** you **to study** hard. 그녀는 당신이 열심히 공부하기를 원했다.
- They **told** you **to keep** going. 그들은 당신에게 계속하라고 말했다.

② 목적보어에 분사를 사용하는 동사

> find, leave, keep 등과 지각동사(see, watch, hear, notice, feel)

- He **kept** the students **studying** hard. 그는 학생들이 열심히 공부하도록 유지시켰다.
- She **found** him **conducting** the plan. 그녀는 그가 그 계획을 실행하고 있는 것을 알게 되었다.
- They **left** the baby **crying**. 그들은 그 아이가 울도록 내버려 두었다.
- I **heard** her **singing** a song. 나는 그녀가 노래 부르는 것을 들었다.

③ 목적보어에 동사원형(R)을 사용하는 동사

> let, make, have, (help), 지각동사(see, watch, hear, notice, feel)

- She **had** him **start** it. 그녀는 그가 그것을 시작하게 했다.
- **Let** me **try** it. 내가 다시 해볼게.

∎ 목적어와 목적보어의 관계가 수동일 경우

목적보어가 be p.p., to be p.p., being p.p.가 올 때 be, to be, being은 모두 생략 가능하므로 목적어와 목적보어의 의미상의 서술관계가 수동일 경우에는 목적보어에 **p.p.(= Red)**만 남는다.

- I wanted the file (to be) **faxed**. 나는 그 파일을 팩스로 받길 원했다.
- I had my car (be) **repaired**. 나는 나의 차가 수리되도록 했다(나의 차를 수리 맡겼다).
- I saw the product (be/being) **advertised**. 나는 그 상품이 광고되는 것을 보았다.

TIP&TIP

▌수여동사 VS 불완전타동사

수여동사와 불완전타동사 모두 동사 뒤에 두 개의 문장 성분이 온다는 것이 공통점이다(수여동사는 뒤에 간접목적어와 직접목적어가 오고, 불완전타동사는 뒤에 목적어와 목적보어가 온다). 하지만 수여동사 구문에서는 간접목적어(IO)와 직접목적어(DO)가 서로 어떤 관계도 성립되지 않지만, 불완전타동사 구문에서는 목적어(O)와 목적보어(OC)가 의미상으로 주술관계가 된다.

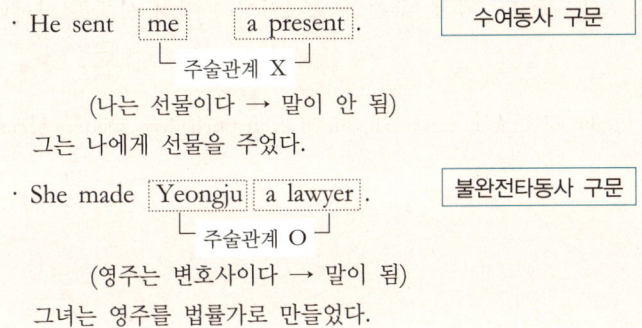

· He sent me a present .   수여동사 구문
              └─ 주술관계 X ─┘
    (나는 선물이다 → 말이 안 됨)
  그는 나에게 선물을 주었다.

· She made Yeongju a lawyer .   불완전타동사 구문
              └─ 주술관계 O ─┘
    (영주는 변호사이다 → 말이 됨)
  그녀는 영주를 법률가로 만들었다.

TIP&TIP

▌지각동사(불완전타동사)의 목적보어

지각동사는 목적보어에 '동사원형'과 '분사'를 모두 쓸 수 있다. 목적보어에 동사원형을 쓸 경우에는 '처음부터 끝까지의 과정'을 지각한다는 의미가 되며, 목적보어에 분사를 쓸 경우에는 '그 순간(찰나)'을 지각한다는 의미가 된다.

· I saw him **cross** the road.
· I saw him **crossing** the road.

전자는 그가 길을 건너가는 것을 처음부터 끝까지 다 보았다는 의미가 되고, 후자는 내가 보았을 때, 그가 길을 건너가고 있던 중이었고, 나는 그 순간을 보았다는 의미가 된다.

CHAPTER 04 출제 포인트

Point 01 자동사 보개기

자동사는 주어만 있으면 쓸 수 있는 동사로 주로 주어의 움직임이나 정지 상태를 나타내는 동사들이 많다.

appear, arise, arrive, go, come, count, disappear, exist, fall, function, happen, live, matter, occur, remain, stay, take place, work 등

자동사의 문법 포인트

① 자동사는 목적어가 없으므로 수동태로 쓰일 수 없다.

· She was appeared. (×) → She appeared.

② 자동사는 수동태가 안 되므로 (형용사로 사용되는) 과거분사로 쓰일 수 없다. (단, have p.p. 의 p.p.(과거분사)는 가능함)

· remained researchers (×) → remaining researchers

자동사의 어법 포인트

자동사는 목적어를 가질 수 없으므로 전치사를 써서 전치사의 목적어를 취한다.
자동사 + 전치사가 하나의 의미덩어리로 사용되는 관용어구들을 살펴보자.

account for ~을 설명하다; ~을 차지하다; ~을 책임지다	ask for ~을 요청하다
attend to ~에 관심을 기울이다	belong to ~에 속하다
care for ~을 돌보다; ~을 좋아하다	comply with ~에 따르다
concentrate on ~에 집중하다	consist of ~으로 구성되다
deal with ~을 다루다	go through ~을 겪다, 경험하다
get through ~을 끝내다	graduate from ~을 졸업하다
insist on ~을 고집하다	interfere with ~을 방해하다
lead to ~에 이르다, ~을 초래하다	listen to ~을 듣다
look at ~을 응시하다	look for ~을 찾다
look into ~을 조사하다	look over ~을 검토하다
look to ~을 바라보다	object to ~에 반대하다

refer to ~을 언급하다; ~을 참조하다
respond to ~에 응답하다
result in ~을 초래하다
suffer from ~을 겪다
agree on ~에 동의하다

refrain from ~을 삼가다
result from ~으로부터 기인되다
return to ~으로 돌아오다
wait for ~을 기다리다
turn to ~에 의존하다(= depend on, rely on)

cf 전치사에 따라 달라지는 동사

- agree with + 사람 ~에게 동의하다
- agree to + 의견 ~에 동의하다

- differ in ~   ~에 있어서 다르다
- differ from ~   ~와 다르다

- succeed in ~   ~에 성공하다
- succeed to ~   ~을 계승하다

- result from + 원인 ~로부터 기인하다[발생하다]
- result in + 결과 ~를 초래하다

- look at ~   ~을 보다[응시하다]
- look for ~   ~을 찾다
- look into ~   ~을 조사하다
- look over ~   ~을 검토하다, ~을 훑어보다
- look after ~   ~을 돌보다

MEMO

확인 학습 문제

01 다음 중 어법상 옳지 않은 것을 고르시오.

① She arrived at Seoul last night.
② The radio didn't work properly.
③ She stayed her sister's.
④ Lots of problems take place every day.

02 다음에서 어법상 옳은 것을 고르시오.

① Music differs with painting.
② The accident resulted in minor mistakes.
③ She succeeded to her mother's business.
④ I agree with your opinion.

03 다음 밑줄 친 부분 중 어법상 틀린 것은?

We don't ① <u>object</u> renewing the contract ② <u>for</u> another ③ <u>year</u> upon consent of both ④ <u>parties</u>.

04 다음 빈칸에 들어갈 말로 가장 적절한 것은?

Inspectors of the Tennom Tech were _____ into the newly launched video game thoroughly.

① searching   ② viewing
③ looking   ④ watching

정답 및 해설

01 정답 ③ (stayed → stayed at)

해석
① 그녀가 지난밤에 서울에 도착했다.
② 라디오가 제대로 작동하지 않았다.
③ 그녀는 언니네 집에서 머물렀다.
④ 많은 문제가 매일 발생한다.

풀이 ③ stay는 자동사이므로 목적어를 취할 수 없다. 따라서 her sister's를 전치사의 목적어로 바꿔 주어야 하므로 동사 stayed를 stayed at으로 고친다. ① arrive는 자동사로, 목적어를 취할 수 없으므로 Seoul은 전치사 at의 목적어가 되어 적절하다. ② work는 자동사이므로 목적어를 취하지 않는다. ④ take place는 자동사이므로 목적어를 취하지 않는다. 여기서 every day는 시간부사이다.

어휘
work [wəːrk] vi 작동하다; 효과가 있다; 일하다
properly [prɑ́pərli] ad 제대로; 적당히
take place 발생하다

02 정답 ③

해석
① 음악은 미술과 다르다.
② 사고는 작은 실수로부터 발생했다.
③ 그녀는 어머니의 사업을 계승했다.
④ 나는 너의 의견에 동의한다.

풀이 ③ succeed to ~는 '~을 계승하다'라는 의미이다. ① differ from ~이 '~와 다르다'라는 뜻이다. 따라서 전치사 with를 from으로 고친다. ② 'result in + 결과'이고, 'result from + 원인'이 된다. 이 문맥에서는 minor mistake가 원인이 되므로 전치사 in을 from으로 고친다. ④ 'agree with + 사람'이고, 'agree to + 의견'이 되어야 하므로 전치사 with를 to로 고친다.

어휘
accident [ǽksidənt] n 사고
minor [máinər] a 사소한
opinion [əpínjən] n 의견

03 정답 ① (object → object to)

해석 저희는 쌍방이 합의 시에 계약을 1년 더 연장하는 것에 반대하지 않습니다.

풀이 ① object는 자동사로 목적어를 가질 수 없다. 목적어를 가지려면 전치사 to를 연결해서 전치사의 목적어로 취할 수 있다. 따라서 object를 object to로 고친다. ③ another는 단수명사와 결합한다.

어휘
renew [rinjúː] vt 갱신하다, 연장하다
contract [kɑ́ntrækt] n 계약
upon [əpɑ́n] prep ~하자마자, ~ 시에
consent [kənsént] n 동의, 찬성
both parties n 쌍방, 양측
party [páːrti] n 파티; 정당; 당사자; 단체

04 정답 ③

해석 텐놈 텍사스의 검사관들은 새롭게 출시된 비디오 게임을 철저하게 조사하고 있었다.

풀이 뜻이 비슷한 동사 어휘 문제이다. 빈칸 뒤에 전치사 into가 있으므로 보기 중 자동사이면서 into와 함께 쓰이는 동사 look이 정답이다. look into는 '조사하다'라는 뜻이다.

어휘
inspector [inspéktər] n 검사관
newly [njúːli] ad 새로이; 최근
launch [lɔːntʃ] vt 출시하다; 진수시키다
thoroughly [θə́ːrouli] ad 철저하게

Point 02 불완전자동사 + 주어보어

불완전자동사는 서술어의 의미가 완전하지 않아서 주어보어를 필요로 한다. 보어자리에 들어갈 수 있는 어구는 명사(구)나 형용사(구)이다. 단, 지각동사는 명사보어 없이 형용사만 보어로 취한다.

불완전자동사의 종류

· **상태동사류**

　be, seem, appear, remain, keep 등

· **변성동사류**

　become, come, fall, get, go, grow, make, run, turn 등

> **변성동사 관용어구**
> come true 실현되다
> fall asleep 잠에 곯아떨어지다
> go bankrupt 파산하다, go bad 상하다, go blind 눈이 멀다, go mad 미치다
> get angry 화나다, get married 결혼하다
> grow wild 야생화 되다, grow old 나이가 들다
> make friends 친구가 되다, make sure 확실히 하다
> run dry 고갈되다, run low 떨어지다, run short 부족해지다, run high 오르다

· **판명동사류**

　turn out, prove 등

> cf　turn out + to R ~라고 드러나다
> 　　prove + to R ~라고 증명되다

· **지각동사류**

　look, feel, smell, taste, sound 등

> 지각동사 + 형용사 = 지각동사 + like + 명사

확인 학습 문제

01 다음 빈칸에 들어갈 말로 가장 적절한 것은?

After stock prices fell, he _____ bankrupt.

① run ② went
③ make ④ get

02 다음 빈칸에 들어갈 말로 가장 적절한 것은?

ABC Bank announced that it remained _____ to lower interest rates to boost the country's economy.

① ready ② readily
③ readiness ④ readied

03 다음 중 어법상 옳지 않은 것을 고르시오.

① The man turned out to be honest.
② Her voice sounded serious.
③ The cake smells delicious.
④ The cloth feels so silk.

04 다음 밑줄 친 부분 중 어법상 틀린 것은?

School ① <u>meals</u> are carefully ② <u>prepared</u> by ③ <u>nutritionists</u>, and they taste ④ <u>greatly</u>.

정답 및 해설

01 정답 ②

해석 주가가 폭락한 후 그는 파산했다.

풀이 run, go, make, get은 모두 불완전자동사로 '~이 되다'라는 뜻이 있다. 내용상 '그는 파산했다'라는 의미가 되어야 하므로 bankrupt와 함께 쓰여서 '망하다, 파산하다'라는 의미를 만드는 변성동사를 정답으로 고르면 된다. go bankrupt는 '파산하다'라는 의미이다. 보기 ②의 went는 go의 과거형이므로 어법상 가장 적절하다.

어휘 stock price n 주가
go bankrupt 파산하다, 망하다

02 정답 ①

해석 ABC 은행은 도시 경제를 활성화시키기 위해 금리를 낮출 준비가 되어 있다고 발표했다.

풀이 remain은 불완전자동사로 보어를 필요로 하는 동사이다. (ABC Bank를 받고 있는) 주어 it과 보어자리에 들어갈 단어는 동격의 관계가 될 수 없기 때문에 remained의 보어자리에는 형용사의 형태가 들어가는 것이 적절하다. remain[be] ready to R는 '~할 준비가 되다'라는 뜻으로 관용어구로 암기해 두는 것이 좋다.

어휘 announce [ənáuns] vt 발표하다
interest rate n 금리
boost [buːst] vt 올리다, 높이다
be ready to R ~할 준비가 되다

03 정답 ④ (silk → silky)

해석 ① 그 남자는 정직하다고 판명되었다.
② 그녀의 목소리가 심각하게 들렸다.
③ 케이크는 맛있는 냄새가 난다.
④ 그 천은 아주 부드럽다.

풀이 ④ '지각동사 + 형용사'의 구조가 되어야 하므로 명사 silk를 형용사 silky로 고친다. ① turn out + to R는 '~으로 판명되다'의 의미이다. to R가 turn out의 보어로 쓰였다. ②와 ③은 '지각동사 + 형용사'의 구조이므로 적절하다.

04 정답 ④ (greatly → great)

해석 학교 급식은 영양사들에 의해 정성스럽게 준비되며, 맛도 좋다.

풀이 ④ '지각동사 + 형용사'의 형태가 되어야 하므로 부사 greatly를 형용사 great로 고친다. ② 동사구 뒤에 목적어가 없으므로 수동의 동사형태(are prepared)는 적절하다.

어휘 carefully [kɛ́ərfəli] ad 조심스럽게, 신중히
prepare [pripɛ́ər] vt 준비하다
nutritionist [njuːtríʃənist] n 영양사

Point 03 only 타동사 뽀개기

only 타동사는 자/타가 다 되지 않고, 타동사만 가능한 동사이므로 타동사 뒤에 바로 목적어를 취한다. 이런 타동사는 **절대로 전치사와 함께 쓸 수 없다.**

> accompany ~~with~~, marry ~~with~~, enter ~~into~~, attend ~~to~~, survive ~~from~~, resemble ~~with~~, approach ~~to~~, discuss ~~about~~, mention ~~about~~

cf enter가 '시작하다'라는 의미로 사용되었을 때는 자동사이므로 enter into가 가능하며, attend가 '관심을 기울이다'라는 의미로 사용되었을 때는 자동사이므로 attend to가 가능하다.

· I **accompanied** ~~with~~ my son to Seoul. 나는 서울까지 나의 아들과 동행했다.
· She **discussed** ~~about~~ her problem with her parents. 그녀는 자신의 문제를 부모님과 의논했다.
· Many children **are attending** ~~to~~ a sports camp these days.
  요즘 많은 아이들이 스포츠 캠프에 참가하고 있다.

확인 학습 문제

01 다음 밑줄 친 부분 중 어법상 틀린 것은?

You have to ① <u>discuss about</u> what you should ② <u>do</u> with ③ <u>us</u> ④ <u>before</u> you start.

02 다음 밑줄 친 부분 중 어법상 틀린 것은?

The twin ① <u>brothers</u> ② <u>resemble with</u> each ③ <u>other</u> in both tastes ④ <u>and</u> appearance.

03 다음 밑줄 친 부분 중 어법상 틀린 것은?

He was a bachelor ① <u>for</u> years, and then ② <u>finally</u> ③ <u>married with</u> a ④ <u>woman</u>.

04 다음 밑줄 친 부분 중 어법상 틀린 것은?

As a result, ① a number of Asian players entered ② into the major league with expectations ③ to reach a new ④ top.

05 다음 중 어법상 옳지 않은 것을 고르시오.

① The poor child suffered from influenza.
② The manager entered into conversation with a customer.
③ These trees survived from the terrible climate conditions.
④ Smart phones result in improving our lives.

정답 및 해설

01 정답 ① (discuss about → about 삭제)
해석 당신은 시작하기 전에 우리와 함께 무엇을 해야 할지 토론해야 합니다.
풀이 ① discuss는 '~에 대해 토론하다'라는 뜻의 타동사로 전치사 없이 목적어를 가진다. 따라서 about을 삭제해야 한다. ③ 전치사의 목적어로 쓰인 목적격 대명사이다. ④ '~하기 전에'라는 뜻으로, 이 문장에서는 절을 이끄는 접속사로 쓰였다.

02 정답 ② (resemble with → with 삭제)
해석 그 쌍둥이 형제들은 입맛과 외형 둘 다에 있어서 서로서로 닮았다.
풀이 ② '~을 닮다'라는 뜻의 동사 resemble은 타동사로 전치사 없이 목적어를 취한다. 따라서 전치사 with를 삭제해야 한다. ④ both A and B(A, B 둘 다) 구문이다.
어휘 twin brother n 쌍둥이 형제
each other 서로서로(둘 사이에서) cf one another 서로서로(셋 이상 사이에서)
taste [teist] n 미각, 입맛
appearance [əpíərəns] n 외형, 모습

03 정답 ③ (married with → with 삭제)
해석 그는 몇 년 동안 독신으로 지내다가 마침내 한 여자와 결혼했다.
풀이 ③ marry는 '~와 결혼하다'라는 뜻의 타동사이므로 전치사 with와 함께 쓸 수 없다. 따라서 with를 삭제해야 한다.
어휘 bachelor [bǽtʃələr] n 미혼남, 독신남

04 정답 ② (into 삭제)

해석 결과적으로, 새로운 정상에 올라갈 기대를 안고 많은 아시아 선수들이 메이저 리그로 들어갔다.

풀이 ② enter는 타동사로 전치사 없이 바로 목적어를 취하는 동사이다. 따라서 전치사 into를 삭제해야 한다. ① a number of는 '수많은'이라는 의미의 형용사로 가산 복수명사와 수일치 한다. ③ expectation to R는 '~할 기대'라는 의미이며, to R구가 명사 expectations를 수식한다. ④ 관사 a가 있으므로 단수명사 top은 적절하다.

어휘 as a result 결과적으로
a number of 수많은

05 정답 ③ (survived from → from 삭제)

해석 ① 가엾은 그 아이는 유행성 독감을 앓았다.
② 그 매니저는 어떤 고객과 대화를 시작했다.
③ 이 나무들은 그 지독한 기후 조건에 견뎌 살아남았다.
④ 스마트폰은 우리의 삶을 향상시켰다.

풀이 ③ survive는 타동사로 바로 목적어를 취한다. 따라서 전치사 from을 삭제해야 한다. ① suffer는 자/타가 다 가능한 동사이며, 자동사로 쓰일 때 전치사 from과 함께 쓴다. ② enter into는 '~을 시작하다'라는 의미이다. 여기서는 문맥상 '대화를 시작하다'라는 의미가 되므로 enter into는 적절하다. ④ result는 자동사로 전치사 in과 함께 '~을 초래하다'라는 의미로 쓰이며, 전치사 in 뒤에는 결과에 해당하는 내용이 들어간다.

어휘 influenza [ìnfluénzə] n 유행성 독감
enter into ~을 시작하다
terrible [térəbəl] a 끔찍한; 무서운
climate [kláimit] n 기후
condition [kəndíʃən] n 조건; 상태
result in ~을 초래하다[야기하다]
improve [imprúːv] vt 향상시키다

MEMO

Point 04 수여동사 뽀개기

'주어 + 동사 + 간접목적어(IO) + 직접목적어(DO)'의 4형식 수여동사의 구조를 3형식 완전타동사 구조로 바꿀수 있으며 완전타동사 구조는 다음과 같다.

주어 + 동사 + (직접)목적어 + 전치사 + 간접목적어
↳ 전치사의 목적어

수여동사 구문 · She gave me a chocolate. [목적어 2개] 그녀는 나에게 초콜릿을 주었다.
　　　　　　　　　　　　　IO　　DO

↓

완전타동사 구문 · She gave a chocolate to me. [목적어 1개]
　　　　　　　　　　　　　O　↳ 수식어구로 전환

수여동사 구문 · Rira bought them books. [목적어 2개] 리라는 그들에게 책을 사 주었다.
　　　　　　　　　　　　　　IO　　DO

↓

완전타동사 구문 · Rira bought books for them. [목적어 1개]
　　　　　　　　　　　　　　　O　↳ 수식어구로 전환

▎**수여동사 구문을 완전타동사 구문으로 고칠 때 유의해야 할 전치사**

기본적으로 간접목적어 앞에 쓰는 전치사는 방향의 전치사 to이다. 그 외 for 나 of 등을 사용하는 전치사에 유의해서 동사 별로 분류해보면 다음과 같다.

· 전치사 to를 쓰는 동사 : bring, give, send, lend, owe, teach 등
· 전치사 for를 쓰는 동사 : buy, make, get, choose, order 등
· 전치사 of를 쓰는 동사 : ask, inquire, require, demand 등

확인 학습 문제

01 다음 수여동사 구문을 완전타동사 구문으로 전환하시오.

① Juliet gave me a cup of coffee.
_____

② Mom made us a fruit cake.
_____

③ He taught us English last year.
_____

02 다음 짝지은 두 문장의 전환이 옳지 않은 것은?

① She sent me a wedding card.
  → She sent a wedding card to me.
② My friend bought me a box of chocolate.
  → My friend bought a box of chocolate for me.
③ She asked me several questions.
  → She asked several questions to me.
④ Elsa brought the town lots of snow.
  → Elsa brought lots of snow to the town.

정답 및 해설

01 정답
① Juliet gave a cup of coffee to me.
② Mom made a fruit cake for us.
③ He taught English to us last year.

해석
① 줄리엣이 나에게 한 잔의 커피를 주었다.
② 엄마는 우리에게 과일 케이크를 만들어 주셨다.
③ 그는 작년에 우리에게 영어를 가르쳤다.

02 정답 ③

해석
① 그녀가 나에게 청첩장을 보냈다.
② 내 친구가 나에게 초콜릿 한 상자를 사 주었다.
③ 그녀가 나에게 몇 가지 질문을 했다.
④ 엘사는 그 마을에 많은 눈을 가져왔다.

풀이 ③ 동사 ask는 4형식에서 3형식으로 고칠 때 전치사 of를 사용하는 동사이다. 따라서 She asked several questions to me를 She asked several questions of me로 고친다. ① 동사 send는 4형식에서 3형식으로 고칠 때 전치사 to를 사용한다. ② 동사 buy는 4형식에서 3형식으로 고칠 때 전치사 for를 사용한다. ④ 동사 bring은 4형식에서 3형식으로 고칠 때 전치사 to를 사용한다.

Point 05 5형식 불완전타동사 중 미래 지향 의지 동사 뽀개기

미래 지향 의지 동사는 목적보어에 (준동사 중에서) to R를 취하여 구조는 다음과 같다.

$$\text{미래 지향 의지 동사} + \text{목적어} + \text{to R}$$

advise, allow, ask, cause, enable, encourage, expect, forbid, force, get, permit, persuade, require, tell, want, would like ⎫ + 목적어 + to R ~

cf let, make, have + 목적어 + R
　 help + 목적어 + (to) R
　 지각동사 + 목적어 + R/분사

· Our teacher wanted us to keep silent. 선생님은 우리가 조용히 하기를 원하셨다.
· I allowed her to go home early. 나는 그녀가 일찍 집에 가는 것을 허락했다.

확인 학습 문제

01 다음 빈칸에 들어갈 말로 가장 적절한 것은?

His boss allowed him _____ a three-week vacation in Jeju.

① having　　　　　　　　　② have
③ had　　　　　　　　　　④ to have

02 다음 빈칸에 들어갈 말로 가장 적절한 것은?

My friend advised _____ at home.

① me rests
② me to rest
③ me rest
④ me resting

03 다음 밑줄 친 부분 중 어법상 틀린 것은?

① My teacher ② said she would force me ③ eating it ④ next time.

04 다음 밑줄 친 부분 중 어법상 틀린 것은?

I want my children ① experiencing lots of new ② things and ③ have good friends ④ in their lives.

05 다음 밑줄 친 부분 중 어법상 틀린 것은?

① Many people ② all over the world ③ were expecting the peace talks ④ break down sooner or later.

06 다음 밑줄 친 부분 중 어법상 틀린 것은?

4G ① technology enables users ② downloading and upload ③ large files ④ faster than 3G phones.

07 다음 빈칸에 들어갈 말로 가장 적절한 것은?

She got her elder brother _____ her with washing dishes.

① helping
② helped
③ to help
④ help

정답 및 해설

01 정답 ④
해석: 그의 사장은 그가 제주도에서 3주간의 휴가를 보내는 것을 허락했다.
풀이: allow는 'allow + 목적어 + to R'의 패턴을 가지는 불완전타동사이다. 따라서 ④의 to have가 정답이다.

02 정답 ②
해석: 내 친구는 나에게 집에서 쉬라고 충고했다.
풀이: advise는 'advise + 목적어 + to R'의 패턴을 취하는 불완전타동사이다. 따라서 정답은 ②가 된다.
어휘: rest [rest] vi 쉬다 n 휴식

03 정답 ③ (eating → to eat)
해석: 선생님은 다음번에는 나에게 강제로 그것을 먹이겠다고 말씀하셨다.
풀이: ③ force는 목적보어에 to R를 취하는 동사이므로 eating을 to eat으로 고친다.

04 정답 ① (experiencing → to experience)
해석: 저는 아이들이 그들의 삶에서 많은 새로운 것들을 경험하고 좋은 친구를 사귀길 바랍니다.
풀이: ① want는 'want + 목적어 + to R'의 패턴을 가지는 불완전타동사이다. 따라서 experiencing을 to experience로 고친다. ② lots of는 '많은'이라는 뜻의 형용사로 복수명사와 함께 쓴다. 따라서 복수명사 things는 적절하다. ③ 등위접속사 and에 의해 원형 부정사 experience와 have가 병치를 이룬 구조이다.
어휘: experience [ikspíəriəns] vt 경험하다 n 경험

05 정답 ④ (break down → to break down)
해석: 전 세계의 많은 사람들이 평화 회담이 조만간 결렬될 것으로 예상하고 있었다.
풀이: ④ expect는 'expect + 목적어 + to R'의 패턴을 가지는 불완전타동사이다. 따라서 break down을 to break down으로 고친다. ① many는 셀 수 있는 복수명사와 함께 쓰이는 형용사이므로 적절하다. ③ 주어가 many people로 복수명사이므로, 복수동사 were는 적절하다.
어휘: all over the world 전 세계 곳곳에서(의)
peace talks n 평화 회담
break down 부서지다; 무너지다, 붕괴되다; 분해하다
sooner or later 조만간

06 정답 ② (downloading → to download)
해석: 4G 기술은 사용자들이 3G 기기보다 더 빠르게 대용량 파일 다운로드와 업로드를 가능하게 한다.
풀이: ② enable은 'enable + 목적어 + to R'의 어법을 가지는 불완전타동사이다. 따라서 downloading을 to download로 고친다.
어휘: enable [enéibəl] vt ~을 가능하게 해주다
download [dáunlòud] vt 다운로드하다
upload [ʌplòud] vt 업로드하다

07 정답 ③
해석: 그녀는 오빠가 그녀가 설거지하는 것을 도와주도록 했다.
풀이: get은 'get + 목적어 + to R'의 어법을 취하는 불완전타동사이다. 따라서 정답은 ③이 된다.

Point 06 5형식 불완전타동사 중 사역동사 let, make, have 뽀개기

사역동사 let, make, have는 목적보어에 (준동사 중에서) **R(원형부정사/동사원형)**을 취하며 구조는 다음과 같다.

$$\boxed{let, make, have} + 목적어 + R(원형부정사/동사원형)$$

사역동사 let, make, have, (help)는 목적보어에 **R(원형부정사/동사원형)**을 사용한다.

- My parents made me **keep** studying. 내 부모님은 내가 계속 공부할 수 있도록 해 주셨다.
- Let me **correct** it. 제가 그것을 고칠게요.

cf help는 'help + 목적어 + (to) R'의 구조가 가능하다.
즉, 목적보어에 to R가 와도 되고, 동사원형이 와도 된다.

She helped me **to wash** the dishes. 그녀는 내가 설거지하는 것을 도와주었다.
= She helped me **wash** the dishes.

확인 학습 문제

01 다음 빈칸에 들어갈 말로 가장 적절한 것은?

Let me _____ the news after the result is released.

① to know ② knowing
③ known   ④ know

02 다음 밑줄 친 부분 중 어법상 틀린 것은?

① His attitude and ② mind made him ③ to succeed in ④ finishing the project.

정답 및 해설

01 정답 ④
해석 결과가 발표되면, 그 소식을 알려 주세요.
풀이 사역동사 let은 목적보어에 동사원형을 취하는 동사이므로 ④ know가 정답이다.
어휘 release [rilíːs] vt 풀어 주다; 공개하다, 발표하다; 출간하다

02 정답 ③ (to succeed → succeed)
해석 그의 태도와 마음가짐은 그가 프로젝트를 끝내는 데 있어 성공하도록 만들었다.
풀이 ③ 사역동사 make는 목적보어에 동사원형을 취하는 동사이므로 to succeed를 succeed로 고친다.
④ in + Ring는 '~하는 데 있어서'라는 뜻의 관용어구이다.
어휘 attitude [ǽtitjùːd] n 태도
in Ring ~하는 데 있어서

Point 07 5형식 불완전타동사 지각동사 뽀개기

지각동사는 목적보어에 준동사 중에서 R(원형부정사/동사원형)과 분사를 취하며 구조는 다음과 같다.

| 지각동사 + 목적어 + R/분사 |

자주 나오는 지각동사(불완전타동사)

see, watch, hear, feel, notice 등

I heard her **sing** a beautiful song. 나는 그녀가 아름다운 노래를 부르는 것을 들었다.
I heard her **singing** a beautiful song.

I watched him **cross** the road. 나는 그가 길을 건너는 것을 보았다.
I watched him **crossing** the road.

확인 학습 문제

01 다음 빈칸에 들어갈 말로 가장 적절한 것은?

I saw lots of people _____ to improve their life.

① tried
② to try
③ tries
④ try

02 다음 빈칸에 들어갈 말로 가장 적절한 것은?

Did he notice the girl _____ and singing a song?

① enters the room
② entering the room
③ enter the room
④ to enter the room

정답 및 해설

01 정답 ④

해석 나는 많은 사람들이 자신의 삶을 향상시키기 위해서 노력하는 것을 보았다.

풀이 '지각동사 + 목적어 + 동사원형/분사'의 구조가 되어야 한다. ①과 ④ 중에서, ① tried는 과거분사로 태가 적절하지 않으므로(사람들이 능동적으로 노력하는 상태임), tried를 trying으로 고쳐야 정답이 될 수 있다. 따라서 ④ try가 정답이다.

어휘 improve [imprúːv] vt 향상시키다

02 정답 ②

해석 그는 그 소녀가 방으로 들어가서 노래 부르는 것을 알아챘나요?

풀이 '지각동사 + 목적어 + 동사원형/분사'의 구조가 되어야 한다. 그런데 빈칸 뒤에서 and를 사이에 두고 분사가 병치되는 구조가 나오므로 빈칸에는 동사원형이 들어갈 수가 없다. 따라서 분사 형태인 ②가 적절하다.

어휘 notice [nóutis] vt 의식하다[눈치채다]; 주목하다

Point 08 혼동동사 뽀개기

자동사와 타동사가 비슷한 형태이거나, 의미에 따라 3단 변화의 형태가 다른 혼동동사들은 다음과 같다.

① 자/타에 유의해야 할 동사

lie – lay – lain(lying)	자 눕다, 놓여 있다
lay – laid – laid(laying)	타 ~을 눕히다, ~을 놓다
cf lie – lied – lied(lying)	자 거짓말하다
rise – rose – risen	자 떠오르다, 상승하다
raise – raised – raised	타 올리다; 키우다; 모으다; 제기하다
sit – sat – sat	자 앉다
set – set – set	타 ~을 놓다
seat – seated – seated	타 ~을 앉히다

② 의미에 유의해야 할 동사

hang – hung – hung	~을 걸다, ~을 매달다
hang – hanged – hanged	~을 교수형에 처하다
find – found – found	~을 발견하다; 알아차리다
found – founded – founded	~을 세우다, 설립하다

확인 학습 문제

01 다음 밑줄 친 부분 중 어법상 틀린 것은?

We ① <u>rose</u> ② <u>money</u> to buy ③ <u>a</u> wedding present ④ <u>for</u> Jihye.

02 다음 밑줄 친 부분 중 어법상 <u>틀린</u> 것은?

After ① <u>pouring</u> apple juice ② <u>in</u> the glass, he ③ <u>lain</u> it ④ <u>on</u> the table.

03 다음 문장들 중 옳지 <u>않은</u> 것은?

① The man sat on the sofa.
② He hung up the picture on the wall.
③ The Sun raises in the East.
④ He founded the company in 1999.

정답 및 해설

01 정답 ① (rose → raised)
해석 우리는 지혜의 결혼 선물을 사기 위해서 돈을 모았다.
풀이 혼동동사 문제이다. ① raise-raised-raised 타 와 rise-rose-risen 자, 이 둘을 구분하여야 한다. 여기서는 money라는 목적어를 가지는 타동사로 쓰이고 있으므로 자동사가 아니라 타동사를 써야 한다. 따라서 rose를 raised로 고친다. ④ 동사 buy는 3형식에서 전치사 for와 함께 쓰인다.

02 정답 ③ (lain → laid)
해석 컵에 사과 주스를 따른 후에, 그는 식탁에 그것을 올려놓았다.
풀이 혼동동사 문제이다. ③ lain은 자동사 lie(눕다, 놓여 있다)의 과거분사형이다. 여기서는 동사가 들어가야 하며, 밑줄 뒤에 목적어 it이 있으므로 타동사가 되어야 한다. 따라서 타동사 lay의 과거형인 laid로 고친다. ① 분사구문으로 밑줄 뒤에 목적어 apple juice가 있으므로 현재분사인 pouring이 맞다.
어휘 pour [pɔːr] vt 붓다; 퍼붓다; 따르다

03 정답 ③ (raises → rises)
해석 ① 그 남자는 소파에 앉아 있었다.
② 그는 벽에 액자를 걸었다.
③ 해는 동쪽에서 뜬다.
④ 그는 1999년에 그 회사를 설립했다.
풀이 ③ raise는 타동사인데 뒤에 목적어가 없고 문맥상 '해가 떠오르다'라는 의미가 되어야 하므로 자동사 rise를 쓰는 것이 적절하다. 따라서 이 문장을 The Sun rises in the East로 고친다. ① sat은 자동사 sit의 과거형이다. ② hung은 '~을 걸다'의 의미로 쓰였으므로 과거형 hung은 적절하다. ④ found는 '설립하다'라는 의미이므로 과거형 founded는 적절하다.

CHAPTER 04 단원별 확인 문제

01 다음 중 어법상 옳은 것은?

① The manager dealt the confusing situation smoothly.
② Those pencils belong for Justine.
③ I responded his email quickly.
④ My daughter interfered with her elder brother's work.

02 다음 밑줄 친 부분 중 어법상 틀린 것을 고르시오.

'World Music' ① <u>is</u> enormously ② <u>popularly</u> and the latest disco style ③ <u>breezily</u> combines flamenco ④ <u>with</u> jazz and Gaelic traditions.

03 다음 중 어법상 옳지 <u>않은</u> 것은?

① She remained tired in the afternoon.
② The man turned out to be dishonest.
③ The music from the outside sounded merrily.
④ My little boy seems to feel hungry.

04 다음 중 어법상 틀린 문장은?

① Your socks smell badly.
② This smells fishy.
③ My stomach feels uncomfortable.
④ My head felt heavy all day long.

※ 다음 밑줄 친 부분 중 어법상 틀린 것을 고르시오. [5~13]

05 ① When I ② looked at the dried flowers ③ on the table, they looked so ④ wonderfully.

06 His ① words ② made me ③ to feel ④ uneasy.

07 ① Unfortunately, ② few passengers survived ③ from the ④ catastrophe.

08 She resembles ① with her mother ② in appearance ③ but not ④ in character.

09 Let me ① to fix a ② shelf ③ to the ④ wall.

10 ① I'll discuss ② about the matter ③ with ④ our Seoul office on the telephone tomorrow.

11 The doctor ① asked my dad ② give up ③ drinking and ④ smoking.

12 My mom forced me ① studying ② more ③ at an academy ④ during the vacation.

13 His ① wealth ② enables him ③ doing ④ what he likes.

14 다음 중 어법상 <u>틀린</u> 문장은?

① His mother enabled him to try again.
② Let me explain it to you.
③ I persuaded her behave herself.
④ Traffic congestion caused us to be late.

❇ 다음 빈칸에 들어갈 말로 가장 적절한 것을 고르시오. [15~19]

15 I want you _____ the world freely and make friends with people from various cultures.

① to explore   ② explore
③ explores   ④ exploring

16 The painting was really _____.

① beautiful   ② beautifully
③ beautify   ④ beauty

17 Please let us _____ your timely advice of the shipment.

① to know   ② know
③ knowing   ④ knows

18 For example, you should not drink milk if it smells _____.

① sour   ② sourly
③ more sourly   ④ sourness

19 She _____ me tell her something interesting.

① advised   ② forced
③ wanted   ④ made

20 다음 중 어법상 옳은 것은?

① The president rose me to the department manager.
② I laid on the bed.
③ The boy seats on the armchair.
④ The picture was hung on the wall.

21 다음 중 어법상 틀린 문장은?

① My uncle entered the room.   ② I object to your opinion.
③ She feels sorrily.   ④ My friend married the pianist.

❂ 다음 밑줄 친 부분 중 어법상 틀린 것을 고르시오. [22~25]

22 My son ① married ② with a ③ beautiful lady who ④ is a nurse.

23 ① People often seem ② angrily when they do not ③ get enough ④ rest and food.

24 Before he ① graduates high school, he ② will have to decide ③ whether he continues his studies or ④ gets a job afterward.

25 Mom sitting on the sofa ① in the living room looked so ② seriously ③ that I ④ couldn't show my report card to her.

02 Actual Test

다음 밑줄 친 부분 중 어법상 틀린 것을 고르시오. [1~16]

01 ① The text book ② on the desk is ③ as well written as ④ last year.

02 To write a poem ① is not ② as difficult as ③ writing a novel to ④ beginners.

03 When I feel ① bored, I usually sleep ② in bed, go ③ to the movie, or ④ to call my friends.

04 ① Biking seems ② really exciting but ③ scare ④ to me.

05 Some ① children are ② born with speaking defects ③ severely and serious ④ enough to require medical treatment.

06 A growing number of people ① seeks medical attention for vitamin D ② deficiency, a ③ common condition ④ among those who spend a lot of time indoors.

07 I ① saw your boyfriend ② to date ③ another girl ④ while you were in Japan.

08 The airplane ① to enable us ② to travel safely ③ such a long distance in ④ a short time.

09 Nari ① made ② a lovely and ③ prettily box for me a few ④ days ago.

10 We tried ① to persuade him ② give up smoking, but he was ③ obstinate and refused to ④ change.

11 The book ① let me ② to know ③ much ④ information.

12 You ① can watch the movie, go ② shopping, or ③ to learn something together ④ with your best friend.

13 A : You look so ① beautiful. That dress looks ② really well on you.
B : It's very nice ③ of you ④ to say so.

14 A number of citizens ① was parading, while ② wearing animal-costumes, ③ down the street ④ during the festival in the city.

15 She ① caught my ② attend ③ when she played the ④ leading role in that play.

16 ① When I found Sujin ② in the meeting, she ③ looked pretty ④ greatly.

◈ 다음 빈칸에 들어갈 말로 가장 적절한 것을 고르시오. [17~18]

17 Ms. Kim walked in the rain without _____ an umbrella.

① to carry   ② carrying
③ carried   ④ and carry

18 In 1988, Korea _____ the Seoul Olympic.

① to hold   ② hold
③ held   ④ holding

19 다음 밑줄 친 부분 중 어법상 틀린 것은?

There ① were tender and ② quietly sounds here and there ③ as if birds were beginning to ④ tune up for a concert.

20 다음 빈칸에 들어갈 말로 가장 적절한 것은?

Scientists say that dinosaurs may have become extinct because of either the eruption of volcanoes _____.

① or the impact of an asteroid
② and an asteroid's impact
③ nor the impact of an asteroid
④ or an asteroid will impact

MEMO

영어의 시작과 끝 **리라클영어**

테이크아웃
기초영문법

PART 03

chapter 05 태

chapter 06 시제

Actual Test 03

CHAPTER 05 태

» 동사의 태(態)란 말 그대로 동사의 모양·모습을(= 서술하는 모양·모습) 말하는 것이다. 동사의 서술하는 모양은 능동의 모양(V)이냐, 수동의 모양(be+p.p.)이냐의 두 버전으로 존재한다. 이렇게 나눠지는 기준은 주체가 무엇이냐에 달려 있다. 예를 들어 'He builds a house.'라는 문장을 살펴보자. 이 문장을 살펴보면 어떤 그림이 떠오르는가? 한 남자가 집을 짓고 있는 장면이 연상될 것이다. build라는 동사는 '~을 짓다'라는 사건을 서술해 주고 있다. 이때 '~을' 지을 수 있는 주체, 예를 들면 she나 he와 같은 사람이 주어로 오면 build(s)라는 능동의 형태를 갖추지만, A house라는 것이 주체로 온다면 집은 '~을 지을 수 있는' 주체가 되지 못하므로 A house builds.란 문장은 있을 수 없다. 따라서 주어에 맞추어서 동사가 구조 조정되어야 한다. 이럴 때, 주체가 주어로 오지 않고 '~을 짓다'라는 행위의 대상(목적어)인 집이 주어로 오게 될 때는 동사의 모양이 수동형으로 전환된다. 즉, **be + p.p.**의 형태가 되어야 하고, 이를 수동태라고 한다. 정리하면 행위의 주체가 주어로 오면 능동태의 모습 그대로, 행위의 대상이 주어로 오면 수동태의 모습, 즉 be + p.p.의 형태가 된다. 이를 동사의 능동태와 수동태라고 한다.

He builds a house. [능동태]
↳ 행위의 주체

그는 집을 짓는다.

A house is built ∅ by him. [수동태]
↳ 행위의 대상

집은 그에 의해 지어진다.

TIP&TIP

쉽게 보자면 능동태는 주어가 '주는' 입장이고, 수동태는 주어가 '받는' 입장이다.

간단히 표로 나타내 보면,

	행위자	동 사	대상어(= 목적어)
능동태	He	builds	a house
수동태	대상어(= 목적어)	be 동사 + 과거분사(p.p.)	by 행위자
	A house	is built	by him

01 태의 전환

능동태가 수동태로 전환될 때의 조건

수동태 3종 세트 : 주어(행위자), 동사, 대상어(= 목적어)

▎자동사는 수동태로 전환이 불가하다.

수동태는 대상어(=목적어)가 있어야 만들어질 수 있기 때문에 목적어가 없는 자동사는 수동태로의 전환이 불가하다.

· The letter was arrived. (×)

· The letter arrived. (○) 편지가 도착했다

▎능동태의 대상어(=목적어)가 수동태의 주어가 된다.

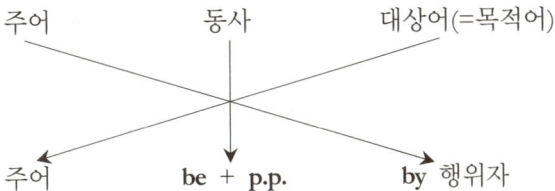

(1) 완전타동사의 수동태

목적어가 주어가 되는 것이다. 이때 동사는 새로운 주어에 맞추어 be + p.p.의 형태로 구조 조정시켜 주고, 예전 주어는 'by + 행위자'로 문장 맨 끝에 보내 준다.

· She made cookies. 그녀는 쿠키를 만들었다.

→ Cookies were made Ø by her. 쿠키는 그녀에 의해 만들어졌다.

(2) 수여동사의 수동태

수여동사 구문은 목적어가 두 개(간접목적어, 직접목적어)이기 때문에 수동태도 두 가지 형태가 나올 수 있다. 그러나 문장의 의미에 따라 언제나 두 개의 수동태가 만들어지는 것이 아니기 때문에 유의해야 한다.

· I gave him a ball. 나는 그에게 공 하나를 주었다.

→ He was given Ø a ball by me. 그는 나에게서 공 하나를 받았다.

→ A ball was given (to) him Ø by me. 공은 나에 의해 그에게 주어졌다.

(3) 불완전타동사의 수동태

불완전타동사 구문의 목적어가 수동태의 주어가 되고, 목적보어는 그대로 남는다. 이 목적보어가 수동태에서는 주어보어가 된다.(5형식 불완전타동사 ──수동태──▶ 2형식 불완전자동사)

· I considered him honest. 나는 그가 정직하다고 여겼다.
　→ He was considered Ø honest by me. 그는 나에 의해 정직하다고 여겨졌다.

· He made his son a dentist. 그는 아들을 치과의사로 만들었다.
　→ His son was made Ø a dentist by him. 그의 아들은 그에 의해 치과의사로 만들어졌다.

cf 동사 변화표

원 형	과 거	과거분사	뜻
become	became	become	되다
begin	began	begun	시작하다
blow	blew	blown	바람이 불다
break	broke	broken	깨뜨리다, 부수다
bring	brought	brought	가져오다
build	built	built	짓다, 건설하다
buy	bought	bought	사다
catch	caught	caught	붙잡다
choose	chose	chosen	고르다, 선택하다
come	came	come	오다
cost	cost	cost	비용이 들다
cut	cut	cut	자르다
do	did	done	하다
draw	drew	drawn	끌다; 그림을 그리다
eat	ate	eaten	먹다
fall	fell	fallen	떨어지다, 쓰러지다
feel	felt	felt	느끼다
fight	fought	fought	싸우다
find	found	found	찾아내다
fly	flew	flown	날다
forget	forgot	forgot(ten)	잊다
forgive	forgave	forgiven	용서하다
get	got	got(ten)	얻다, 받다

give	gave	given	주다
go	went	gone	가다
grow	grew	grown	자라다
have	had	had	갖다
hear	heard	heard	듣다
hide	hid	hidden	숨다, 숨기다
hit	hit	hit	치다
hold	held	held	붙잡다
hurt	hurt	hurt	다치게 하다
keep	kept	kept	지키다, 유지하다
know	knew	known	알다
lay	laid	laid	놓다, 두다
lead	led	led	이끌다
leave	left	left	떠나다, 남겨 두다
lend	lent	lent	빌려 주다
let	let	let	~하게 하다
lie	lay	lain	눕다
lie	lied	lied	거짓말하다
lose	lost	lost	잃어버리다; 지다
make	made	made	만들다
mean	meant	meant	의미하다
meet	met	met	만나다
mistake	mistook	mistaken	오해하다
pay	paid	paid	돈을 내다
put	put	put	놓다
quit	quit	quit	그만두다
read	read	read	읽다
ride	rode	ridden	(탈것을) 타다
rise	rose	risen	(해나 달이) 뜨다, 오르다
run	ran	run	뛰다, 달리다
say	said	said	말하다
see	saw	seen	보다
sell	sold	sold	팔다
send	sent	sent	보내다
set	set	set	놓다, 두다

shake	shook	shaken	흔들다
shine	shone	shone	빛나다
show	showed	shown	보여 주다
shut	shut	shut	(창문·문을) 닫다
sing	sang	sung	노래하다
sit	sat	sat	앉다
sleep	slept	slept	자다
speak	spoke	spoken	말하다
spend	spent	spent	(시간·돈을) 쓰다
stand	stood	stood	서다, 서 있다
steal	stole	stolen	훔치다
strike	struck	struck	치다, 때리다
swear	swore	sworn	맹세하다
swim	swam	swum	수영하다
take	took	taken	잡다
teach	taught	taught	가르치다
tell	told	told	말하다
think	thought	thought	생각하다
throw	threw	thrown	던지다
understand	understood	understood	이해하다
wake	woke	woken	(잠에서) 깨다
wear	wore	worn	입다, 쓰다, 신다
win	won	won	이기다; (상을) 받다
write	wrote	written	쓰다

CHAPTER 05 출제 포인트

Point 01 타동사의 태는 목적어가 결정

타동사 뒤에 **목적어**가 있으면 그 동사는 **능동태**가 되고, 목적어가 없고 수식어(구)나 '**전치사 + 명사**'구가 있으면 그 동사는 **수동태**가 된다.

- 능동태 : S + V + O
- 수동태 : S + be p.p. + ∅ + by + 행위자

- She separated garbage in the yard. 그녀는 마당에서 쓰레기를 분리수거 했다.
   　　　　　　　　O
- Garbage was separated ∅ in the yard by her.
  쓰레기는 마당에서 그녀에 의해 분리수거 되었다.

확인 학습 문제

01 다음 밑줄 친 부분 중 어법상 틀린 것은?

I ① think that my password ② was changing by somebody, ③ so I am ④ at a loss.

02 다음 밑줄 친 부분 중 어법상 틀린 것은?

① My old stereo set is ② repairing ③ by my ④ friend, Jeanie.

03 다음 중 문법적으로 옳지 <u>않은</u> 것을 고르시오.

① She discovered a clue.
② A cup was put on the table.
③ The window was broken by my son.
④ The package sent yesterday.

정답 및 해설

01 정답 ② (was changing → was changed)
해석 나의 비밀번호가 누군가에 의해 바뀌었다고 생각한다. 그래서 나는 당황스럽다.
풀이 ② 동사구 was changing 뒤에 목적어가 없으므로 수동태가 되어야 한다. 따라서 was changing을 was changed로 고친다. ③ so는 접속사로서 '그래서, 따라서'라는 뜻이 있다. ④ at a loss는 '당황스러운'이라는 뜻으로 형용사구로 쓰였다.
어휘 at a loss 당황한, 어쩔 줄 모르는

02 정답 ② (repairing → repaired)
해석 나의 오래된 스테레오가 내 친구 지니에 의해서 수리된다.
풀이 ② 동사구 is repairing 뒤에 목적어가 없고 by 이하의 전치사구가 있으므로 동사구를 수동태로 고친다. 즉, repairing을 repaired로 고친다.
어휘 repair [ripɛ́ər] vt 수리하다

03 정답 ④ (sent → was sent)
해석 ① 그녀는 단서를 찾았다.
② 컵이 테이블 위에 놓여 있었다.
③ 창문이 내 아들에 의해 깨졌다.
④ 소포는 어제 보내졌다.
풀이 ④ send는 '~을 보내다'라는 뜻의 타동사로서 목적어를 가져야 하는데, sent 뒤에 목적어가 없으므로 동사의 형태는 수동태가 되어야 한다. 따라서 The package sent yesterday를 The package was sent yesterday로 고친다. ① 타동사 discovered 뒤에 목적어 a clue가 있으므로 능동태가 적절하다. ② 동사구 was put 뒤에 목적어가 없으므로 수동태가 적절하다. ③ 동사구 was broken 뒤에 목적어가 없으므로 수동태가 적절하다.
어휘 clue [kluː] n 실마리, 단서
package [pǽkidʒ] n 소포

Point 02 다양한 수동태의 형태

수동태도 능동태가 나타내는 시제를 똑같이 표현할 수 있다.

▌수동태의 형태
- 단순 수동 : be + p.p.
- 진행 수동 : be + being + p.p.
- 완료 수동 : have + been + p.p.
- 조동사의 수동 : 조동사 + be + p.p.

· This type of furniture **is used** widely. 이러한 종류의 가구는 널리 사용된다.
· This type of furniture **was being used** widely. 이러한 종류의 가구는 널리 사용되고 있었다.
· This type of furniture **has been used** widely. 이러한 종류의 가구는 널리 사용되어 왔다.
· This type of furniture **can be used** widely. 이러한 종류의 가구는 널리 사용될 수 있다.

확인 학습 문제

01 다음 밑줄 친 부분 중 어법상 **틀린** 것은?

① <u>As</u> this book is ② <u>wrote</u> ③ <u>in</u> basic English, you can understand ④ <u>easily</u>.

02 다음 밑줄 친 부분 중 어법상 **틀린** 것은?

The Beatles' ① <u>songs</u> have ② <u>being</u> loved by many ③ <u>people</u> all ④ <u>over</u> the world.

03 다음 밑줄 친 부분 중 어법상 **틀린** 것은?

① <u>Such</u> a feeling can ② <u>hardly</u> be ③ <u>describing</u> in ④ <u>a few</u> words.

정답 및 해설

01 정답 ② (wrote → written)
해석 이 책은 기초 영어로 쓰여 있어서, 당신은 쉽게 이해할 수 있다.
풀이 ② 수동태의 형태는 'be 동사 + 과거분사'이다. write의 과거분사는 written이므로, wrote를 written으로 고친다. ① As는 접속사로서 '~ 때문에'라는 뜻을 가지고 있다. ④ easily는 '쉽게'라는 뜻의 부사로서 동사를 꾸며 주고 있다.

02 정답 ② (being → been)
해석 비틀즈의 노래는 전 세계의 많은 사람들에게 사랑을 받아 왔다.
풀이 ② 현재완료 수동태의 형태는 'have + been + p.p.'이다. 따라서 being을 been으로 고친다. ③ 형용사 many는 복수명사와 결합한다.

03 정답 ③ (describing → described)
해석 그러한 기분은 몇 단어로 표현될 수 없다.
풀이 ③ 수동태의 형태는 'be 동사 + 과거분사'이다. describing 뒤에 목적어가 없기 때문에 동사는 수동태가 되어야 하므로 describing을 described로 고친다. ① such는 '그러한'이라는 뜻으로, 관사 a보다 앞으로 가는 전치 한정사이다. 'such + a + (형용사) + 명사'의 어순이 되므로 꼭 외워 두자!! ② hardly는 '거의 ~ 않다'라는 뜻의 빈도 부사로 '조동사 뒤, be 동사 뒤, 일반동사 앞'에 위치한다. 이 문장처럼 조동사가 여러 개 있을 때는 첫 번째 조동사 뒤에 위치한다. ④ a few는 '약간'이라는 뜻으로 복수명사와 결합한다.
어휘 such [sʌtʃ] a 그러한
describe [diskráib] vt 묘사하다, 표현하다; 설명하다

MEMO

Point 03 자동사는 수동태를 만들 수 없다.

수동태를 만드는 원리는 목적어가 주어 자리로 올라가는 데서 시작된다. 따라서 목적어가 없는 문장은 수동태를 만들 수 없다. 즉, 목적어가 없는 자동사는 수동형이 될 수 없다.

▎빈출 자동사 list

appear, arise, arrive, come, disappear, exist, go, happen, matter, occur, remain, take place, work 및 불완전자동사(be류, become류, 지각동사류)

확인 학습 문제

01 다음 밑줄 친 부분 중 어법상 틀린 것은?

It ① <u>is seemed</u> that you ② <u>have</u> a cold. You ③ <u>had better go</u> home and stay ④ <u>in</u> bed.

02 다음 밑줄 친 부분 중 어법상 틀린 것은?

If ① <u>these</u> animals and plants ② <u>are disappeared</u>, ③ <u>the</u> world ④ <u>would be deserted</u>.

정답 및 해설

01 정답 ① (is seemed → seems)

해석 감기 걸린 것 같은데요. 집에 가서 침대에 누워 쉬는 게 좋겠네요.

풀이 ① seem은 불완전자동사로 '~인 것 같다'라는 뜻이다. 자동사는 목적어가 없으므로 절대로 목적어가 주어로 올라가는 동사 형태인 수동태가 될 수 없으므로 100% 능동의 형태로 써야 한다. 따라서 is seemed를 seems로 고친다. ② '감기에 걸리다'라고 할 때는 동사 have를 쓴다. ③ had better R은 '~하는 게 낫다'라는 뜻의 관용어구이다.

어휘 at a loss 당황한, 어쩔 줄 모르는
cold [kould] a 차가운 n 감기
home [houm] n 집 ad 집으로
had better R ~하는 게 낫다

02 정답 ② (are disappeared → disappear)

해석 만일 이 동물들과 식물들이 사라져 버린다면, 세상은 황폐해질 것이다.

풀이 ② disappear는 자동사이므로 수동태가 될 수 없다. 따라서 are disappeared를 disappear로 고쳐야 옳은 문장이 된다. ① these는 복수명사와 결합하는 지시형용사이다.

어휘 deserted [dizə́ːrtid] a 황폐한; 버려진

Point 04 by 이외의 전치사를 쓰는 수동태

① 감정(놀람)의 at

- be + [alarmed / amazed / astonished / frightened / shocked / startled / surprised] + at ~
  - ~을 두려워하다[불안해하다]
  - ~에 놀라다
  - ~에 놀라다
  - ~을 무서워하다
  - ~에 놀라다
  - ~에 놀라다
  - ~에 놀라다

② 기쁨·만족의 with

- be + [amused / contented / delighted / gratified / pleased / satisfied(↔ dissatisfied)] + with ~
  - ~에 즐거워하다
  - ~에 만족하다
  - ~에 기뻐하다
  - ~에 만족하다
  - ~에 즐거워하다
  - ~에 만족하다(↔~에 불만족하다)

③ 걱정의 about[over]

- be + [concerned / troubled / worried] + about[over] ~
  - ~을 걱정하다
  - ~을 걱정하다
  - ~을 걱정하다

④ 몰두·관심 분야의 in

- be + [absorbed / engaged / indulged / involved / interested / skilled] + in ~
  - ~에 열중하다
  - ~에 종사하다
  - ~에 빠져 있다
  - ~에 관련되다
  - ~에 관심이 있다
  - ~에 노련하다

⑤ with + 도구 : ~와, ~으로, ~에

| • be + | associated
covered
equipped
faced
filled | + with ~ | ~에 관계가 있다
~으로 덮여 있다
~을 갖추고 있다
~에 직면하다
~으로 가득 차다 |

⑥ 방향의 to : ~에, ~에게

| • be + | assigned
committed
dedicated
devoted
exposed
married
opposed
related | + to ~ | ~에게 할당되다
~에 몰두[전념]하다
~에 헌신[전념]하다
~에 헌신[전념]하다
~에 노출되다
~와 결혼하다
~에 반대하다
~에 관련되다 |

cf be related **to** ~ = be involved **in** ~ = be associated **with** ~   ~에 관련되다

⑦ 착용의 in

| • be dressed in ~ | ~으로 차려입다 |

⑧ 주제의 of : ~에 관해서, ~에 대해서, ~으로

| • be + | ashamed
convinced
informed | + of ~ | ~을 부끄러워하다
~을 확신하다
~에 관해서 알게 되다 |

⑨ 분리·구성의 of

| • be + | composed
made | + of ~ | ~으로 구성되어 있다
~으로 만들어지다 |

⑩ 기준·근거의 on : ~에 관해서, ~에 대해서

- be based on ~   ~에 근거하다

⑪ 전치사에 따라 의미가 달라지는 경우

| be made from ~ | [화학적 변화] ~으로 만들어지다 |
| be made of ~ | [물리적 변화] ~으로 만들어지다 |

| be concerned about[over] ~ | ~에 대해 걱정하다 |
| be concerned with ~ | ~에 관련되다, ~에 관심이 있다 |

be known to + 대상	~에게 알려지다
be known as + 자격	~로서 알려지다
be known for + 이유·원인	~로 유명하다
be known by + 판단의 근거	~에 의해 알 수 있다, ~에 의해 판단되다

be tired of ~	~에 물리다[질리다]
(= be fed up with ~)	
be tired with ~	~에 지치다

- This desk **is made of** steel. 이 책상은 쇠로 만들어진다.
- Yogurt **is made from** milk. 요거트는 우유로 만들어진다.

- Moms **are concerned about** their children's performance.
- Women **are concerned with** decorating their houses.
  엄마들은 자식들의 성적에 대해서 걱정한다.
  여자들은 집을 꾸미는 것에 관심이 있다.

- The book **is known to** young men. 그 책은 젊은이들에게 알려져 있다.
- The lady **is known as** an artist. 그 여자는 예술가로서 알려져 있다.
- Paris **is known for** the Eiffel Tower. 파리는 에펠탑으로 유명하다.
- Men **are known by** friends. 사람은 친구를 보면 알 수 있다.

- I **am tired of** eating bread every morning. 나는 매일 아침 빵을 먹는 것에 질린다.
- I **am tired with** working late. 나는 야근에 지친다.

확인 학습 문제

01 다음 밑줄 친 부분 중 어법상 틀린 것은?

I was ① <u>so</u> surprised ② <u>to</u> him ③ <u>because</u> he'd already left Seoul without ④ <u>saying</u> goodbye to me.

02 다음 밑줄 친 부분 중 어법상 틀린 것은?

I am very interested ① <u>for</u> music, ② <u>and</u> I want ③ <u>to be</u> a great ④ <u>musician</u>.

03 다음에서 어법상 옳은 것을 고르시오.

① They are equipped by a two-way radio.
② She is engaged of politics.
③ The man is known for his friend.
④ My mom is worried about my health condition.

정답 및 해설

01 정답 ② (to → at)
해석 그가 나에게 작별 인사도 없이 벌써 서울을 떠났기에 나는 그에게 굉장히 놀랐다.
풀이 ② be surprised at은 '~에 놀라다'라는 뜻의 수동태 구문이다. 따라서 전치사 to를 at으로 고친다. ① so는 과거분사 surprised를 꾸며 주는 부사이다. ③ because는 '~ 때문에'라는 뜻의 종속접속사이다. ④ 동명사 saying은 전치사 without의 목적어로 쓰인 동명사이다. say goodbye는 '작별 인사를 하다'라는 뜻의 관용표현이다.
어휘 already [ɔːlrédi] ad 이미, 벌써

02 정답 ① (for → in)
해석 나는 음악에 관심이 아주 많고, 훌륭한 음악가가 되기를 원한다.
풀이 ① be interested in은 '~에 관심이 있다'라는 수동태 구문이다. 따라서 for을 in으로 고친다. ② 등위접속사로서 대등절을 연결한다. ③ 동사 want는 to R를 목적어로 가진다. ④ 밑줄 앞에 관사 a가 있으므로 musician은 단수명사가 되는 것이 맞다.

03 정답 ④
해석 ① 그들은 송수신 무전기를 가지고 있다.
② 그녀는 정치에 종사한다.
③ 사람은 자신의 친구로 평가받는다.
④ 어머니는 내 건강 상태를 걱정하신다.
풀이 ④ be worried about은 '~에 대해서 걱정하다'이다. ① be equipped with는 '~을 갖추고 있다'이다. 따라서 전치사 by를 with로 고친다. ② be engaged in은 '~에 종사하다'이다. 따라서 전치사 of를 in으로 고친다. ③ be known for는 '~으로 유명하다'이고, be known by는 '~으로 평가받다'이다. 문맥상 '사람은 친구로 평가받는다'가 되어야 하므로 전치사 for를 by로 고친다.
어휘 two-way a 양방향의, 쌍방의
politics [pálitiks] n 정치
condition [kəndíʃən] n (건강) 상태; 질환; 조건; 상황

Point 05 수동태도 세트 메뉴가 있다.

'자동사 + 전치사' 혹은 '타동사 관용어구'의 수동태

자동사 + 전치사나 타동사 관용어구와 같은 것은 하나의 의미 덩어리로 보기 때문에 이 덩어리를 하나의 단어로 취급해서 수동태를 만들어야 한다.

· She **laughed at** him. 그녀는 그를 비웃었다.
  → He **was laughed at** by her.

· She **took care of** her baby all day long. 그녀는 하루 종일 아기를 돌보았다.
  → Her baby **was taken care of** all day long by her.

▌시험에 잘 나오는 자동사 + (부사) + 전치사구

deal with ~을 다루다, ~을 처리하다	depend on ~에 의존하다
laugh at ~을 비웃다	look at ~을 쳐다보다
look into ~을 조사하다	look up to ~을 존경하다
refer to ~을 언급하다; ~을 참조하다	run over ~을 (차로) 치다
speak to ~에게 말하다	take in ~을 받아들이다; ~을 속이다

▌시험에 잘 나오는 타동사 관용어구

make use of ~을 이용하다	pay attention to ~에 주의를 기울이다
take advantage of ~을 이용하다	take care of ~을 돌보다

확인 학습 문제

01 다음 밑줄 친 부분 중 어법상 **틀린** 것은?

Each ① <u>group</u> must ② <u>be dealt</u> on an ③ <u>individual</u> basis ④ <u>according to</u> culture.

02 다음 밑줄 친 부분 중 어법상 틀린 것은?

① The patient ② with lung cancer is ③ taken care ④ by his mother.

03 다음 중 어법상 옳지 않은 것을 고르시오.

① Often Internet is depended on by lots of people so as to find information.
② A stray cat was run over by a car last night.
③ The man with great achievement was looked up to by his juniors.
④ The girl wearing red pants was laughed by others.

정답 및 해설

01 정답 ② (be dealt → be dealt with)
해석 각각의 그룹은 문화에 따라 개별적으로 다루어져야 한다.
풀이 ② deal은 자동사로 수동태가 불가능하다. deal with는 타동사구로 수동태가 가능하다. 타동사구 deal with의 수동태는 be dealt with가 되어야 하므로 ②의 be dealt를 be dealt with로 고친다. ① 'each + 가산 단수명사'이다.
어휘 on an individual basis 개인적으로, 개별적으로
according to ~에 따라

02 정답 ③ (taken care → taken care of)
해석 그 폐암 환자는 그의 어머니에 의해서 돌보아진다.
풀이 ③ '~를 돌보다'라는 동사구는 take care of이다. 여기서 동사구 끝에 목적어가 아닌 전치사 by가 나온 걸로 보아 수동태가 되어야 한다. take care of의 수동태는 be taken care of ~이므로 taken care를 taken care of로 고친다.
어휘 patient [péiʃənt] n 환자 a 참을성 있는
lung [lʌŋ] n 폐
cancer [kǽnsər] n 암
take care of ~ ~를 돌보다

03 정답 ④ (was laughed → was laughed at)
해석 ① 많은 사람들이 정보를 찾기 위해 종종 인터넷에 의존한다.
② 지난밤에 길 잃은 고양이가 차에 치였다.
③ 위대한 업적을 이루어 낸 그 남자는 그의 부하직원들에 의해 존경받았다.
④ 빨간 바지를 입은 그 소녀는 다른 사람들의 비웃음을 샀다.
풀이 ④ laugh는 자동사로, 수동태가 불가능하다. 수동태가 가능한 것은 '자동사 + 전치사'가 하나의 타동사구가 되는 '~을 비웃다'라는 뜻의 laugh at이다. 따라서 The girl wearing red pants was laughed by others를 The girl wearing red pants was laughed at by others로 고친다. ① depend on은 '~에 의존하다'라는 뜻의 타동사구로 수동태가 가능하므로, is depended on은 적절하다. ② run over는 '~을 (차로) 치다'라는 뜻의 타동사구로 수동태가 가능하므로, was run over는 적절하다. ③ look up to는 '~을 존경하다'라는 뜻의 타동사구로 수동태가 가능하므로, was looked up to는 적절하다.
어휘 so as to R ~하기 위해서
stray [strei] a 길을 잃은
achievement [ətʃíːvmənt] n 업적, 성취

Point 06 당황할 필요 없는 불완전타동사(5형식 동사)의 수동태

불완전타동사 구문 수동태 만들기

❶ 목적어가 주어 자리로
❷ 동사는 'be + p.p.'의 형태로 구조 조정
❸ 나머지(목적보어)는 전부 그대로

단, 사역동사 let, make, have나 지각동사와 같이 목적보어에 동사원형(R)을 쓰는 동사는 수동태를 만든 후 목적보어인 원형부정사 앞에 to를 넣어 준다. 다시 말해서 원형부정사를 to R로 고쳐 쓴다.

불완전타동사(5형식동사)의 수동태는 능동태만큼 중요하다. 불완전타동사는 목적어 뒤에 목적보어가 하나 더 있다는 이유로 상당히 부담스럽게 느껴지지만, 수동태 3종 세트에 포함되는 주어, 동사, 목적어만 바꾸는 것이니, 나머지(목적보어)는 그대로 적어 주면 된다.

불완전타동사						
불완전타동사 <미래지향동사>	능동	I	expect	Christy	to be an English instructor.	
	수동	Christy	is expected	∅	to be an English instructor	by me.
불완전타동사 <지각동사>	능동	I	saw	him	enter the room.	
	수동	He	was seen	∅	to enter the room	by me.
불완전타동사 <사역동사>	능동	She	made	me	go out.	
	수동	I	was made	∅	to go out	by her.

확인 학습 문제

01 다음 짝지은 두 문장의 전환이 옳지 <u>않은</u> 것은?

① He forced his son to learn new musical instruments.
  → His son was forced to learn new musical instruments by him.
② I saw him fixing the broken radio.
  → He was seen fixing the broken radio by me.
③ I made her wash the dishes along with mom.
  → She was made wash the dishes along with mom by me.
④ My teacher encouraged me to apply for the leadership camp.
  → I was encouraged to apply for the leadership camp by my teacher.

02 다음 중 어법상 틀린 문장은?

① He is allowed to smoke here.
② The clerk was made to clean the floor.
③ He was expected to come back soon.
④ He was seen sing a song.

정답 및 해설

01 정답 ③

해석
① 그는 그의 아들이 새로운 악기를 배우도록 강요했다.
② 나는 그가 고장 난 라디오를 고치는 것을 보았다.
③ 나는 그녀가 엄마와 함께 설거지를 하게 했다.
④ 나의 선생님은 내가 리더십 캠프에 지원하도록 격려했다.

풀이 ③ 사역동사 make는 5형식 구문에서 'make + 목적어 + 동사원형'의 어법을 취한다. 이를 수동태 구문으로 만들면, 목적보어로 쓰인 동사원형 앞에 to를 넣어 주어야 한다. 따라서 She was made wash the dishes along with mom by me를 She was made to wash the dishes along with mom by me로 고친다. ① 동사 force는 5형식 구문에서 'force + 목적어 + to R'의 어법을 취하며, 이를 수동태로 고치면 be forced to R가 되므로 was forced to는 적절하다. ② 지각동사 see는 5형식 구문에서 see + 목적어 + R/분사의 어법을 취하며, 이를 수동태로 고치면 목적보어에 동사원형이 나올 경우에는 동사원형 앞에 to를 넣어 주고, 목적보어에 분사가 나오면 그대로 써준다. 따라서 was seen fixing은 적절하다. ④ 동사 encourage는 5형식 구문에서 'encourage + 목적어 + to R'의 어법을 취하며, 이를 수동태로 고치면 be encouraged to R가 된다. 따라서 was encouraged to apply는 적절하다.

어휘
musical instrument n 악기
wash the dishes 설거지를 하다
along with ~ ~와 함께
apply for ~ ~에 지원하다

02 정답 ④ (sing → to sing)

해석
① 그는 여기에서 흡연하도록 허락받았다.
② 그 직원은 바닥을 청소하도록 명령받았다.
③ 그는 곧 돌아오리라 예상되었다.
④ 그가 노래 부르고 있는 것이 보였다.

풀이 ④ 지각동사와 같이 목적보어에 동사원형을 쓰는 동사는 수동태로 만들면, 목적보어인 동사원형 앞에 to를 넣어야 한다. 따라서 He was seen to sing a song으로 고쳐야 옳은 문장이 된다. ① 'allow + 목적어 + to R'의 수동태는 be allowed to R 이다. ② 사역동사 make는 지각동사와 마찬가지로 목적보어에 동사원형을 쓰는 동사이다. 따라서 수동태로 만들 때 목적보어인 동사원형 앞에 to를 넣어야 한다. ③ 'expect + 목적어 + to R'의 수동태는 be expected to R이다.

어휘 clerk [klə:rk] n 가게 직원, 사무원

CHAPTER 05 단원별 확인 문제

❂ 다음 밑줄 친 부분 중 어법상 틀린 것을 고르시오. [1~6]

01 We didn't ① <u>realize</u> that ② <u>our</u> conversation was being ③ <u>record</u> by the small and ④ <u>hidden</u> machine.

02 ① <u>The Bible</u> has ② <u>being</u> translated ③ <u>into</u> most of the world's ④ <u>languages</u>.

03 ① <u>Over</u> the last twenty ② <u>years</u>, many Korean companies ③ <u>have been</u> seen ④ <u>enter</u> overseas market.

04 Since ① <u>the Korea Herald</u> ② <u>is writing</u> in plain English, it is very useful ③ <u>for students</u> ④ <u>to study</u> English reading.

05 She tries to ① <u>tell</u> her mother that both of ② <u>her younger sisters</u> ③ <u>are drove</u> by the wrong ④ <u>dreams</u> and a mistaken image of themselves.

06 ① <u>Maybe</u> you will ② <u>sometimes</u> be ③ <u>laughed</u> but it will ④ <u>do</u> you good it the end.

07 다음 중 어법상 틀린 문장은?
① Are you interested in seeing a movie?
② She is surprised at the news.
③ The top of the mountain is covered for snow.
④ She is known as a poet.

08 다음 빈칸에 들어갈 말로 가장 적절한 것을 고르시오.

If a GPS system is not _____ in your car, it is hard for you to locate the exact place.

① install
② installing
③ installed
④ installs

09 다음 중 어법상 옳은 것은?

① I was totally knock down by such a strenuous work.
② Surgical operations were performed in the famous hospital.
③ Newspapers often are stressed that they print the news straight.
④ The country's middle class was experienced significant work-related opportunities.

10 다음 빈칸에 들어갈 말로 가장 적절한 것을 고르시오.

I _____ return these three books to the municipal library by next Monday.

① am supposed
② supposed
③ am to suppose
④ am supposed to

11 다음 중 어법상 옳은 것은?

① He was made set up the stereo in the living room.
② She was wanted delivering newsletters to our members.
③ They were found struggle to survive the financial crisis.
④ She was heard to sing a strange song.

12 다음 중 어법상 맞는 문장은?

① I was become sentimental after reading the book.
② The people are being laughed by you.
③ Appointments can be made by arrangement.
④ He is relied on us.

CHAPTER 06 시 제

학교문법에서 다루는 12시제

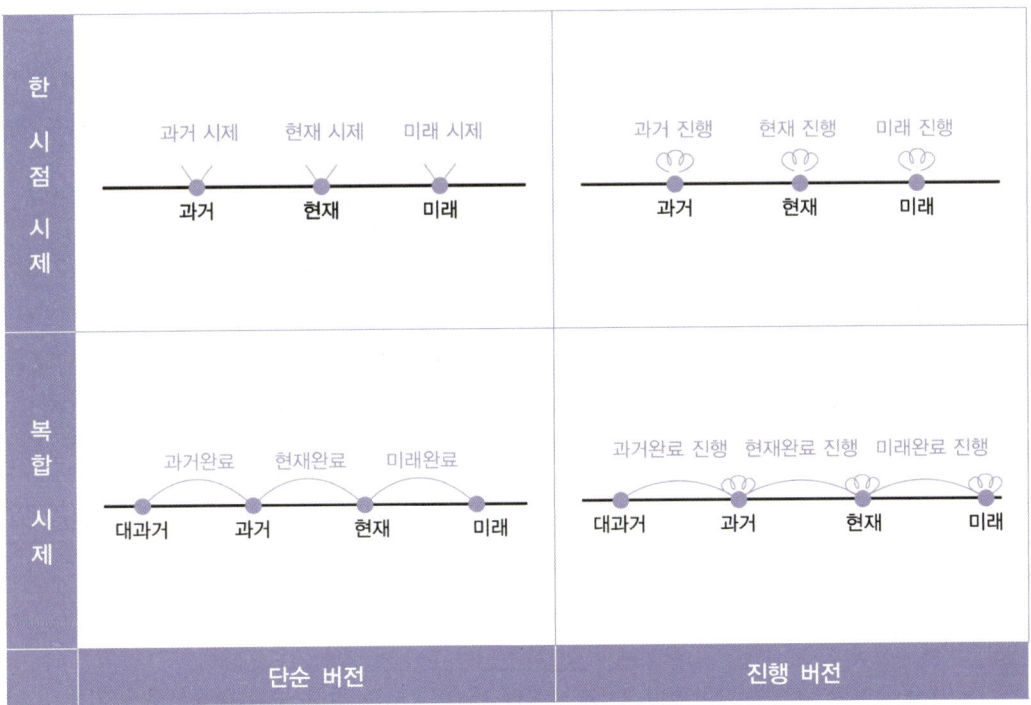

01 단순 시제

현재, 과거, 미래 등 **한 시점에서** 시간에 일어난 사건을 나타내는 시제이다.

(1) 현재 시제

현재 시제는 **현재의 상태, 반복되는 일, 습관, 진리, 과학적 사실** 등을 나타낼 때 사용하며 간혹 미래를 대신하기도 한다(왕래 발착 동사는 현재 시제가 가까운 미래를 대신할 수 있다 – come, go, depart, leave, arrive 등). 따라서 현재 시제는 현재뿐만 아니라 전 시제를 다 아우를 수 있는 가장 일반적인 시제이다.

▌ 형태 : R, R(e)s(주어가 3인칭 단수 현재형일 때)

- The earth **is** round. 지구는 둥글다. 　　　　　　　　　　　　[일반적 사실]
- Ms. Lee **drinks** Soju every night. 이 씨는 매일 밤 소주를 마신다. 　　[습관적 사실(과거, 현재, 미래 모두 포함)]
- I **leave** Seoul tomorrow. 나는 내일 서울을 떠난다. 　　　　　　　[미래의 사실]

(2) 과거 시제

과거의 동작이나 상태를 나타낸다. 현재 사실에 대한 정보는 전혀 주지 않으므로 과거의 의미로 해석해야 한다.

▌ 형태 : Red

- He **traveled** Europe last year. 그는 작년에 유럽을 여행했다. 　　　[과거의 동작]
- She **was** sick yesterday. 그녀는 어제 아팠다. 　　　　　　　　　　[과거의 상태]

(3) 미래 시제

단순한 미래의 예측이나 행동, 미래에 대한 의지, 계획된 미래의 행위 등을 나타내는 시제이다.

▌ 형태 : will R [단순 미래, 의지 미래]
　　　　be + going + to R [계획된 미래]

- I **will meet** her. 나는 그녀를 만날 것이다. 　　　　　　　　　　　[미래에 대한 의지]
- I **will go** there. 나는 거기에 갈 것이다. 　　　　　　　　　　　　[단순한 미래의 행동]
- I **am going to propose** her. 나는 그녀에게 프러포즈할 것이다. 　　[계획된 미래의 행위]

02 복합 시제(완료 시제)

사건이 어떤 한 시점에 국한된 것이 아니라 **두 개 이상의 시제에 걸쳐서 일어나는 긴 사건**을 나타내는 시제이다(한 시점에서 시작해서 다른 시점으로 끝나는 경우).

(1) 현재완료 시제

현재완료 시제는 과거에서 발생한 일이 현재까지 연결되어 있는 시제를 말한다. 현재완료 시제는 완료, 결과, 경험, 계속의 용법으로 쓰인다.

▌형태 : have/has + p.p.(과거분사)

> **TIP&TIP**
>
> ▌비교 분석
>
> A : I **was** sick. → 과거에 아팠다는 내용으로 현재에 아픈지는 알 수 없음.
> B : I **am** sick. → 현재에 아프다는 내용으로 과거에 아팠는지는 알 수 없음.
> C : I **have been** sick. → 과거에서부터 아팠고, 지금도 아프다는 정보를 제공하고 있음.

▌현재완료의 네 가지 용법

① 완료

과거에 하고 있던 동작이 지금 막 완료된 것을 나타낸다.

- I **have** just **finished** working on the project.
  나는 지금 막 그 프로젝트에 관해서 일하는 것을 끝냈다.

> **TIP&TIP**
>
> 완료에서는 주로 just, yet, still, already 등과 같은 부사와 함께 쓰인다.

② 결과

과거의 사실이 현재까지 영향을 미치고 있음을 나타낸다.

- I **have lost** my watch. 나는 시계를 잃어버렸다.
  → 시계를 잃어버려서 지금도 없다는 것을 나타낸다.

  cf 단순 과거

  I lost my watch. → 과거에 시계를 잃어버렸지만 현재 찾았는지, 못 찾았는지 알 수 없다.

- She **has gone** to America. 그녀는 미국에 가고 없다.

cf 완료에서 반드시 알아야 할 **have gone to**와 **have been to**

have gone to	have been to
~에 가 버리고 없다	~에 가본 적이 있다, ~에 다녀왔다
· She **has gone** to France. 그녀는 프랑스에 가고 없다. → 그녀가 프랑스에 가버려서 지금 여기에 없는 결과를 의미	· She **has been to** France. 그녀는 프랑스에 가본 적이 있다. → 그녀가 프랑스에 가본 적이 있는 경험을 의미

※ have gone to는 1, 2인칭에는 사용할 수 없다.

③ 경험

과거의 경험이 현재까지 영향을 미치고 있음을 나타낸다.

- **Have** you ever **been** to Eastern Europe? 당신은 동유럽에 가본 적이 있나요?
- He **has read** the book three times. 그는 그 책을 세 번 읽었다.

TIP&TIP

ever, never(~한 적 없다), before(예전에), once(한 번), twice(두 번), three times(세 번) 등과 같은 부사와 함께 잘 쓰인다(부사의 뜻을 이해한다면 왜 경험인지 알 수 있다).

④ 계속

어떠한 일이 과거에서부터 현재까지 계속되고 있음을 나타낸다.

- It **has rained** since yesterday. 어제부터 비가 왔었다.
- She **has worked** for this company over the last ten years.
  그녀는 지난 10년 동안 이 회사에서 일해왔다.

| 현재완료와 절대 같이 쓰일 수 없는 부사

확실히 뜻이 과거인 부사들은 현재완료와 같이 쓰일 수 없다.
yesterday, ~ ago, in + 과거 년도, last + 시간 명사, when(의문 부사 : 언제)

(2) 과거완료 시제

과거에 일어난 일이 과거에 완료된 경우를 말한다. 과거완료 시제는 완료, 결과, 경험, 계속의 용법으로 쓰인다.

▌형태 : $\boxed{\text{had}}$ + p.p.(과거분사)

① 완료

- By the time I arrived at the station, the train **had** already **left**.
  내가 역에 도착했을 때, 기차는 이미 떠났었다.

② 결과

- I **had lost** my watch before I met you.
  나는 너를 만나기 전에 시계를 잃어버렸다.

③ 경험

- She **had traveled** a lot before she graduated from the university
  그녀는 대학을 졸업하기 전에 많은 곳을 여행했었다.

④ 계속

- I **had lived** in London for five years by the time I got married
  나는 결혼하기 전까지 5년 동안 런던에서 살았었다.

(3) 미래완료 시제

현재 발생하고 있는 사건이 미래의 한 시점에서 완료되는 경우를 말하며, 완료, 결과, 경험, 계속의 용법으로 쓰인다.

▌형태 : $\boxed{\text{will + have}}$ + p.p.(과거분사)

① 완료

- I **will have finished** this project by the end this year.
  나는 올해 말까지 이 프로젝트를 끝낼 것이다.

② 결과

- By the time she arrives here, he **will** already **have left**.
  그녀가 여기에 도착하면, 그는 이미 떠나고 없을 것이다.

③ 경험

- If I tell the story one more, I **will have spoken** 100 times.
  내가 그 이야기를 한 번 더 하면, 100번째 말하는 것이다.

④ 계속

- The man **will have learned** English for two years by next December.
  그 남자는 내년 12월쯤에(12월까지) 2년 동안 영어를 배우게 될 것이다.

03 진행 버전

하나의 사건을 1회적인 동작으로 보는 것이 아니라 반복적인 동작의 합으로 보는 관점에서 만들어진 해석적 버전이다.

(1) 현재 진행

▌형태 : am/are/is + Ring

- My mom and dad **are watching** the news. 우리 엄마와 아빠는 뉴스를 보고 계셨다.

(2) 과거 진행

▌형태 : was/were + Ring

- When I **was having** dinner, the lights went out. 내가 저녁을 먹고 있을 때, 정전이 되었다.

(3) 미래 진행

▌형태 : will + be + Ring

- When you arrive, I **will be baking** a cake. 네가 도착할 때, 나는 케이크를 굽고 있을 것이다.

(4) 현재완료 진행

▌형태 : has/have + been + Ring

- Raymond **has been writing** a term paper for the last two weeks.
  레이먼드는 지난 2주간 학기말 리포트를 써오고 있었다(써오고 있는 중이다).

(5) 과거완료 진행

- 형태 : had + been + Ring

- They **had been playing** tennis for over two hours before their teacher arrived.
  그들은 선생님이 도착하기 전까지 두 시간이 넘게 테니스를 치고 있었다.

(6) 미래완료 진행

- 형태 : will + have + been + Ring

- Kim **will have been working** for Google for more than three years by the time he leaves for Boston.
  김은 그가 보스턴으로 떠날 때쯤이면 구글에서 3년 이상 일하고 있는 것이 될 것이다.

04 가정법

사실과 반대되는 것을 가정하거나 상상할 경우에 쓰인다.

- If I were a bird, I could fly to you.   [가정법]
  내가 새라면 너에게 날아갈 수 있을 텐데.

  = As I am not a bird, I can't fly to you.   [직설법]
  내가 새가 아니라서, 너에게 날아갈 수 없다.

(1) 가정법 과거

현재 사실에 반대되는 것을 가정할 때 쓰인다.

조건절(~한다면)	주절(~할 텐데)
If S + 과거 동사 ~ were ~	S + 조동사의 과거형 + R ~ ⎡ would ⎤ ⎢ could ⎥ ⎢ should ⎥ ⎣ might ⎦

※ 가정법 과거의 조건절에서는 be 동사를 사용할 경우 인칭과 수에 상관없이 **were**를 사용한다.

- If I **had** more time, I **could take** exercise.
  내가 시간이 좀 더 있다면, 운동을 할 텐데.

  = As I don't have more time, I cannot take exercise.
  시간이 좀 더 없기 때문에, 나는 운동을 할 수 없다.

(2) 가정법 과거완료

과거의 사실에 반대되는 일을 가정하는 경우에 쓰인다.

조건절(~했다면)	주절(~했을 텐데)
If S + had p.p. ~	S + 조동사의 과거형 + have p.p. ~ would / could / should / might

- If I **had worked** harder, I **could have succeeded**.
  내가 더 열심히 일했다면, 성공했을 텐데.
  = As I didn't work harder, I could not succeed.
  내가 더 열심히 일하지 않았기 때문에, 나는 성공할 수 없었다.

(3) 가정법 미래

미래에 혹시나 있을 수 있는 상황이나 있을 수 없는 일에 대한 강한 가정을 나타낸다.

조건절[(그럴 리 없겠지만) 만일 ~한다면]	주절(~할 것이다)
If S + should + R were to + R	S + 조동사의 과거형 + R ~ would / could / should / might

① 조건절에 should를 쓰는 경우 : 미래에 혹시나 있을 수 있는 상황을 나타낸다.

- If it **should rain** tomorrow, we **would not go** on a picnic.
  (그럴 리 없겠지만) 만일 내일 비가 온다면, 우리는 소풍을 가지 않을 것이다.

② 조건절에 were to를 쓰는 경우 : 미래에 실현이 불가능한 일을 상상할 때 쓴다.
(인칭에 관계없이 were to를 쓴다.)

- If the Sun **were to rise** in the West, I **would do** that.
  태양이 서쪽에서 뜬다면, 나는 그것을 하겠다. (절대로 하지 않겠다는 의미)

CHAPTER 06 출제 포인트

Point 01 과거 시제와 일치해야 할 시간부사

명백한 과거를 나타내는 시간부사는 과거 시제와 일치시킨다.

■ 명백한 과거를 나타내는 시간부사

in + 과거 년도, yesterday, ~ ago, last + 시간 명사, When S + Ved ~

문장 안에서 위와 같은 시간부사가 보이면 동사의 시제는 과거가 되어야 한다.

· I **saw** you dance last night. 나는 지난밤에 네가 춤추는 것을 보았다.
· I **met** him three years ago. 나는 3년 전에 그를 만났다.
· In 2002, we **held** the World Cup. 우리는 2002년에 월드컵을 개최했다.
· When I saw him, he **looked at** me as well.
  내가 그를 보았을 때, 그 또한 나를 보고 있었다.

확인 학습 문제

01 다음 밑줄 친 부분 중 어법상 틀린 것은?

They ① settle the dispute by ② mutual concession, when they tried ③ to reach the ④ agreement.

02 다음 밑줄 친 부분 중 어법상 틀린 것은?

① After having dinner, I ② watch ③ a gangster film ④ with Vicky last night.

03 다음 밑줄 친 부분 중 어법상 틀린 것은?

① His cell phone ② number ③ is changed ④ about two months ago.

04 다음 빈칸에 들어갈 말로 가장 적절한 것은?

Sujin _____ from headache yesterday, because she had complicated problems.

① suffers
② was suffering
③ will suffer
④ will have suffered

05 다음 빈칸에 들어갈 말로 가장 적절한 것은?

In 2002, Korea and Japan _____ the World Cup together.

① hold
② have held
③ have been held
④ held

06 다음 빈칸에 들어갈 말로 가장 적절한 것은?

The list of employees to be transferred to the new branch _____ on the bulletin board at the lobby three days ago.

① posted
② to be posted
③ was posted
④ will post

정답 및 해설

01 **정답** ① (settle → settled)
해석 그들은 합의에 도달하기 위해서 노력할 때, 서로 간의 양보에 의해서 논쟁을 해결했다.
풀이 ① 명백한 과거를 나타내는 시간부사절(when + S + Ved ~)이 있으므로 주절동사의 시제는 과거 시제가 되어야 한다. 따라서 settle을 settled로 고친다. ③ 완전타동사 try는 to R와 동명사를 둘 다 목적어로 가질 수 있다. try to R는 '~하기 위해서 노력하다'라는 뜻이고, try Ring는 '시험 삼아 ~해보다'라는 뜻으로, 이 문장에서는 '합의하기 위해서 노력했다'라는 의미이므로 to reach가 적절하다.
어휘 settle [sétl] vt 정착하다; 해결하다; 결정하다
dispute [dispjúːt] n 토론, 논의; 논쟁
mutual [mjúːtʃuəl] a 서로의, 상호 관계가 있는; 공동의
concession [kənséʃən] n 양보, 용인; 면허, 특허
agreement [əgríːmənt] n 동의, 승낙; 합의, 일치

02 **정답** ② (watch → watched)
해석 나는 어젯밤 저녁 식사 후에 비키와 함께 갱 영화를 봤다.
풀이 ② last night가 힌트다. '어젯밤에'는 명백히 과거를 나타내는 부사이므로 watch를 과거 시제 watched로 고친다. 참고로 콤마 앞 after having dinner는 분사구문으로 '접속사 + 주어 + 동사'가 구로 바뀐 형태이다. 분사구문을 간단히 설명하면, 분사구문은 주절의 주어와 종속절의 주어가 일치할 때, 종속절의 주어를 생략하고 동사원형에 -ing를 붙인 것이다.
어휘 gangster film n 갱 영화

03 **정답** ③ (is → was)
해석 그의 핸드폰 번호는 약 두 달 전에 바뀌었다.
풀이 ③ two months ago가 힌트다. '두 달 전에'라는 명백히 과거를 나타내는 부사이므로 현재 시제 is를 과거 시제 was로 고친다. ④ 숫자 앞의 about은 '약, 대략'이라는 뜻의 부사이다.
어휘 about [əbáut] ad 약, 대략

04 **정답** ②
해석 수진은 복잡한 문제를 가지고 있었기 때문에 어제 두통에 시달렸다.
풀이 보기를 보니 모두 동사가 나와 있고, 시제가 다름을 알 수 있다. 따라서 시제 문제임을 알 수 있는데 빈칸 뒤에 명백한 과거를 나타내는 부사 yesterday가 있으므로 과거 시제가 들어가야 한다. 과거 시제는 ②밖에 없으므로 ②가 정답이 된다.
어휘 suffer from 시달리다, 고통 받다
complicated [kámplikèitid] a 복잡한

05 **정답** ④
해석 2002년에 한국과 일본은 함께 월드컵을 개최했다.
풀이 명백한 과거 시점을 나타내는 시간부사 'In 2002'가 있으므로 시제는 당연히 과거 시제가 되어야 한다. 따라서 정답은 ④가 된다.
어휘 hold [hould] vt 열다, 개최하다; 들다; 보류하다

06 정답 ③

해석 새로운 지점으로 전근 가게 될 직원들의 명단이 3일 전에 로비 게시판에 게시되었다.

풀이 우선 문장 구조를 살펴보자.

The list (of employees) (to be transferred) (to the new branch) _____ (on the bulletin board)
  S   수식어   수식어   수식어   V   수식어
(at the lobby) (three days ago).
  수식어   수식어

문장 내 동사가 없으므로 빈칸이 동사 자리임을 알 수 있다. 보기 중 동사가 아닌 ② to be posted(준동사)는 자동 탈락이다. 나머지 보기를 보니 시제가 다름을 알 수 있다. 문장 내 시간부사 three days ago는 명백한 과거 시점을 나타내므로 동사의 시제는 과거가 되어야 한다. ①과 ③이 과거 시제인데 빈칸 뒤에 목적어가 없으므로 동사의 형태는 수동태가 되어야 한다. 따라서 ③이 정답이 된다.

어휘 transfer [trænsfə́ːr] vt 옮기다, 전근시키다
branch [bræntʃ] n 지점; 가지
bulletin board n 게시판

Point 02 현재 시제는 현재만 말하는 것이 아니다.

반복되는 행위나 습관을 나타낼 때, 혹은 변하지 않는 진리, 과학적 사실 등을 나타낼 때는 현재 시제를 사용한다.

· The sun **rises** in the East. 태양은 동쪽에서 뜬다.
· She always **complains** about that. 그녀는 항상 그것에 대해 불평을 한다.

| 현재 시제와 함께 쓰이는 시간부사

usually, always, often, sometimes, every + 시간 명사, each + 시간 명사, currently 등

확인 학습 문제

01 다음 빈칸에 들어갈 말로 가장 적절한 것은?

Columbus found that the earth _____ round.

① being ② be
③ was ④ is

02 다음 빈칸에 들어갈 말로 가장 적절한 것은?

I often _____ a suit in order to make a favorable impression.

① had worn ② wear
③ wears ④ will wear

정답 및 해설

01 정답 ④
- 해석: 콜럼버스는 지구가 둥글다는 것을 발견했다.
- 풀이: 과학적 사실은 현재 시제를 써야 한다. 따라서 정답은 ④이다.

02 정답 ②
- 해석: 나는 좋은 인상을 주기 위해서 종종 양복을 입는다.
- 풀이: often을 통해서 동사는 반복되는 습관적 사실을 언급하고 있음을 알 수 있다. 따라서 빈칸에는 현재 시제가 들어가야 하는데, 주어가 I로 1인칭 단수이므로 현재 동사는 ② wear가 알맞다.
- 어휘: suit [suːt] n 양복의 한 벌; 소송, 고소
favorable [féivərəbəl] a 호의적인; 유리한
impression [impréʃən] n 인상

Point 03 완료 시제 완전 정복

완료 시제는 (어떤 한 시점에서 시작하여) 다음 시점에서 완료되는 행위를 나타내거나, 서로 다른 두 시점에 걸쳐서 발생하는 행위를 나타낼 때 사용한다. 종류는 현재완료, 과거완료, 미래완료로 3가지가 있다.

· We **have lived** in this house since last year. 우리는 지난해부터 이 집에서 살았다.
· She **has been** ill for the last 10 days. 그녀는 지난 열흘간 아팠다.

> cf 'since + 과거 시점'이 있으면 100% 현재완료 시제
> 'for + the last[past] + 시간 명사'가 있으면 100% 현재완료 시제

· We **had lived** in this house for three years before we moved to Seoul.
  우리는 서울로 이사 오기 전 3년 동안 이 집에서 살았었다.
· She **had** already **departed**, by the time her mom came back home.
  그녀는 엄마가 집에 돌아오셨을 때, 그녀는 이미 떠나 버렸다.
· We **will have lived** in this house for three years by next month.
  다음 달쯤엔 우리는 이 집에서 산 지 3년이 된다.
· I **will have heard** the story three times if you say it one more time.
  만약 당신이 그것을 한 번 더 말하면, 나는 그 이야기를 세 번 듣게 된다.

확인 학습 문제

01 다음 빈칸에 들어갈 말로 가장 적절한 것은?

The Honey & Honey _____ guests private rooms for celebrations since it opened.

① offered   ② will offer
③ offers   ④ has offered

02 다음 빈칸에 들어갈 말로 가장 적절한 것은?

By the time she resigns as chairman this December, Ms. Scarcella _____ for our association for approximately fifteen years.

① will work
② will have worked
③ was working
④ has been working

03 다음 중 어법상 옳지 <u>않은</u> 문장은?

① It has rained before I walked two kilometers.
② She has stayed here since last April.
③ By the time you came back home, she had already had a dinner table set.
④ If you take a roller coaster one more time, you will have ridden it five times.

04 다음 빈칸에 들어갈 말로 가장 적절한 것은?

I have been a little nervous and excited since I _____ my new semester.

① start
② have started
③ started
④ had started

05 다음 빈칸에 들어갈 말로 가장 적절한 것은?

By the time she arrived at home, her husband _____ the house for five hours.

① has cleaned
② will have cleaned
③ cleaned
④ had cleaned

06 다음 빈칸에 들어갈 말로 가장 적절한 것은?

He _____ a lot about Korean judicial system for the past one year.

① has learned
② have learned
③ learned
④ had learned

정답 및 해설

01 정답 ④
해석 허니 & 허니는 개장 이후로 축하 행사에 손님들에게 독립된 내실을 제공해 주었다.
풀이 빈칸 뒤의 'since it opened(since + 과거 시점)' 때문에 주절의 시제는 현재완료가 되어야 하므로 ④가 정답이다.
어휘 celebration [sèləbréiʃən] n 축하 행사

02 정답 ②
해석 스카셀라 씨가 올 12월에 의장직에서 사임할 때, 그녀는 약 15년 동안 우리 협회를 위해서 일한 게 된다.
풀이 올 12월은 미래의 시점을 말하는데, 올 12월 그녀가 사임할 때에 그녀는 15년 동안 우리 협회를 위해서 일한 셈이 되는 것이다. 현재에도 일하고 있으며 미래의 시점까지 15년 동안 일하는 것이 되므로 미래완료 시제인 ②가 정답이 된다.
어휘 resign [rizáin] vt 사직하다, 물러나다   chairman [tʃɛ́ərmən] n 의장
association [əsòusiéiʃən] n 협회   approximately [əpráksəmitli] ad 대략(= about)

03 정답 ① (has rained → had rained)
해석 ① 내가 2킬로미터를 걷기 전에 비가 내렸었다.
② 그녀는 지난 4월 이후로 여기에 머물렀다.
③ 당신이 집에 돌아왔을 때쯤, 그녀는 저녁 식사준비를 이미 마쳤다.
④ 만약 당신이 롤러코스터를 한 번 더 탄다면, 그것을 다섯 번 타게 되는 것이다.
풀이 ① '내가 2킬로미터를 걷기 전에 비가 내렸다'라고 하였으므로, 비가 내린 시점이 걸은 시점보다 한 시점 앞선 상황이다. 내가 걸은 시점이 과거이고, 비가 내린 시점은 과거완료가 되어야 한다. 따라서 has rained를 had rained로 고친다. ② 시간부사 'since last April'이 있으므로, 주절의 동사 시제는 현재완료가 적절하다. ③ 당신이 집에 돌아왔을 때쯤 그녀는 저녁 식사준비를 마쳤다는 내용이다. 당신이 집에 돌아온 시점이 과거(came)이므로 과거의 시점에 식사 준비가 완료되었으므로 주절에 있는 동사(had had)의 과거완료 시제는 적절하다. ④ '롤러코스터를 한 번 더 탄다면, 다섯 번을 타게 되는 것이다'라는 내용으로, 다섯 번을 타게 된다는 의미 안에는 지금까지의 네 번과 미래의 한 번을 포함한다. 즉 현재와 미래를 모두 포함하고 있으므로 동사의 시제는 미래완료가 적절하다.

04 정답 ③
해석 나는 새 학기를 시작한 날부터 약간 신경 쓰이기도 하고 흥분되기도 했다.
풀이 주절의 시제가 현재완료(have been)이고, 종속절의 접속사 since가 보인다. 종속절에 'since + 과거시점'이 오면 주절의 시제가 현재완료가 되므로, 빈칸에는 과거 시제인 started가 적절하다.
어휘 a little 약간, 조금   nervous [nə́ːrvəs] a 신경이 과민한; 불안해하는
excited [iksáitid] a 흥분한, 흥분된   semester [siméstər] n 학기

05 정답 ④
해석 그녀가 집에 도착했을 즈음에, 남편은 5시간째 청소를 하고 있었다.
풀이 그녀가 집에 도착한 시점이 과거이고, 남편은 그때까지 5시간 동안 청소를 한 셈이므로, 주절의 동사는 과거완료 시제가 되어야 한다. 따라서 ④가 정답이다.

06 정답 ①
해석 그는 지난 1년간 한국의 사법제도에 대해서 많은 것을 배웠다.
풀이 시간부사 for the past one year가 있으므로 주절의 동사는 현재완료 시제가 되어야 한다. 주어가 3인칭 단수이므로 ①이 정답이다.
어휘 judicial system n 사법제도

Point 04 주절과 종속절의 시제 일치

종속절의 시제는 주절의 시제에 일치시킨다.

주절의 시제가 현재일 때는 종속절에 현재, 과거, 미래 중에서 어떤 시제가 와도 상관없다.

- I **think** that he cleans his room. 나는 그가 그의 방을 청소하고 있다고 생각한다.
- I **think** that he cleaned his room. 나는 그가 그의 방을 청소했다고 생각한다.
- I **think** that he will clean his room. 나는 그가 그의 방을 청소할 거라고 생각한다.

그러나, 주절의 동사 시제가 과거 시제로 앞당겨지면 종속절 내의 동사도 한 시제씩 앞당겨지므로, 종속절 내에서 현재 시제는 올 수 없다. 즉, 주절이 과거가 되면, 종속절에는 과거, 과거완료가 온다(조동사도 과거 형태가 된다).

- I **thought** that he cleaned his room. 나는 그가 그의 방을 청소했다고 생각했다.
- I **thought** that he had cleaned his room. 나는 그가 그의 방을 청소했었다고 생각했다.
- I **thought** that he would clean his room. 나는 그가 그의 방을 청소할 거라고 생각했다.

단, 주절이 과거일 때 종속절에는 현재완료 시제(현재가 중심이 되므로)는 절대로 들어갈 수 없다.

I thought that he has cleaned his room. (×)

확인 학습 문제

01 다음 빈칸에 들어갈 말로 가장 적절한 것은?

The Central Bank informed its customers that it _____ damaged at all despite the system failures in several branches.

① was not
② not being
③ is not
④ not to be

02 다음 빈칸에 들어갈 말로 가장 적절한 것은?

Peanut Love announced that during the month of July, the peanut packing plant _____ substantial renovations.

① will undergo
② undergoes
③ would undergo
④ has undergone

정답 및 해설

01 정답 ①
해석 중앙은행은 그들의 고객들에게 몇몇 지점의 시스템 오류에도 불구하고 전혀 피해가 없었다고 알렸다.
풀이 주절의 시제를 보니, 과거 시제(informed)가 있다. 주절의 시제가 과거이므로 종속절에는 과거 또는 과거완료 시제가 와야 한다(조동사도 과거형). 따라서 정답은 ①이다.
어휘 inform [infɔ́ːrm] vt 알리다
customer [kʌ́stəmər] n 고객
at all 전혀
despite prep ~에도 불구하고
failure [féiljər] n 실패
branch [bræntʃ] n 지점; 나뭇가지

02 정답 ③
해석 피넛 러브는 7월 동안 땅콩 포장 공장이 대규모(상당한(규모의)) 보수 공사에 들어갈 것이라고 발표했다.
풀이 주절의 시제가 과거이므로 종속절의 시제도 과거나 과거완료 시제가 되어야 한다(조동사도 과거형). 따라서 정답은 ③이 된다.
어휘 announce [ənáuns] vt 알리다
undergo [ʌ̀ndərgóu] vt 경험하다, 겪다
substantial [səbstǽnʃəl] a 상당한
renovation [renəu'veiʃən] n 수리, 수선

Point 05 시제 일치의 예외 1

시간·조건 부사절에서는 미래 시제가 없으므로 현재 시제가 미래 시제를 대신한다.

· If you **want**, we'll go shopping.
  당신이 원하신다면, 우리는 쇼핑을 갈 겁니다.

· When you **need** it, just call me.
  당신이 필요하실 때, 전화해 주세요.

TIP&TIP

시간의 부사절 접속사

as soon as, until, before, after, when, while, by the time 등

조건의 부사절 접속사

if, unless, as long as, once 등

MEMO

확인 학습 문제

01 다음 빈칸에 들어갈 말로 가장 적절한 것은?

If the newly developed medication _____ the international standards, entering the Asian market will be granted.

① had met ② to meet
③ meets   ④ meet

02 다음 빈칸에 들어갈 말로 가장 적절한 것은?

As soon as the whole system _____ checked for the A3 viruses, we may resume our normal business operations.

① has been ② was
③ had been ④ will be

03 다음 빈칸에 들어갈 말로 가장 적절한 것은?

When you _____ the information, please send me it by e-mail.

① hears ② heard
③ hear   ④ will hear

정답 및 해설

01 정답 ③

해석 새로 개발된 약물 치료가 국제 기준에 부합한다면, 아시아 시장에 들어가는 것은 허가될 것이다.

풀이 If절의 시제를 묻는 문제이다. 주절의 시제가 미래(will be granted)이므로, If절에도 미래의 내용이 들어가야 하지만, 조건의 부사절에서는 미래 시제가 없으므로 현재 시제가 미래 시제를 대신한다. 따라서 정답은 ③이다. ④는 주어와 수일치가 되지 않았다.

어휘 newly [njúːli] ad 새로
medication [mèdəkéiʃən] n 약물 치료
standard [stǽndərd] n 기준, 표준
grant [grænt] vt 수여하다; 허가하다

02 정답 ①

해석 모든 시스템이 A3 바이러스의 검사를 받자마자, 우리는 정상적인 운영을 재개할 수 있다.

풀이 시간과 조건의 부사절에서는 미래 시제가 없으므로 현재가 미래를 대신한다. 보기에 현재 시제가 없을 때는, 현재가 중심이 되는 현재완료 시제도 가능하다. 여기서는 문맥상 검사가 끝나야 정상 영업을 시작할 수 있으므로, 현재완료가 와도 무리 없이 쓸 수 있다. 지금처럼 check나 submit, receive 등 완료 동사는 현재완료 시제로 표현해도 좋다.

어휘 as soon as ~하자마자
whole [houl] a 모든, 전체의
resume [rizúːm] vt 다시 시작하다
normal [nɔ́ːrməl] a 정상의, 보통의
operation [àpəréiʃən] n 운영; 수술; 작동

03 정답 ③

해석 당신이 정보를 듣게 될 때, 나에게 그것을 이메일로 보내 주세요.

풀이 시간의 부사절에서는 미래 시제가 없으므로, 현재 시제가 이를 대신한다. 주어가 you이므로 복수 동사인 ③ hear가 정답이다.

MEMO

Point 06 시제 일치의 예외 2

제안·요구·충고·주장·명령·결정을 나타내는 동사는 목적절(that ~)에 '당위적인 내용'이 오면 목적절을 that + S + (should) + R ~의 구조로 쓴다. 이때 should는 생략 가능하므로 동사원형 (R)을 꼭 기억해야 한다.

- 제안 : suggest
- 요구 : ask, demand, require, request
- 충고 : advise, recommend
- 주장 : insist, urge
- 명령 : order, command
- 결정 : decide

· He **suggested** that we start right now. 그는 우리가 지금 당장 시작해야 한다고 주장했다.

· They **insisted** that he not be lazy. 그들은 그가 게을러서는 안 된다고 주장했다.

확인 학습 문제

01 다음 빈칸에 들어갈 말로 가장 적절한 것은?

The Sales Department manager is supposed to visit us next Monday and has requested that all the senior editors _____ in the conference room at 10:30 a.m.

① meet ② met
③ have met ④ will meet

02 다음 빈칸에 들어갈 말로 가장 적절한 것은?

She is demanding that the company _____ her 290,400 won.

① refunds ② had refunded
③ refund ④ has refunded

정답 및 해설

01 정답 ①

해석 영업부서 매니저는 다음 주 월요일에 우리를 방문할 예정이며, 모든 선임 편집장들이 오전 10시 30분에 회의실에 모이도록 요청했다.

풀이 request는 요구 동사이므로 that절에 당위적인 내용이 나오면, that절은 'S + (should) + R'의 구조가 되어야 한다. should meet에서 should를 생략하면 ① meet가 정답이 된다.

어휘 be supposed to ~할 예정이다; ~해야만 한다
request [rikwést] vt 요청하다
senior editor n 선임 편집장
conference room n 회의실

02 정답 ③

해석 그녀는 그 회사가 자신에게 29만 400원을 환불해 줄 것을 요구하고 있다.

풀이 demand는 요구 동사이므로 that절에 당위적인 내용이 나오면, that절은 'S + (should) + R'의 구조가 되어야 한다. should는 생략 가능하므로 정답은 ③이다.

어휘 refund [rifʌ́nd] vt 환불하다

MEMO

Point 07 가정법 ~ 공식을 달달달 외우자!

사실에 근거해서 사용하는 시제가 직설법이라면, 사실과 반대되는 내용에 근거해서 사용하는 것이 가정법이다. 가정법 시제는 총 3가지이며 다음과 같다.

(1) 가정법 과거

현재 사실에 반대되는 것을 가정할 때 사용한다. 해석은 '만약 ~라면, ~할 텐데…'로 한다.

$$\text{If 주어 + 과거 동사 ~, 주어 + } \begin{bmatrix} \text{would} \\ \text{could} \\ \text{should} \\ \text{might} \end{bmatrix} \text{ + 동사원형 ~}$$

※ be 동사는 인칭과 수에 상관없이 were를 쓴다.

· If he **knew** more about it, he **would help** me.
 그가 그것에 대해 더 많이 알고 있다면, 그는 나를 도와줄 텐데…….

(2) 가정법 과거완료

과거 사실에 반대되는 것을 가정할 때 사용한다. 해석은 '만약 ~했다면, ~했을 텐데…'로 한다.

$$\text{If 주어 + 과거완료 동사 ~, 주어 + } \begin{bmatrix} \text{would} \\ \text{could} \\ \text{should} \\ \text{might} \end{bmatrix} \text{ + have p.p. ~}$$

· If I **had married** him, I **would have lived** in America.
 내가 그와 결혼했었다면, 나는 미국에서 살았을 텐데…….

(3) 가정법 미래

미래에 혹시나 있을 수 있는 상황이나 있을 수 없는 일에 대한 강한 가정을 나타낸다.

조건[(그럴리 없겠지만) 만일 ~한다면]	주절(~할 것이다)
If S + should / were to + R	S + 조동사의 과거형 + R would could should might

ⓐ 조건절에 should 를 쓰는 경우 : 미래에 혹시나 있을 수 있는 상황을 나타낸다.
- If it **should rain** tomorrow, we **would** not **go** on a picnic.
  (그럴 리 없겠지만) 만일 비가 온다면, 우리는 소풍을 안갈 것이다.

ⓑ 조건절에 were to 를 쓰는 경우 : 미래에 실현이 불가능한 일을 상상할 때 쓴다(인칭에 관계 없이 were to를 쓴다).
- If the Sun **were to rise** in the West, I **would do** that.
  태양이 서쪽에서 뜬다면, 나는 그것을 하겠다(절대로 하지 않겠다는 의미).

MEMO

확인 학습 문제

01 다음 빈칸에 들어갈 말로 가장 적절한 것은?

If I _____ it well, I would explain it to you.

① knew
② had known
③ know
④ will know

02 다음 빈칸에 들어갈 말로 가장 적절한 것은?

If I had had a camera, I _____ a picture of that scene.

① will take
② would take
③ would have taken
④ can take

03 다음 빈칸에 들어갈 말로 가장 적절한 것은?

If the book were easy, I _____ it.

① can understand
② can have understood
③ could understand
④ could have understood

정답 및 해설

01 정답 ①
해석 내가 그것을 잘 알고 있다면, 당신에게 그것을 설명해 줄 텐데…….
풀이 주절을 보니 가정법 과거의 형태임을 알 수 있다. 따라서 if절에 과거 동사가 들어가야 하므로 정답은 ①이 된다.

02 정답 ③
해석 내가 카메라가 있었다면 그 장면을 찍었을 텐데…….
풀이 if절을 보니 가정법 과거완료임을 알 수 있다. 따라서 주절에 '조동사 과거형 + have p.p.'의 동사구가 들어가야 하므로 정답은 ③이 된다.

03 정답 ③
해석 그 책이 쉽다면 나는 그것을 이해할 수 있을 텐데…….
풀이 if절을 보니 가정법 과거임을 알 수 있다. 따라서 주절의 동사 자리에 '조동사 과거형 + 동사원형'의 형태가 들어가야 하므로 정답은 ③이 된다.

Point 08 플러스 기타 가정법

(1) I wish 가정법
실현할 수 없는 내용을 소망하는 의미가 추가된 가정법으로, '~라면 좋을 텐데…'로 해석한다.

- **I wish 가정법 과거 : I wish + 주어 + 과거 동사 ~**
  현재 사실에 반대되는 일을 소망할 때 사용하며, '~한다면 좋을 텐데…'로 해석한다.
  · I wish she **were** here now.
  그녀가 지금 여기에 있다면 좋을 텐데…….

- **I wish 가정법 과거완료 : I wish + 주어 + had p.p. ~**
  과거 사실에 반대되는 일을 소망할 때 사용하며, '~했다면 좋았을 텐데…'로 해석한다.
  · I wish she **had been** here then.
  그녀가 그때 여기에 있었으면 좋았을 텐데…….

(2) As if 가정법
현재나 과거의 사실에 반대되는 일을 가정하는 것으로 '마치 ~인 것처럼'이라고 해석한다.

- **As if 가정법 과거 : As if + 주어 + 과거 동사 ~**
  현재 사실에 반대되는 가정을 나타내며, '마치 ~인 것처럼'이라고 해석한다.
  · She speaks as if she **were** rich.
  그녀는 마치 자기가 부자인 것처럼 말한다.

- **As if 가정법 과거완료 : As if + 주어 + had p.p. ~**
  과거 사실에 반대되는 가정을 나타내며, '마치 ~였던 것처럼'으로 해석한다.
  · She speaks as if she **had been** rich while young.
  그녀는 마치 어렸을 때 부자였던 것처럼 말한다.

(3) It is (about/right/high) time 가정법('가정법 과거'만 있음.)
현재 사실의 반대로 '지금은 ~해야 할 시간인데…' 혹은 좀 더 강한 의미로 '지금은 ~해야만 할 시간인데…'라고 말할 때 쓰는 가정법

- **It is time 가정법 : It is time that + 주어 + 과거 동사 ~ 또는 It is time that + 주어 + should + R ~**
  · It is time that you **went** to bed. 자야 할 시간이다.
  · It is time that you **should go** to bed. (보다 더 강한 어조로) 제발 좀 자라.

(4) If it were not for ~ / If it had not been for ~

'~이 없다면' 혹은 '~이 없었다면'의 의미를 갖는 가정법

- **If it were not for ~, 주어 + 조동사의 과거형 + 동사원형 ~**

  - **If it were not for** your advice, I would fail.
  - = **Were it not for** your advice, I would fail.
  - = **But for** your advice, I would fail.
  - = **Without** your advice, I would fail.

  너의 충고가 없다면 나는 실패할지도 몰라.

- **If it had not been for ~, 주어 + 조동사의 과거형 + have p.p. ~**

  - **If it had not been for** your advice, I would have failed.
  - = **Had it not been for** your advice, I would have failed.
  - = **But for** your advice, I would have failed.
  - = **Without** your advice, I would have failed.

  너의 충고가 없었다면 나는 실패했을 거야.

확인 학습 문제

01 다음 빈칸에 들어갈 수 <u>없는</u> 것은?

_____ your help, I could not have completed the project.

① Without　　　　　　　　　② If it were not for
③ If it had not been for　　　④ But for

02 다음 빈칸에 들어갈 말로 가장 적절한 것은?

It's time that you _____ it.

① start　　　　　　　　　② starts
③ started　　　　　　　　④ will start

03 다음 우리말을 영어로 옮긴 것 중 가장 적절한 것은?

> 내가 지금 부자라면 좋겠어.

① I wish I were rich now.
② I wish I will be rich now.
③ I wish I had been rich now.
④ I wish I am rich now.

04 다음 중 어법상 옳지 않은 것을 고르시오.

① I wish I knew.
② It's high time that you studied English.
③ She speaks as if she were rich when young.
④ If it were not for science, our life would be much more inconvenient.

정답 및 해설

01 정답 ②
해석 당신의 도움이 없었다면, 나는 그 프로젝트를 끝내지 못했을 것이다.
풀이 주절의 동사 could not have completed를 보니, 가정법 과거완료임을 알 수 있다. 따라서 가정법 과거의 형태인 ②는 부적절하다.

02 정답 ③
해석 그것을 시작해야 할 시간이다.
풀이 It's time 가정법이다. It's time 가정법은 가정법 과거밖에 없으므로 과거 동사가 들어가야 한다. 따라서 정답은 ③이다.

03 정답 ①
풀이 I wish 가정법을 묻는 문제이다. 현재 사실의 반대를 가정하고 있으므로(지금 부자가 아니므로) 가정법 과거를 써야 한다. 따라서 ①이 정답이다.

04 정답 ③ (were → had been)
해석 ① 나도 알고 싶어.
② 영어 공부할 시간이야.
③ 그녀는 자신이 어렸을 때 부자였던 것처럼 말한다.
④ 과학이 없다면, 우리의 삶은 훨씬 더 불편할 것이다.
풀이 ③ 부사구 when young으로 보아, 과거 사실의 반대를 가정하고 있음을 알 수 있다. 즉, 가정법 시제는 과거완료의 형태가 되어야 한다. 따라서 were를 had been으로 고친다.
어휘 inconvenient [ìnkənvíːnjənt] a 불편한

CHAPTER 06 단원별 확인 문제

01 다음 중 어법상 맞는 문장은?

① He had moved to this building a month ago.
② Since last week, we had been tired.
③ I have bought a book yesterday.
④ My grandmother passed away last year.

◈ 다음 밑줄 친 부분 중 어법상 틀린 것을 고르시오. [2~5]

02 Jennifer ① has worked for JW Corporation Ltd. ② as a researcher ③ for five years, before ④ she became an instructor.

03 By the time she ① descends from the airplane ② at the Heathrow International Airport near London, some ③ of her friends and family ④ will arrive there.

04 ① That ② huge department store ③ has ④ established here in 2003.

05 Unless we ① will care for the ② children, it will ③ bring about much bigger ④ problems.

◈ 다음 빈칸에 들어갈 말로 가장 적절한 것을 고르시오. [6~14]

06 She _____ here for a week by tomorrow.
① stays   ② has stayed
③ will stay   ④ will have stayed

07 I recognized him at once because I _____ him before.
① met   ② meet
③ have met   ④ had met

08 Lots of government officials suggested that they _____ together with companies and consumers so as to save energy.
① works   ② work
③ worked   ④ working

09 I _____ in a town beside the sea before I moved this area.
① have not lived   ② did not live
③ had not lived   ④ had not been lived

10 The researchers will monitor the animals when _____ one week old.
① are they   ② they will be
③ they are   ④ they were

11 The abandoned animals _____ by hikers two weeks ago.
① were found   ② was found
③ are found   ④ have been found

12 People suspected that a secret deal _____ between them.

① will make   ② has been made
③ make   ④ had been made

13 We _____ record highs three times for the last fifteen days.

① have had   ② had had
③ had   ④ have

14 She _____ away 10 kilometers from the accident spot, before she discovered an old house with a lighting on the front of the building.

① has run   ② ran
③ runs   ④ had run

15 다음 중 어법상 옳은 것은?

① We have a good and fun time last night.
② Playing the cello was my good hobby since I was eight years old.
③ I will hear the story five times if you say it once again.
④ I will have completed this report by this Wednesday.

16 다음 빈칸에 들어갈 말로 가장 적절한 것은?

It is high time that we _____ our foreign policy in the Middle East.

① have reviewed   ② review
③ reviewed   ④ are reviewed

17 다음 빈칸에 들어갈 수 없는 것은?

_____ your attention, our project could not have been accomplished well.

① If it had not been for ② Had it not been for
③ Without ④ If it were not for

18 다음 빈칸에 들어갈 말로 가장 적절한 것은?

He behaves as if he _____ everything about her.

① knows ② knew
③ will not know ④ has know

19 다음 중 어법상 옳은 것은?

① It's about time that you go.
② I wish I knew how to use the new equipment.
③ If I was you, I would not do that.
④ If she had been rich, she would feel freer financially.

20 다음 중 어법상 옳은 것은?

① If it had not been for air, we would die.
② If I had known the fact, I would not made mistakes more than this.
③ I wish I marry that pianist.
④ She speaks Chinese fluently as if she were a chinese.

03 Actual Test

정답 및 해설 p. 360

01 다음 밑줄 친 부분 중 어법상 틀린 것은?

① In the mid ② late 1990s, Brazil ③ has been one of Latin America's fastest ④ growing economies.

❀ 다음 빈칸에 들어갈 말로 가장 적절한 것을 고르시오. [2~3]

02 In 1993, Munseon _____ Daejeon Expo as a volunteer.

① serving   ② served
③ was served   ④ to serve

03 My heart has been beating ever since _____.

① I had met him first   ② I meet him first
③ I have met him first   ④ I met him first

04 다음 빈칸에 들어갈 말로 알맞지 <u>않은</u> 것은?

We _____ him to meet her.

① expect   ② allow
③ force   ④ make

174 • Basic Grammar

❋ 다음 밑줄 친 부분 중 어법상 틀린 것을 고르시오. [5~20]

05 I don't know which ① activity is the ② better one of the two — going to the fitness center ③ or ④ to attend dinner party at Susie's house.

06 We ① had cleared the land ② of all the ③ trees in order to ④ make farms for the last ten days.

07 Jinhae ① is very famous ② for ③ it's cherry blossoms ④ in April.

08 The ① number of ② students ③ are close to six ④ hundred this year.

09 If the ① pizza is ② dividing into 10 equal ③ parts, everybody can ④ be happy.

10 Most ① fairy tales are for ② children and ③ deal with themes of good, evil and ④ lovely.

11 ① They would rather ② waiting a moment ③ than leave ④ immediately.

12 ① In 2002, a lot of ② people ③ gather in front of city hall ④ to cheer Korean team on.

13 I have ① study English ② for the last 15 ③ years, but I can't speak ④ it fluently.

14 Han river is ① knew to ② the world ③ as ④ the motive of Seoul.

15 Estimates of ① illegal immigrants ② ranges ③ from two million ④ to ten million.

16 ① In the year of 2000, one of the ② worst computer ③ virus in history was ④ released on the Internet.

17 Cloning technologies can ① be using for other ② purposes ③ besides producing the genetic twin of ④ another organism.

18 ① On the last night of ② 1999, there ③ is a very big and ④ fantastic festival in Gwanghwamun, Seoul.

19 We ① have had ② a little problems ③ with the new computer ④ since we installed it.

20 I have ① clean the ② whole house ③ since my husband and children ④ left in the morning.

176 • Basic Grammar

MEMO

영어의 시작과 끝 **리라클영어**

R 테이크아웃
기초영문법

PART 04

chapter 07 준동사(= 비정형 동사)

chapter 08 관계사

Actual Test 04

CHAPTER 07 준동사(= 비정형 동사)

» 준동사란 **부정사, 동명사, 분사**를 묶어 부르는 말로 정형 동사(주어의 인칭, 수, 시제 등을 나타내기 위해서 어형 변화를 하는 동사)와 대립되는 개념으로 비정형 동사라고 한다. **비정형 동사**는 목적어나 보어를 수반할 수 있고, 부사의 수식을 받으며 완료형과 수동형을 만들 수 있지만, 정형 동사와 달리 주어의 인칭과 수에 따라 어형이 변하지 않으며 완전한 문장을 만드는 데 필수적인 술어동사가 되지 못한다.

준동사의 비교 분석

구 분		to R	동명사	분사
형 태	능 동	to R	Ring	Ring
	수 동	to be p.p.	being p.p.	(being) p.p.
쓰 임		① 명사 ② 형용사 ③ 부사	명사	형용사
부정형		not/never + to R	not/never + 동명사	not/never + 분사
의미상의 주어		for + 목적격 cf of + 목적격(사람의 성질을 나타내는 형용사가 있을 경우)	소유격	
동사적 성질		① 의미상의 주어를 갖는다. ② 목적어나 보어를 수반한다. ③ 부사나 부정어의 수식을 받는다. ④ 완료형과 수동형을 만들 수 있다.	· It is easy for me to please him. · I want to buy coffee. · My dream is to be a singer. · Frankly speaking, I feel tired. · I asked you not to be noisy. · I regret having been lazy before. · Without being taught birds can fly.	

		술어동사	준동사
술어동사와의 차이점	서술어 역할	문장 내 서술어로 쓰임. 주어의 인칭과 수에 따라 어형이 변형함.	문장 내 서술어로 쓰이지 못함. 주어의 인칭과 수에 따라 어형이 변화하지 않음.
	주 어	문장 내 주어 있음.	의미상의 주어를 사용함.
	시 제	12개의 현실 시제(직설법)와 3개의 상상 시제(가정법)를 가지고 있음.	단순 시제(to R, Ring, Ring(분사))와 완료 시제(to have p.p., having p.p., having p.p.(분사))를 가지고 있음.

단순 시제 **술어동사(주절 동사)의 시제와 같은 시제를 나타냄.**
   She seems to cry.   그녀는 (지금) 울고 있는 것 같다.
   현재 보여짐 / 현재 울고 있음

완료 시제 **술어동사(주절 동사)의 시제보다 한 시제 앞선 것을 나타냄.**
   She seems to have cried.   그녀는 (아까) 울었던 것 같다.
   현재 보여짐 / 이전에 울었음

01 to R 집중 분석

(1) to R의 용법

① **명사적 쓰임**

부정사가 명사처럼 주어·목적어·보어로 쓰일 때이다. 해석은 '**~하는 것, ~하기, ~할지**'로 한다.

ⓐ 주어

- **To talk with her** makes you feel better.
  그녀와 함께 이야기하는 것은 당신을 기분 좋게 만든다.

- It is very important **to think positively**. |It 가주어 ~ to R 진주어|
  긍정적으로 생각하는 것은 매우 중요하다.

ⓑ 목적어

- I want **to get better**. 나는 더 좋아지기를 원한다.

- I think it impossible **to finish the job in time**. |it 가목적어 ~ to R 진목적어|
  나는 제시간에 일을 끝내는 것이 불가능하다고 생각한다.

ⓒ 보어

- To see is **to believe**. 보는 것이 믿는 것이다.

- My dream is **to become an artist**. 나의 꿈은 예술가가 되는 것이다.

② **형용사적 쓰임**

to R가 명사 뒤에서 그 명사를 수식하거나 보어(주어/목적어의)로 쓰인다. 전자는 해석은 '**~할, ~하는**'으로 쓰여, 앞 명사를 수식한다.

- Please give me something **to eat**. 나에게 먹을 것 좀 주세요.

- He has no money **to buy an iPhone**. 그는 아이폰을 살 돈이 없다.

③ **부사적 쓰임**

to R가 부사와 같은 구실, 즉 동사·형용사·부사와 문장 전체를 수식하는 용법으로, 감정의 원인, 이유, 목적, 결과 등으로 해석된다(부사는 워낙 수식해 주는 곳이 많으므로 그 해석 또한 다양하게 나타남을 이해하자).

- He is going to America **to see his grandmother**. 그는 할머니를 보기 위해 미국에 갈 것이다.

- I am happy **to meet you**. 나는 너를 만나게 되어 기쁘다.

- He must be a fool **to say so**. 그는 그렇게 말하는 것을 보니 바보임에 틀림없다.

- He studied hard only **to get C**. 그는 열심히 공부했지만 결국 C를 받았다.

(2) 원형 부정사(R)의 용법

① 지각동사의 목적보어

- I saw you **cross the street**. 나는 네가 길을 건너고 있는 것을 보았다.
- He heard his friends **sing**. 그는 그의 친구들이 노래 부르는 것을 들었다.
- Can you feel my heart **beat**? 내 심장이 뛰는 것을 느낄 수 있겠니?

② 사역동사(let, make, have)의 목적보어

- Let it **be**. 그것을 (그냥 그대로) 내버려 둬라.
- Sad movies always make me **cry**. 슬픈 영화는 나를 항상 울려요.

③ (화법)조동사 뒤

- You had better **stay here**. 너는 여기에 머물러 있는 게 낫겠다.
- She can **drive a truck**. 그녀는 트럭을 운전할 수 있다.

02 동명사 집중 분석

(1) 동명사의 용법

① 주어

- **Watching movie** is my hobby. 영화 보기는 내 취미이다.
- **Passing the exam** is not difficult. 시험에 통과하는 것은 어렵지 않다.

② 목적어

- Jane escaped **answering the question**. 제인은 그 질문에 대답하기를 피했다.
- I love **shopping**. 나는 쇼핑하는 것을 좋아한다.
- My brother is fond of **fishing**. 내 남동생은 낚시하는 것을 좋아한다.

③ 보어

- My hobby is **watching video tapes**. 나의 취미는 비디오를 보는 것이다.
- Seeing is **believing**. 보는 것이 믿는 것이다.

03 분사 집중 분석

(1) 분사의 종류

① Ring[현재분사]

be 동사와 결합하여 진행형을 만들 수 있으며, 독립적으로는 형용사(수식어, 보어)로 쓰인다. '**능동·진행**'의 의미가 있으며, '**~하는, ~하는 중인**'의 의미이다.

- She **is making** chicken soup. 그녀는 치킨 수프를 만들고 있다.
- Look at the **singing** girls. 노래 부르는 저 소녀들을 보아라.

② Red(= p.p.)[과거분사]

be 동사와 결합하여 수동태를 만들고, have 동사와 결합하여 완료형을 만들며 독립적으로는 형용사(수식어, 보어)로 쓰인다. '**수동·완료**'의 의미가 있으며, '**~된, ~당한**'의 의미이다.

- This grammar book **was written** by Ms. Lee. `수동태`
  이 문법책은 이 선생님에 의해서 쓰였다.
- I **have lived** here for five years. `현재완료`
  나는 5년 동안 여기에서 살아왔다.
- He was injured by **broken** glass.
  그는 깨진 유리에 상처를 입었다.

(2) 분사의 용법

① 한정적 용법(명사를 수식하는 분사)

명사의 앞뒤에서 그 명사를 수식한다. boring teacher에서 **boring**처럼 단독 분사(분사가 다른 단어들과 의미 덩어리를 이루지 않는 경우)는 명사 앞에서, teacher **satisfied with the result**나 the man **teaching Japanese**에서처럼 수식어나 목적어를 동반하는 분사(분사구)는 명사 뒤에 놓여 명사를 수식한다.

② 서술적 용법(보어가 되는 형용사)

ⓐ 주어보어

- He stands **reading** a newspaper. 그는 신문을 읽고 있다.
- The man remains **writing** something. 그 남자는 뭔가를 쓰고 있다.

ⓑ 목적보어

- She felt his heart **beating**. 그녀는 그의 심장이 뛰는 것을 느꼈다.
- I had my car **repaired**. 나는 내 차를 수리 맡겼다.

(3) 분사구문

① 분사구문

분사(현재분사/과거분사)를 이용하여 **부사절**을 **부사구**로 만든 것을 분사구문이라고 한다.

> **분사구문 만드는 순서**
> ❶-1 주절의 주어와 부사절의 주어가 같을 때, 부사절의 주어를 생략한다.
> ❶-2 주절의 주어와 부사절의 주어가 다를 때, 부사절의 주어를 의미상의 주어로 그대로 둔다.
>   (* 이때 부사절을 이끄는 **접속사는 반드시 생략**해야 한다.)
> ❷-1 주절의 시제와 부사절의 시제가 같을 때는 부사절의 동사원형(R)에 -ing를 붙인다.
> ❷-2 부사절의 시제가 주절의 시제보다 한 시제 앞설 경우에는 부사절의 동사를 완료분사 (having + p.p.)로 만든다.
> ❸ ①-1의 경우라면, 부사절을 이끄는 접속사는 생략 가능하다.
> ❹ ①-2의 경우라면, 부사절을 이끄는 접속사는 반드시 생략해야 한다.
> ❺ 분사구문 완성 후, 수동의 분사구문(being p.p., having been p.p.)에서 being이나 having been은 생략이 가능하다.

② 분사구문의 파악

분사구문은 시간·이유·조건·양보·계속·동시 상황 등을 나타내며 부사절과 마찬가지로 주절을 부사적으로 수식해 준다.

- **Walking in the street**, I met an old friend of mine.
  = While I was walking in the street, I met an old friend of mine.
   길을 걷고 있을 때 오래된 나의 친구를 만났다.

- **(Being) Sick**, he went to bed early.
  = Because he was sick, he went to bed early.
   그는 아파서 일찍 잠자리에 들었다.

- **Listening carefully**, you can understand what the tape says.
  = If you listen carefully, you can understand what the tape says.
   주의 깊게 듣는다면 당신은 테이프에서 나오는 것을 이해할 수 있다.

- **(Being) Very slim**, she is not quite stylish.
  = Although she is very slim, she is not quite stylish.
   그녀는 매우 날씬함에도 불구하고, 전혀 멋있지 않다.

- I looked around the shopping mall, **buying a digital camera**.
  = I looked around the shopping mall, and I bought a digital camera.
   나는 쇼핑몰을 둘러보고 난 후 디지털카메라를 샀다.

· He entered the army, **keeping his tears in front of his girlfriend and his parents**.
= He entered the army, while he kept his tears in front of his girlfriend and his parents.
그의 부모님과 여자 친구 앞에서 눈물을 꾹 참으면서 그는 입대를 했다.

③ 분사구문의 완료 · 수동 · 부정 · 독립 분사구문

ⓐ 완료 분사구문
분사구문의 시제가 주절의 시제보다 한 시제 앞서는 것을 말한다.
해석은 '~했었던'이라고 한다.

· **Having walked** all the way, I am tired.
= As I walked all the way, I am tired.
하루 종일 걸어서 나는 지쳤다.

ⓑ 수동 분사구문
수동의 분사구문(being p.p., having been p.p.)에서 being이나 having been은 생략이 가능하다.

· **(Being) Taken in** by him, I was upset.
= As I was taken in by him, I was upset.
그에게 속아서, 나는 화가 났다.

ⓒ 분사구문의 부정
분사구문 앞에 부정어 not이나 never를 붙인다.

· **Not knowing what to do**, he did nothing.
= As he didn't know what to do, he did nothing.
무엇을 해야 할지 몰라서, 그는 아무것도 하지 않았다.

ⓓ 독립 분사구문
분사구문의 주어와 주절의 주어가 다를 때 분사구문의 주어를 쓴 형태를 말한다.

· **Cheolsu roasting belly pork**, his tactless neighbor came.
= When Cheolsu was roasting belly pork, his tactless neighbor came.
철수가 삼겹살을 굽고 있을 때, 눈치 없는 이웃이 찾아왔다. (*tactless [tǽktlis] ⓐ 눈치 없는)

CHAPTER 07 출제 포인트

Point 01 to R와 동명사를 목적어로 취하는 동사

to R에 담겨있는 의미를 살펴보고 to R를 목적어로 취하는 동사를 확인해보자.

❙ to R의 의미

> 아직 이루어지지 않은 미래의 상상적인 일과 결과를 의미; 의지나 의도를 가지고 하는 행위; 특별한 행위

❙ to R를 목적어로 취하는 동사

> want, wish, hope, plan, agree, care, promise, decide, choose, determine, expect, intend, pretend, afford 등

· I **want** to be a pianist. 나는 피아니스트가 되기를 원한다.

· She **hopes** to see her old friends. 그녀는 오랜 친구들을 만나기를 희망한다.

· I **decided** to learn Japanese. 나는 일본어를 배우기로 결심했다.

· He **promised** to advertise the item. 그는 그 제품을 광고하기로 약속했다.

> cf 자동사 + to R
> tend / seem / appear / come / turn out / prove + to R
>
> · She seems to do it again. 그녀는 그것을 다시 할 것 같다.

동명사에 담겨있는 의미를 살펴보고 동명사를 목적어로 취하는 동사를 확인해보자.

▌ 동명사의 의미

> 이미 이루어진 과거의 구체적인 동작이나 상태를 의미; 행위 자체, 즉 행위 사실을 의미; 습관적인 행위; 취미; 일상적인 행위

▌ 동명사를 목적어로 취하는 동사

> avoid, mind, enjoy, give up, finish, escape, suggest, stop, deny, quit, consider, postpone

· Would you **mind** opening the window? 창문 좀 열어도 될까요?

· She **enjoys** taking a picture. 그녀는 사진 찍는 것을 좋아한다.

· I **gave up** making cakes. 나는 케이크 만드는 것을 포기했다.

확인 학습 문제

01 다음 밑줄 친 부분 중 어법상 틀린 것은?

① If you want ② feeling the Christmas spirit, you can ③ decorate your house with ④ pretty ornaments.

02 다음 중 어법상 옳지 않은 문장은?

① He decided to turn down the job offer.
② We plan to take a trip to France this April.
③ She agreed to have a short break.
④ He suggested to watch a movie tonight.

03 다음 밑줄 친 부분 중 어법상 틀린 것은?

She agreed ① let me go ② home early ③ because I was not very ④ well yesterday.

04 다음 밑줄 친 부분 중 어법상 틀린 것은?

She intends ① taking a trip ② around the world ③ if she can have time ④ to travel.

05 다음 밑줄 친 부분 중 어법상 틀린 것은?

You ① had better avoid ② to eat too much ③ at night in order not to be ④ obese.

06 다음 중 어법상 옳지 않은 문장은?

① I don't mind closing the windows.
② They enjoyed riding bicycles along the river bank.
③ The woman refused showing her ID card to him.
④ We considered going abroad next summer.

07 다음 중 어법상 옳은 문장은?

① She postponed to meet her client.
② The boy escaped answering his mother's questions.
③ He denied to make a minor mistake.
④ My mom promised buying a robot for me.

정답 및 해설

01 정답 ② (feeling → to feel)
해석 크리스마스 기분을 느끼고 싶다면, 예쁜 장식으로 집을 꾸며 보세요.
풀이 ② want는 목적어 자리에 to R를 쓰는 동사이다. 따라서 feeling을 to feel로 고친다. ① if는 조건의 부사절을 이끄는 접속사이다. ③ 화법 조동사 can 뒤의 본동사의 형태는 동사원형이다. ④ 형용사 pretty는 명사 ornaments를 수식한다.
어휘 spirit [spírit] n 정신; 기분
decorate [dékərèit] vt 장식하다
ornament [ɔ́ːrnəmənt] n 장식(품)

02 정답 ④ (to watch → watching)
해석 ① 그는 그 일자리(제안)를 거절하기로 했다.
② 그는 이번 4월에 프랑스로 여행갈 계획이다.
③ 그녀는 잠시 쉬는 것에 동의했다.
④ 그는 오늘 밤 영화를 보자고 제안했다.
풀이 ④ 동사 suggest는 목적어로 동명사를 취한다. 따라서 to watch를 watching으로 고친다. ① 동사 decide는 목적어로 to R를 취한다. 따라서 to turn down은 적절하다. ② 동사 plan은 목적어로 to R를 취한다. 따라서 to take는 적절하다. ③ 동사 agree는 목적어로 to R를 취한다. 따라서 to have는 적절하다.
어휘 turn down 거절하다

03 정답 ① (let → to let)
해석 내가 어제 몸이 안 좋아서, 그녀는 내가 일찍 집에 가는 것을 승낙했다.
풀이 ① 타동사 agree는 to R를 복적어로 취하는 동사이다. 따라서 let을 to let으로 고친다. ③ because는 '~ 때문에'라는 뜻의 접속사로 절을 이끈다. ④ 이 문장에서 well은 형용사로, '건강한'이라는 뜻이다.

04 정답 ① (taking → to take)
해석 만약 여행할 시간이 생긴다면, 그녀는 전 세계를 여행할 작정이다.
풀이 ① 동사 intend는 목적어로 to R를 취한다. 따라서 taking을 to take로 고친다. ③ if는 '만약 ~한다면'이라는 뜻의 접속사로 절을 이끈다. ④ 앞에 있는 명사 time을 꾸며 주는 형용사적 용법의 to R이다.
어휘 intend to R ~할 의도이다

05 정답 ② (to eat → eating)
해석 비만이 되지 않기 위해서 당신은 밤에 너무 많이 먹는 것을 피하는 것이 좋다.
풀이 ② 동사 avoid는 목적어로 동명사를 취한다. 따라서 to eat을 eating으로 고친다. ① had better R는 '~하는 것이 낫다'라는 뜻의 관용어구이다. ④ obese는 형용사로 '비만인, 뚱뚱한'이라는 뜻이다.
어휘 had better R ~하는 게 낫다
avoid [əvɔ́id] vt 피하다
in order to R ~하기 위해서
obese [oubíːs] a 비만의, 비만인

06 정답 ③ (showing → to show)

해석
① 나는 창문을 닫는 것을 꺼리지 않는다.
② 그들은 강둑을 따라 자전거 타는 것을 즐겼다.
③ 그 여자는 그에게 자신의 신분증을 보여주는 것을 거절했다.
④ 우리는 내년 여름에 해외에 나가는 것을 고려했다.

풀이 ③ 동사 refuse는 to R를 목적어로 취한다. 따라서 showing을 to show로 고친다. ① 동사 mind는 동명사를 목적어로 취한다. 따라서 closing은 적절하다. ② 동사 enjoy는 동명사를 목적어로 취한다. 따라서 riding은 적절하다. ④ 동사 consider는 동명사를 목적어로 취한다. 따라서 going은 적절하다.

어휘 along [əlɔ́ːŋ] prep ~을 따라, ~을 끼고; ~동안에
ID card 신분증명서(identity card)

07 정답 ②

해석
① 그녀는 자신의 의뢰인을 만나는 것을 연기했다.
② 소년은 엄마의 질문에 대답하는 것을 회피했다.
③ 그는 사소한 실수를 한 것을 부인했다.
④ 엄마는 내게 로봇을 사주실 것을 약속하셨다.

풀이 ② 동사 escape은 목적어로 동명사를 취하므로, answering은 적절하다. ① 동사 postpone은 동명사를 목적어로 취한다. 따라서 to meet을 meeting으로 고친다. ③ 동사 deny는 동명사를 목적어로 취한다. 따라서 to make를 making으로 고친다. ④ 동사 promise는 to R를 목적어로 취한다. 따라서 buying을 to buy로 고친다.

어휘 client [kláiənt] n 고객, 손님
minor [máinər] a 보다 작은; 중요치 않은, 사소한

MEMO

Point 02   to R와 동명사를 모두 목적어로 쓸 수 있는 동사(의미 구분 있음)

to R와 동명사를 모두 목적어로 취할 수 있는 동사는 다음과 같다. 하지만 이러한 동사들은 to R를 목적어 취할 때와 동명사를 목적어로 취할 때 의미가 달라지므로 의미 구분에 주의해서 살펴보자.

to R와 동명사를 둘 다 쓸 수 있지만 뜻이 다른 경우의 동사

try, remember, forget 등

- try
  - to R ~하려고 노력하다/애쓰다   He **tried** to bake cookies.
    그는 쿠키를 구우려고 노력했다.
  - Ring (시험 삼아) 한 번 ~해보다   He **tried** baking cookies.
    그는 쿠키를 한번 구워 보았다.

- remember
  - to R ~할 것을 기억하다   I **remember** to send e-mail tomorrow.
    나는 내일 이메일 보낼 것을 기억한다.
  - Ring ~했던 것을 기억하다   I **remember** sending e-mail yesterday.
    나는 어제 이메일을 보냈던 것을 기억한다.

- forget
  - to R ~할 것을 잊어버리다   I **forgot** to make a coffee.
    나는 커피 타는 것을 잊어버렸다(커피를 타지 않았다).
  - Ring ~했던 것을 잊어버리다   I **forgot** making a coffee.
    나는 커피 탔던 것을 잊어버렸다.

TIP&TIP

stop에 대한 오해

stop은 동명사를 목적어로 가지는 동사이고, stop to R인 경우의 to R는 부사적 용법으로 쓰인 것이며, 그때 stop은 자동사이다.

- stop
  - Ring ~하던 것을 멈추다   She **stopped** singing a song.
    그녀는 노래 부르던 것을 멈췄다.
  - to R ~하기 위해서 멈추다   They **stopped** to sing a song.
    그녀는 노래를 부르기 위해서 멈췄다.

확인 학습 문제

01 다음 빈칸에 들어갈 말로 가장 적절한 것은?

Don't forget _____ off your mobile phone before the play starts.

① to turn ② to turning
③ turn ④ turning

02 다음 빈칸에 들어갈 말로 가장 적절한 것은?

I remember _____ this package yesterday.

① to sending ② sending
③ sends ④ to send

정답 및 해설

01 정답 ①

해석 연극이 시작하기 전에 핸드폰 끄는 것을 잊지 마세요.

풀이 동사 forget은 목적어로 to R와 동명사 둘 다 취할 수 있는 동사이다. '앞으로 해야 할 것을 잊지 마라'라고 할 때는 to R를 사용하고, 일반적이거나 과거의 일일 경우에는 동명사를 사용하는데, 이 문장에서는 문맥상 앞으로 '핸드폰 끄는 것을 잊지 마라'가 되므로 빈칸에 to R가 들어가야 한다. 따라서 정답은 ① to turn이 된다.

어휘 turn off 끄다
play [plei] n 연극

02 정답 ②

해석 나는 어제 이 소포를 보냈던 것을 기억한다.

풀이 remember는 목적어로 to R와 동명사를 둘 다 취할 수 있는 동사이다. 과거의 일이면 동명사, 미래의 일일 경우 to R를 쓰는데, 이 문장에서는 '과거의 일을 기억하다'라는 뜻이 되므로 ② 동명사 sending이 정답이 된다. 굳이 해석을 해보지 않아도 뒤에 yesterday라는 부사가 있으므로 답을 쉽게 찾을 수 있다.

어휘 package [pækidʒ] n 소포, 짐

Point 03 to R와 동명사를 모두 목적어로 쓸 수 있는 동사(의미 구분하지 않음)

to R와 동명사를 모두 목적어로 쓸 수 있는 동사는 다음과 같다.

┃ 큰 의미 차이 없이 to R와 동명사 둘 다 쓰는 동사

begin, start, like, dislike, love, hate, prefer, continue 등

- begin
  - I **began** to run towards finishing line.
  - I **began** running towards finishing line.

  나는 결승선을 향해 달리기를 시작했다.

확인 학습 문제

01 다음 빈칸에 들어갈 말로 가장 적절한 것은?

The recent critical changes in the Earth's climate begin _____ some scientists.

① to worrying ② worry
③ worrying ④ worried

02 다음 빈칸에 들어갈 말로 가장 적절한 것은?

She continued _____ a diary till she became 60.

① to keeping ② keeps
③ keep ④ keeping

정답 및 해설

01 정답 ③

해석 최근 지구 기후의 중대한 변화는 몇몇 과학자들을 걱정시키기 시작했다.

풀이 동사 begin은 목적어 자리에 to R와 동명사 모두 쓸 수 있는 타동사이다. 따라서 정답은 ③이 된다. ①은 to worrying을 to worry로 고치면 정답이 될 수 있다.

어휘 recent [ríːsənt] a 최근의
critical [krítikəl] a 중대한; 비판적인

02 정답 ④

해석 그녀는 60세까지 계속 일기를 썼다.

풀이 continue는 to R와 동명사를 모두 목적어로 취할 수 있는 동사이다. 하지만 ①처럼 섞어서 쓸 수는 없다. 따라서 ④가 정답이 되며, ①을 답으로 하려면 to keep 또는 keeping으로 고치면 정답이 될 수 있다.

어휘 keep a diary 일기를 쓰다
till [til] prep ~까지

MEMO

Point 04 to R와 동명사의 의미상의 주어 확인

to R의 의미상의 주어는 **for + 목적격**이며, It 가주어 ~ to R 진주어 구문에서 사람의 성질을 나타내는 형용사가 나오면 **of + 목적격**을 의미상의 주어로 쓴다. 그리고 동명사의 의미상의 주어는 **소유격**이다.

to R와 동명사의 의미상의 주어

to R의 의미상의 주어	for + 목적격 cf of + 목적격 (사람의 성질을 나타내는 형용사가 있는 경우)	· It's difficult **for her** to read this kind of book. 그녀가 이런 종류의 책을 읽기는 어렵습니다. · It's very kind **of you** to say so. 그렇게 말씀해주시니 당신은 정말 친절하군요.
동명사의 의미상의 주어	소유격	· His explaining how to get to the city hall was really exact and clear. 그가 시청에 가는 법을 설명해 준 것은 정확하고 명확했다.

사람의 성질을 나타내는 형용사

careful, kind, considerate, wise, foolish, stupid, nice, polite, cruel, thoughtful, intelligent, careless 등

확인 학습 문제

01 다음 보기 중 어법상 **틀린** 것은?

① Do you mind my smoking?
② It's stupid for you to do so.
③ She was sure of his passing the exam.
④ It's hard for me to please him.

02 다음 밑줄 친 부분 중 어법상 **틀린** 것은?

① <u>It</u> is difficult ② <u>of</u> Asian people to be ③ <u>assimilated</u> into the middle classes ④ <u>in</u> the United States of America.

정답 및 해설

01 정답 ② (for you → of you)
해석 ① 제가 담배를 피우면 안 될까요?
② 당신이 그렇게 하다니 어리석군요.
③ 그녀는 그가 시험에 합격하리라는 것을 확신했다.
④ 내가 그를 기쁘게 하는 것은 어렵다.
풀이 ② 사람의 성질을 나타내는 형용사가 있으므로 to R의 의미상의 주어는 'of + 목적격'이 되어야 한다. 따라서 for you를 of you로 고친다.
어휘 be sure of ~을 확신하다
please [pli:z] vt 기쁘게 해주다

02 정답 ② (of → for)
해석 아시아인들이 미국에서 중산층으로 동화되는 것은 어렵다.
풀이 ② to R의 의미상의 주어는 'for + 의미상의 주어'가 되어야 한다. 따라서 전치사 of를 전치사 for로 고친다. ① it 가주어 ~ to R 진주어 구문이다. ③ to be assimilated의 목적어가 없으므로 수동 형태가 적절하다.
어휘 assimilate [əsíməlèit] vt 동화시키다
the middle class 중류 사회, 중산층

Point 05 미래 지향 의지 동사 + 목적어 + to R

불완전 타동사 (5형식 동사) 중에서 미래 지향 의지 동사는 목적보어 자리에 준동사 중에서 to R를 취한다.

미래 지향 의지 동사

ask, advise, allow, cause, enable, encourage, expect, forbid, force, get, permit, persuade, require, tell, want, would like] + 목적어 + to R~

cf 사역동사(let, make, have) + 목적어 + 원형 부정사(R)

확인 학습 문제

01 다음 밑줄 친 부분 중 어법상 틀린 것은?

The ① <u>teacher</u> encouraged ② <u>her</u> students ③ <u>read</u> as many good books ④ <u>as possible</u>.

02 다음 밑줄 친 부분 중 어법상 틀린 것은?

I expect ① <u>you</u> ② <u>be punctual</u> in the ③ <u>payment</u> ④ <u>of your</u> rent.

03 다음 빈칸에 들어갈 말로 가장 적절한 것은?

Mr. Condit advises all of the employees _____ collaboratively and submit the reports by the deadline.

① works   ② working
③ worked   ④ to work

정답 및 해설

01 정답 ③ (read → to read)

해석 그 선생님은 그녀의 학생들에게 가능한 한 많은 책을 읽으라고 권고하셨다.

풀이 ③ 불완전타동사 encourage는 목적보어 자리에 to R를 취하는 동사이다. 따라서 read를 to read로 고친다. ② 명사 앞자리는 인칭대명사의 소유격 자리이다. ④ as ~ as possible은 '가능한 한 ~ 하게'라는 뜻이다.

어휘 encourage [enkə́ːridʒ] vt 격려하다, 고무하다; 장려하다

02 정답 ② (be punctual → to be punctual)

해석 난 당신이 당신의 집세를 꼬박꼬박 낼(집세를 내는 데에 있어서 정확한) 것을 기대한다.

풀이 ② expect 동사는 목적보어로 to R를 취하므로, be punctual을 to be punctual로 고친다.

어휘 punctual [pʌ́ŋktʃuəl] a 시간을 잘 지키는
payment [péimənt] n 지불
rent [rent] n 집세; 임대료

03 정답 ④

해석 콘딧 씨는 전 직원들에게 협조해서 일하고 마감일까지 보고서를 제출하라고 권고했다.

풀이 'advise + 목적어 + to R' 구문이다. 동사 advise는 5형식에서 목적보어 자리에 to R를 쓰는 동사이다. 따라서 정답은 ④가 된다.

어휘 collaboratively [kəlǽbərèitivli] ad 협력적으로, 협동하여
submit [səbmít] vt 제출하다
deadline n 마감일

MEMO

Point 06 to R와 어울리는 표현

to R와 함께 쓰는 관용 표현

to R와 함께 쓰는 관용 표현은 다음과 같다.

- **manage to R : 가까스로 ~하다**
  - He **managed to arrive** on time. 그는 가까스로 정시에 도착했다.

- **의문사 + to R : 의문사(어떻게 / 무엇을 / 언제 / 어디서) ~할지**
  - I know **how to make** pasta. 나는 파스타를 어떻게 만드는지 알고 있다.
  - You can choose **what to do** next. 당신은 다음에 무엇을 할지를 선택할 수 있다.

- **too ~ to R : 너무 ~해서 …할 수 없다**
  = so ~ that ~ cannot R ~
  - She is **too** old **to apply** for Miss Korea.
    = She is **so** old **that** she **cannot apply** for Miss Korea.
    그녀는 너무 늙어서 미스코리아에 나갈 수 없다.

- **be the last man to R : 결코 ~하지 않는다**
  - This is **the last man to tell** a lie. 이 사람은 결코 거짓말을 하지 않는다.

- **enough to R : ~하기에 충분한 / 충분히**
  - This Coke is cold **enough to drink**. 이 콜라는 마시기에 충분히 시원하다.

- **in order to R : ~하기 위해서**
  = so as to R
  - You need to make mistakes **in order to**(= **so as to**) **grow**.
    사람은 성장하기 위해서 실수를 하는 것이 필요하다.(= 누구나 시행착오를 겪으면서 배운다.)
  - She planed to go abroad **in order to have** foreign experience.
    그녀는 해외 경험을 가지기 위해서 외국으로 나갈 계획을 했다.

- **be ready to R : ~할 준비가 되어 있다**
  - I **am ready to start**. 나는 시작할 준비가 되어 있다.

- **be reluctant to R : ~하는 것을 꺼리다**
    - She **is reluctant to undertake** the job. 그녀는 그 일을 맡기를 꺼려한다.

- **be willing to R : 기꺼이 ~하다**
    - We **are willing to accept** your request. 우리는 당신의 요구를 기꺼이 받아들이겠습니다.

- **be about to R : 막 ~하려고 하다**
    - The sun **was about to set**. 해가 막 지고 있었다.

- **It takes + 사람 + 시간 + to R : ~가 …하는 데 ~의 시간이 걸리다**
  = It takes + 시간 + for 사람 + to R
    - It **takes me one day to clean** the whole house.
    = It **takes one day for me to clean** the whole house.
    내가 집 전체를 청소하는 데 하루가 걸린다.

- **can afford to R : ~할 여유가 있다**
    - She **can afford to buy** a car. 그녀는 차를 살 여유가 있다.

- **in an effort to R : ~하기 위한 노력으로**
    - She did her best **in an effort to succeed**.
    그녀는 성공하기 위한 노력으로 최선을 다했다.

확인 학습 문제

01 다음 빈칸에 들어갈 말로 가장 적절한 것은?

In an effort _____ sales, we have sent a survey sheet to existing and prospective customers asking for feedback on our new product line.

① to increase
② increased
③ has increased
④ increasing

02 다음 빈칸에 들어갈 말로 가장 적절한 것은?

In order _____ more overseas clients, JHB Bank will open its new branches both in Seoul and in Tokyo.

① accommodation
② accommodates
③ to accommodate
④ for accommodating

03 다음 밑줄 친 부분 중 어법상 틀린 것은?

① <u>Actually</u>, I don't know what ② <u>for doing</u> ③ <u>in front</u> of ④ <u>him</u>.

04 다음 문장에서 옳지 않은 것을 고르시오.

① In order to get some discounts, she had to print out vouchers.
② She was willing to take a field trip.
③ My younger brother is the last man to be late.
④ It takes two hours me to get to the station.

정답 및 해설

01 정답 ①
해석 판매를 증진하기 위해서, 우리는 기존과 잠재 고객들에게 새로운 상품에 대한 피드백을 요청하는 설문지를 보내왔다.
풀이 '~하기 위한 노력으로'라는 뜻의 관용어구 in an effort to R를 묻는 문제이다. 따라서 정답은 ①이 된다.
어휘 survey sheet n 설문지
existing [igzístiŋ] a 기존의, 현재의
prospective [prəspéktiv] a 미래의, 장래의
ask for ~ ~을 요구하다

02 정답 ③
해석 많은 해외 고객들을 수용하기 위해, JHB 은행은 서울과 도쿄에 새로운 지점을 열 것이다.
풀이 '~하기 위해서'라는 뜻의 관용어구 in order to R(= so as to R)를 묻는 문제이다. 따라서 정답은 ③이 된다.
어휘 accommodate [əkάmədèit] vt 수용하다; 숙박시키다
overseas [óuvərsíː(z)] a 해외의 ad 해외로
branch [bræntʃ] n 지점; 나뭇가지

03 정답 ② (for doing → to do)
해석 실제로, 나는 그의 앞에서 무엇을 해야 할지 모른다.
풀이 ② 관용적으로 의문사와 결합하는 어구는 to R이다. 해석은 '의문사(어떻게/무엇을/언제/어디서) ~할지'라고 하면 된다. 따라서 for doing을 to do로 고쳐야 어법상 적절하다. ④ 전치사의 목적어 자리이므로 목적격 him은 적절하다.
어휘 actually [æktʃuəli] ad 실제로
in front of ~앞에서

04 정답 ④
해석 ① 할인을 받기 위해서 그녀는 바우처를 출력해야 했다.
② 그녀는 기꺼이 현장 실습을 하려 했다.
③ 내 남동생은 절대 지각을 하지 않는다.
④ 내가 역까지 가는 데 두 시간이 걸린다.
풀이 ④ '~가 …하는 데에 ~의 시간이 걸리다'라는 뜻의 관용표현은 'It takes + 사람 + 시간 + to R(= It takes + 시간 + for 사람 + to R)'이다. 따라서 이 문장을 It takes me two hours to get to the station으로 고치거나 It takes two hours for me to get to the station으로 고친다. ① in order to R는 '~하기 위해서'라는 뜻의 to R 관용표현이다. ② be willing to R는 '기꺼이 ~하다'라는 뜻의 to R 관용표현이다. ③ be the last man to R는 '결코 ~하지 않는다'라는 뜻의 to R 관용표현이다.
어휘 print out 인쇄하다
voucher [váutʃər] n 할인권, 쿠폰
field trip n 현장 실습
get to ~ ~에 이르다

Point 07 동명사와 어울리는 표현

동명사와 함께 쓰는 관용 표현

동명사와 함께 쓰는 관용 표현은 다음과 같다.

- be busy Ring : ~하느라고 바쁘다
    - We **are busy preparing** for the examination. 우리는 시험 준비를 하느라 바쁘다.

- spend + 시간 + (in) Ring : ~하느라 …의 시간을 보내다
    - They **spent the whole night playing** Go-stop game.
      그들은 고스톱을 치느라 밤새 시간을 보냈다.

- look forward to Ring : ~하기를 학수고대하다
    - I'm **looking forward to winning** the lottery. 나는 복권에 당첨되기를 학수고대한다.

- cannot help Ring : ~하지 않을 수 없다
  = cannot but R
  = have no choice but to R
    - I **cannot help laughing at** him. 나는 그를 보고 비웃지 않을 수 없다.
      = I **cannot but laugh at** him.
      = I **have no choice but to laugh at** him.

- be used[accustomed] to Ring : ~하는 데 익숙하다
    - I **am used to being** called Ms. Choi. 나는 'Ms. 최'라고 불리는 데 익숙하다.
      cf be used to R : ~하기 위해서 사용되다[하는 데 사용되다]
    - Sometimes even pet dogs **are used to make** invigorating broth.
      때때로 보신탕을 만들기 위해서 애완용 강아지조차도 사용된다.
      cf used to R : ~하곤 했다
    - I **used to play** tennis with my husband. 나는 남편과 함께 테니스를 치곤 했다.

- object to Ring : ~하는 것에 반대하다
    - My father **objected to buying** a new car.
      나의 아버지께서는 새 차를 사는 것에 반대하셨다.

- **keep + 목적어 + from Ring : ~를 …못하게 하다, ~가 …하는 것을 막다**
  - Teachers **kept students from drinking** alcohol.
    선생님들은 학생들이 술 마시는 것을 못하게 했다.

- **keep (on) Ring : 계속해서 ~하다**
  = go on Ring
  - She is **keeping on playing** the piano.
    = She is **going on playing** the piano. 그녀는 계속해서 피아노를 쳤다.

- **feel like Ring : ~하고 싶다**
  = feel to R
  - I **feel like having** a drink.
    = I **feel to have** a drink. 나는 오늘 술 한 잔하고 싶다.

- **go Ring : ~하러 가다**
  - I **go water-skiing**. 나는 수상스키를 타러 간다.

- **There is no Ring : ~하는 것은 불가능하다**
  - **There is no passing** the exam without making efforts.
    노력하지 않고서 시험에 합격하는 것은 불가능하다.

- **(up)on Ring : ~하자마자**
  - **(Up)On hearing** the news, I was puzzled. 그 소식을 듣자마자, 나는 당황했다.

- **in Ring : ~하는 데에 있어서**
  - **In writing** her new book, she was very serious.
    새로운 책을 쓰는 데에 있어서, 그녀는 아주 진지했다.

- **by Ring : ~함으로써**
  - He could save five lives **by donating** his blood.
    그는 헌혈을 함으로써 다섯 명의 목숨을 구할 수 있었다.

- **be worth Ring : ~할 가치가 있다**
  = be worthy of Ring
  - This book **is worth reading**.
    = This book **is worthy of reading**. 이 책은 읽을 가치가 있다.

확인 학습 문제

01 다음 빈칸에 들어갈 말로 가장 적절한 것은?

Mary Tucker is a professional analyst, who often enjoys spending her free time _____ _____ music.

① listen to   ② listened to
③ listening to   ④ to listen to

02 다음 중 어법상 옳지 않은 것을 고르시오.

① I cannot help saying so.
② I felt like forgetting all about the job.
③ There is no knowing what will happen tomorrow.
④ She is looking forward to see him.

03 다음 중 어법상 옳지 않은 것을 고르시오.

① She was busy doing homework.
② I spent one day cleaning the whole house.
③ This book is worth to watch.
④ On arriving, she had a dinner.

정답 및 해설

01 정답 ③
해석 메리 터커 씨는 전문 분석가인데, 그녀는 종종 자신의 여가 시간을 음악 듣는 것으로 보내길 좋아한다.
풀이 spend + 시간 + Ring는 '~하는 데 시간을 보내다'라는 뜻의 관용어구이다. 따라서 정답은 ③이 된다.
어휘 professional [prəféʃənəl] a 전문적인
analyst [ǽnəlist] n 분석가

02 정답 ④ (see → seeing)
해석 ① 나는 그렇게 말하지 않을 수 없었다.
② 나는 그 일에 대해서 모든 것을 잊고 싶었다.
③ 내일 무슨 일이 일어날지 알 수 없다.
④ 그녀는 그를 만나기를 학수고대하고 있다.
풀이 ④ look forward to Ring(~하는 것을 학수고대하다)이므로 동사원형 see를 seeing으로 고친다.
① cannot help Ring는 '~하지 않을 수 없다'라는 뜻이다. ② feel like Ring는 '~하고 싶다'이다.
③ there is no Ring는 '~하는 것은 불가능하다'이다.

03 정답 ③ (to watch → watching)
해석 ① 그녀는 숙제를 하느라 바빴다.
② 나는 집 전체를 청소하느라 하루가 걸렸다.
③ 이 영화는 볼만한 가치가 있다.
④ 도착하자마자, 그녀는 저녁을 먹었다.
풀이 ③ be worth Ring(~할 가치가 있다)가 되어야 한다. 따라서 to watch를 watching으로 고친다.
① be busy Ring는 '~하느라 바쁘다'이다 ② spend + 시간 + Ring는 '~하느라 …의 시간을 보내다'이다. ④ on Ring는 '~하자마자'이다.

MEMO

Point 08 원형 부정사로 쓰는 관용어구

원형 부정사와 함께 쓰는 관용 표현

원형 부정사와 함께 쓰는 관용 표현은 다음과 같다.

- had better R : ~하는 것이 낫다
  = would rather R
  = may as well R

- cannot but R : ~하지 않을 수 없다
  = cannot help but R
  = have no choice[alternative] but to R
  = cannot help Ring

- do nothing but R : 단지 ~할 뿐이다

확인 학습 문제

01 다음 빈칸에 들어갈 말로 가장 적절한 것은?

Congress, having passed the bill, had better _____ vigilant to see that it works.

① to be ② is
③ was   ④ be

02 다음 빈칸에 들어갈 말로 가장 적절한 것은?

We cannot but _____ the corrupt conditions of this society.

① deploring   ② deplore
③ to deplore ④ deplores

정답 및 해설

01 정답 ④

해석 그 법안을 통과시켜 버린 의회는 그 법안이 효과가 있도록 경계를 늦추지 않는 것이 좋다.

풀이 '~하는 게 낫다'라는 뜻의 had better R 구문이다. 따라서 빈칸에는 동사원형인 ④가 들어가야 한다.

어휘 congress [káŋgris] n 국회, 의회
pass the bill 법안을 통과시키다
vigilant [vídʒələnt] a 감시하는
see that ~하도록 조치하다, 꼭 ~하게 하다
work [wəːrk] vi 작동하다; 효과가 있다

02 정답 ②

해석 우리는 이 사회의 부패한 상황에 슬퍼하지 않을 수 없다.

풀이 '~하지 않을 수 없다'라는 뜻의 cannot but R 구문이다. 따라서 빈칸에는 동사원형인 deplore가 들어가야 하므로 정답은 ②이다.

어휘 cannot but R = cannot help Ring = have no choice but to R ~하지 않을 수 없다
deplore [diplɔ́ːr] vt 슬퍼하다, 개탄하다
corrupt [kərʌ́pt] a 부패한
condition [kəndíʃən] n 상황; 상태; 조건; 병

MEMO

Point 09 전치 수식하는 분사의 판별

분사의 형태와 의미

	형태	의미
현재분사	Ring	능동·진행(~하고 있는, ~하는(중 인))
과거분사	Red(=p.p)	수동·완료(~된)

· He stopped a **passing** taxi after saying goodbye to his colleagues.

그는 동료들에게 인사를 한 후에 지나가는 택시를 세웠다.

· We collected **used** clothes and sent them to those in need.

우리는 낡은 옷을 모아서 어려움에 처한 사람들에게 보냈다.

MEMO

확인 학습 문제

01 다음 빈칸에 들어갈 말로 가장 적절한 것은?

Please accept the _____ discount ticket, valid for one year, as thanks for making your first business with Fine Bank.

① enclose
② enclosed
③ enclosing
④ enclosure

02 다음 빈칸에 들어갈 말로 가장 적절한 것은?

A _____ dog seldom bites.

① bark
② barked
③ barking
④ to barking

03 다음 빈칸에 들어갈 말로 가장 적절한 것은?

I couldn't fall asleep because of the _____ sounds from instruments that were played upstairs.

① interrupted
② interrupt
③ interrupting
④ interrupts

04 다음 빈칸에 들어갈 말로 가장 적절한 것은?

The _____ castle was restored by all their efforts to rebuild the old city.

① ruined
② ruining
③ ruins
④ ruin

정답 및 해설

01 정답 ②

해석 파인 은행과의 첫 거래에 감사드리며, 유효 기간이 1년인 할인 티켓을 동봉하였습니다.

풀이 빈칸 앞에 관사, 빈칸 뒤에 명사가 있으므로 빈칸은 명사를 꾸며 주는 형용사 자리이다. ②와 ③ 중, '동봉된 할인 티켓'이라는 뜻이 적절하므로 과거분사인 ② enclosed가 정답이 된다.

어휘 accept [æksépt] vt 받아들이다, 수락하다
valid [vǽlid] a 유효한; 타당한
enclose [enklóuz] vt 동봉하다

02 정답 ③

해석 짖는 개는 좀처럼 물지 않는다.

풀이 빈칸 앞에 관사, 빈칸 뒤에 명사가 있으므로 빈칸은 명사를 꾸며 주는 형용사 자리이다. ②와 ③ 중, '짖고 있는'이라는 뜻이 적절하므로 현재분사인 ③ barking이 정답이다.

어휘 bark [bɑːrk] vt 짖다
seldom [séldəm] ad 좀처럼 ~하지 않다
bite [bait] vi 물다

03 정답 ③

해석 나는 위층에서 연주되는 방해가 되는 악기 소리 때문에 잠을 잘 수가 없었다.

풀이 빈칸 앞에 관사, 빈칸 뒤에 명사가 있으므로, 빈칸은 명사를 꾸며 주는 형용사 자리이다. ①과 ③ 중, '방해하는 소리'라는 뜻이 적절하므로, 현재분사인 ③ interrupting이 정답이다.

어휘 interrupt [ìntərʌ́pt] vt 방해하다
fall asleep 잠에 곯아떨어지다
instrument [ínstrəmənt] n 도구, 악기
upstairs [ʌ́pstɛ́ərz] ad 위층에서

04 정답 ①

해석 폐허가 되었던 성은 오래된 도시를 재건하고자 하는 온갖 노력으로 복원이 되었다.

풀이 빈칸 앞에 관사, 빈칸 뒤에 명사가 있으므로 빈칸은 명사를 꾸며 주는 형용사 자리이다. ①과 ② 중, '파괴된 성'이라는 뜻이 적절하므로, 과거분사인 ① ruined가 정답이 된다.

어휘 ruin [rúːin] vt 파괴하다, 망가뜨리다 n 폐허
restore [ristɔ́ːr] vt 복구하다, 회복시키다
rebuild [ribíld] vt 재건하다

Point 10 후치 수식하는 분사의 판별

후치 수식 하는 분사구의 경우 대부분 타동사라고 전제한다면, 분사구 내의 목적어(N)의 유무로 현재분사와 과거분사를 판단할 수 있다.

▍타동사의 경우

① 목적어(명사)를 수반하면 → 현재분사

· the man reading a newspaper 신문을 읽고 있는 남자
　　　　　현재분사　　목적어

② 목적어(명사)가 없고 뒤에 **전치사구**가 따라 나오면 → 과거분사

· the process involved ∅ (in the creation of the Universe) 우주의 창조에 관련된 과정
　　　　　　　과거분사　　　　　　　　전치사구

▍자동사의 경우

자동사는 원래 목적어가 없으므로 목적어의 유무를 따질 수도 없다. 자동사는 100% 현재분사로 쓰인다.

· We had lots of visitors **coming** from abroad.
　우리는 해외에서 오는 많은 관광객들을 유치했다.

· I found out the accident **happening** in the plant.
　나는 공장에서 발생한 사건을 알게 되었다.

· I have to finish cleaning the seminar room with **remaining** staff.
　나는 남아있는 직원들과 세미나실을 청소해야만 한다.

· **Existing** customers can get great profit.
　기존 고객들은 큰 이익을 얻을 수 있다.

TIP&TIP

▍자동사 list

- **완전자동사**

  appear, arrive, come, disappear, emerge, exist, fall, live, matter, occur(= happen, take place), remain, rise, stay, work

- **불완전자동사**

  ❶ be류 : be, seem, appear, remain, keep 등
  ❷ become류 : become, get, go, make, run, come, turn 등
  ❸ 지각동사류 : feel, taste, sound, look, smell

MEMO

확인 학습 문제

01 다음 빈칸에 들어갈 말로 가장 적절한 것은?

Koz Koz is a famous and trendy shopping mall _____ by Ziozio Apparel, a subsidiary of Longdari Group.

① operated   ② operating
③ are operating   ④ will operate

02 다음 빈칸에 들어갈 말로 가장 적절한 것은?

Passengers _____ the train and subway in this station are not allowed to smoke.

① used   ② using
③ use   ④ will use

03 다음 밑줄 친 부분 중 어법상 틀린 것은?

One of ① the greatest ② problems ③ confronted us is ④ global warming.

04 다음 밑줄 친 부분 중 어법상 틀린 것은?

① The case of company fraud ② revealing in today's paper may ③ be just the tip ④ of the iceberg.

05 다음 빈칸에 들어갈 말로 가장 적절한 것은?

We provide free continental breakfast to visitors _____ in any branch of all the Happy Holiday Resort longer than two days.

① will stay ② staying
③ have stayed ④ stayed

06 다음 빈칸에 들어갈 말로 가장 적절한 것은?

We are on stand-by for 24 hours throughout the year to help both _____ and potential customers.

① existed ② exist
③ existing ④ exists

정답 및 해설

01 정답 ①
해석 코즈 코즈는 롱다리 그룹 계열 회사인 지오지오 어패럴(의류)에 의해 운영되는 유명한 최신 유행 상품을 취급하는 쇼핑몰이다.
풀이 빈칸 앞에 is 동사가 있으므로 동사로 제시된 ③, ④는 모두 탈락이다. 남은 보기인 과거분사와 현재분사 중, 빈칸 뒤에 목적어가 없으므로 정답은 과거분사인 ① operated가 적절하다.
어휘 famous [féiməs] a 유명한
operate [ápərèit] vt 운영하다
subsidiary [səbsídièri] n 자회사(계열 회사)

02 정답 ②
해석 이 역에서 기차와 지하철을 이용하는 승객들은 흡연이 금지되어 있다.
풀이 빈칸이 동사 자리인지, 준동사 자리인지를 묻는 문제이다. 우선 빈칸 뒤에 동사 are가 보이므로 동사로 제시된 ③과 ④는 탈락이다. 과거분사와 현재분사 중, 빈칸 뒤에 the train and subway라는 명사구가 있으므로 이 명사구를 목적어로 가질 수 있는 분사는 현재분사인 ② using이다.
어휘 passenger [pǽsəndʒər] n 승객

03 정답 ③ (confronted → confronting)

해석 우리가 직면한 가장 큰 문제들 중 하나는 지구 온난화이다.

풀이 ③ 밑줄 뒤에 is라는 본동사가 있으므로 confronted는 동사 자리가 될 수 없다. 따라서 이 문장에서 confronted는 과거분사로 쓰였고 confronted us는 후치 수식하는 분사구로 쓰였음을 알 수 있다. 하지만 과거분사 confronted 뒤에 목적어가 있으므로 confronted는 적절하지 않다. 따라서 confronted를 confronting으로 고친다. ①~② 'one of the + 복수명사' 구문이다. 따라서 ①과 ②는 모두 맞는 표현이다.

어휘 confront [kənfrʌ́nt] vt 직면하다
global warming n 지구 온난화

04 정답 ② (revealing → revealed)

해석 오늘 신문에서 드러난 회사의 사기 사건은 단지 빙산의 일각일지도 모른다.

풀이 ② revealing in today's paper가 후치 수식하는 분사구로 쓰였는데, 현재분사 revealing 뒤에 목적어가 없고 전치사구가 동반되었으므로, 현재분사 revealing은 적절하지 않다. 따라서 revealing을 과거분사 revealed로 고친다.

어휘 fraud [frɔːd] n 사기
reveal [rivíːl] vt 드러나다, 밝혀지다
tip of the iceberg 빙산의 일각

05 정답 ②

해석 우리는 해피 홀리데이 리조트의 어떤 지점에서든 2일 이상 머무르는 관광객들에게 무료로 아침 식사를 제공합니다.

풀이 우선 빈칸 앞에 provide라는 본동사가 있으므로 빈칸에는 동사가 들어갈 수 없다. 따라서 동사인 ①과 ③은 자동 탈락이다. 남은 보기인 과거분사와 현재분사 중, 자동사 stay는 과거분사로 쓸 수 없으므로, 현재분사인 ② staying이 정답이다.

어휘 provide [prəváid] vt 제공하다
continental breakfast n 유럽식의 아침 식사(가벼운 아침 식사)
branch [bræntʃ] n 지점

06 정답 ③

해석 저희는 기존 고객과 잠재 고객 모두를 도와 드리기 위해 연중 24시간 대기하고 있습니다.

풀이 exist는 자동사로 과거분사로 쓸 수 없으므로 현재분사로 쓰는 것이 적절하다. 따라서 정답은 ③이다. existing and potential은 등위접속사 and에 의해 형용사(현재분사) existing과 potential이 병치를 이루고 있다.

어휘 stand-by n 대기
throughout [θruːáut] prep ~ 동안 내내; ~ 곳곳에서
existing [igzístiŋ] a 기존의, 현재의
potential [pouténʃəl] a 잠재적인 n 잠재력

Point 11 감정분사 구분하기 (누구니 넌? 사람이냐?)

감정 분사는 능동과 수동을 잘 구분해서 쓰지 않는 한국어 화자에게는 의미로 구분할 때 다소 혼란스러울 가능성이 있으므로 아래와 같은 방법으로 구분하는 것이 편리하다.

▎ 사물의 상태는 → 100% 현재분사(Ring)
▎ 사람의 감정 상태는 ┌ 유발시키면 → 현재분사(Ring)
　　　　　　　　　　└ 느끼면 → 과거분사(p.p.)

- It is the most **boring** physics class that I've ever taken.
  이것은 내가 지금까지 수강한 가장 지루한 물리학 수업이다.

- The **bored** student fell asleep after English grammar class.
  영문법 수업이 끝나고 지겨웠던 학생은 잠이 들었다.

- It was an **interesting** conversation.
  이건 흥미로운 대화였다.

- These meetings were designed for **interested** people.
  이 회의는 관심 있는 분들을 위해 개설되었습니다.

▎ 빈출 감정동사 list

bewilder ~을 당황시키다	bore ~을 지루하게 하다
confuse ~에게 혼동을 주다	disappoint ~을 실망시키다
embarrass ~을 당황시키다	encourage ~을 격려하다
excite ~을 흥분하게 하다	exhaust ~을 지치게 하다
fascinate ~을 매혹시키다	frustrate ~을 좌절시키다
impress ~에게 인상을 주다	interest ~에게 흥미를 주다
overwhelm ~을 압도하다	please ~을 기쁘게 하다
satisfy ~을 만족시키다	tire ~을 지치게 하다

확인 학습 문제

01 다음 중 어법상 옳지 <u>않은</u> 것을 고르시오.

① It was a really exhausting job.
② The confusing information was not helpful.
③ The surprising girl smiled very brightly.
④ It was an embarrassing incident.

02 다음 밑줄 친 부분 중 어법상 <u>틀린</u> 것은?

① <u>Because</u> I started ② <u>to do</u> new job, I feel a little ③ <u>exciting</u> but at the same time a little ④ <u>nervous</u>.

03 다음 중 어법상 옳지 <u>않은</u> 것을 고르시오.

① The movie was really boring.
② It was an exciting topic.
③ She made us embarrassed during an interview.
④ She is reading an interested book.

정답 및 해설

01 정답 ③ (surprising → surprised)
해석 ① 그것은 아주 힘든 일이었다.
② 혼란스러운 정보는 도움이 되지 않았다.
③ 깜짝 놀란 소녀는 아주 밝게 웃었다.
④ 그것은 당황스러운 사건이었다.
풀이 ③ surprising이 girl(사람)의 감정 상태를 나타내고 있으므로 현재분사가 아니라 과거분사가 되어야 한다. 따라서 surprising을 surprised로 고친다. ① exhausting이 job(사물)의 상태를 나타내고 있으므로 현재분사는 적절하다. ② confusing이 information(사물)의 상태를 나타내고 있으므로 현재분사는 적절하다. ④ embarrassing이 incident(사물)의 상태를 나타내고 있으므로 현재분사는 적절하다.
어휘 helpful [hélpfəl] a 도움이 되는, 유용한
brightly [bráitli] ad 밝게
incident [ínsədənt] n 사건, 사고

02 정답 ③ (exciting → excited)
해석 새로운 일을 시작했기 때문에, 나는 신이 나기도 하고 동시에 초조하기도 해.
풀이 ③ 사람의 감정 상태가 흥분을 느끼는 것이므로 exciting이 아니라 excited가 되어야 한다. ① '~때문에'라는 뜻의 절을 이끄는 접속사이다. ② start는 to R와 동명사를 모두 목적어로 취할 수 있다. ④ 지각동사 feel의 보어이며 but을 사이에 두고 앞에 있는 분사와 병치를 이룬다.
어휘 at the same time 동시에
a little 조금, 약간
nervous [nə́ːrvəs] a 초조한

03 정답 ④ (interested → interesting)
해석 ① 그 영화는 정말 지루했다.
② 그것은 흥미로운 주제였다.
③ 그녀는 인터뷰 동안 우리를 당황하게 만들었다.
④ 그녀는 재미있는 책을 읽고 있다.
풀이 ④ interested가 book(사물)의 상태를 나타내고 있으므로 과거분사가 아니라 현재분사가 되어야 한다. 따라서 interested를 interesting으로 고친다. ① boring이 the movie(사물)의 상태를 나타내고 있으므로 현재분사는 적절하다. ② exciting이 topic(사물)의 상태를 나타내고 있으므로 현재분사는 적절하다. ③ embarrassed가 us(사람)의 감정 상태를 나타내고 있으므로 과거분사는 적절하다.

Point 12 분사구문 : 접주동을 줄이면 → (접) + 분

대개 부사절이나, 대등절을 분사구문으로 고칠 수 있다. 주어가 주절의 주어와 같다면 생략하고, 동사를 분사의 형태로 고쳐 주면 된다. 즉, '접 + 주 + 동 ~'을 줄이면 된다. 이때 분사는 뒤에 **목적어가 있으면 현재분사, 목적어가 없으면 과거분사**가 된다.

분사판별

- **타동사의 경우**

  목적어 가 있으면 → 현재분사

  목적어가 없고 전치사 + 명사구가 있으면 → 과거분사

- (Before) **Signing** the agreement, you must read the terms of the contract carefully.
  = Before you sign the agreement, you must read the terms of the contract carefully.
  계약서에 서명하기 전에, 계약 조건을 주의 깊게 읽어 보아야 한다.

- (As) **Made** of special ink, the document is difficult to copy.
  = As it is made of special ink, the document is difficult to copy.
  특수 잉크로 만들어져서, 그 문서는 복사하기가 어렵다.

- **자동사의 경우 : 100퍼센트 현재분사**

- (While) **Waiting** in line to buy tickets for the movie, I had a cup of coffee.
  = While I waited in line to buy tickets for the movie, I had a cup of coffee.
  영화 티켓을 사기 위해 기다리면서, 나는 커피를 마셨다.

분사구문의 의미상의 주어가 제대로 생략되었는지 확인

간단하게 분사구문의 의미상의 주어가 잘 생략되었는지 확인하는 방법은 분사구문이 주절의 주어를 수식하게끔 해석하며 의미가 논리적으로 타당한지를 보는 것이다. 만약 수식관계가 논리적이라면 의미상의 주어는 제대로 생략된 것이다.

- **Eating** seafood pasta, I was very happy. (○)
  └──(○)──┘
- **Eating** seafood pasta, it was very delicious. (×)
  └──(×)──┘

해산물 파스타를 먹고 있는 나는 매우 기뻤다.

- **(Being) Tired with the hard work**, I wanted to sleep earlier (○)
  └──(○)──┘
- **(Being) Tired with the hard work**, sleeping was important to me. (×)
  └──(×)──┘

과로로 지친 나는 더 일찍 자기를 원했다.

- **Finishing** the homework, I took some rest. (○)
  └──(○)──┘
- **Finishing** the homework, some rest was very sweet. (×)
  └──(×)──┘

숙제를 마치고, 나는 약간의 휴식을 취했다.

- **(Being) Destroyed by the terror**, the city was disastrous. (○)
  └──(○)──┘
- **(Being) Destroyed by the terror**, people in the city were frustrated (×)
  └──(×)──┘

테러로 파괴된 그 도시는 황폐했다.

▍분사구문의 생략

- 수동의 분사구문(being p.p., having been p.p.)에서 being이나 having been을 생략할 수 있다.
  - (Being) **Produced** carefully, our newsletter includes details of our best-selling products.
    신중하게 제작된 우리 소식지에는 우리의 베스트셀러 상품의 상세 설명이 들어 있습니다.
  - (Having been) **Written** in haste, the letter has many typos.
    급하게 쓰여서, 편지는 오타가 많다.

- 분사구문을 다 만들고 나서 접속사는 생략 가능하다.
  - (After) **Finishing the** project, Jennifer was promoted to the manager position.
    그 프로젝트를 끝마친 후, 제니퍼는 매니저로 승진되었다.

확인 학습 문제

01 다음 빈칸에 들어갈 말로 가장 적절한 것은?

Ms. Diana wants to meet with all representatives of the Personnel Department before _____ applicants.

① interview
② interviews
③ interviewing
④ interviewed

02 다음 빈칸에 들어갈 말로 가장 적절한 것은?

Quick actions are what you desperately need when _____ with international piracy of software in the United Sates.

① faces
② face
③ facing
④ faced

03 다음 빈칸에 들어갈 말로 가장 적절한 것은?

_____ an excellent performance evaluation, Mr. Thompson will be promoted to general manager this spring.

① Receiving
② Received
③ Receive
④ Receives

04 다음 밑줄 친 부분 중 어법상 틀린 것은?

Seriously ① damaging after an ② accident, the car ③ seemed to be ④ totally broken.

05 다음 밑줄 친 부분 중 어법상 틀린 것은?

① Released the survey ② on well-being index, WHO reported that Denmark topped the list ③ among 132 ④ countries.

정답 및 해설

01 정답 ③
해석 다이아나 씨는 지원자를 인터뷰하기 전에 인사과의 모든 대표자들을 만나고 싶어 한다.
풀이 여기서 before는 접속사로 쓰였다. 주어 없는 동사는 없으므로, 빈칸에는 동사 형태인 ①, ②는 들어갈 수 없고, Before절을 분사구문의 형태로 표현해야 함을 알 수 있다. 빈칸 뒤에 목적어인 applicants가 있으므로 현재분사인 ③ interviewing이 정답이다. 원래 구문은 before she interviews applicants이다.
어휘 representative [rèprizéntətiv] n 대표자
applicant [ǽplikənt] n 신청자, 지원자

02 정답 ④
해석 미국에서 소프트웨어의 국제 저작권 침해 문제에 직면했을 때에, 당신에게 몹시 필요한 것은 빠른 조치이다.
풀이 접속사 when 뒤에 동사를 넣으려고 보니 주어가 없다. 주어 없는 동사는 없으므로, 빈칸에는 동사가 들어갈 수 없다. 따라서 when절을 부사절의 축약 형태인 분사구문으로 표현해야 함을 알 수 있다. 빈칸 뒤에 목적어가 없고 전치사구가 나왔으므로, 과거분사인 ④ faced가 정답이다.
어휘 desperately [déspərətli] ad 필사적으로, 몹시
piracy [páiərəsi] n 저작권 침해   face [feis] vt 직면하다

03 정답 ①
해석 뛰어난 업무 평가를 받았으므로, 톰슨 씨는 올봄에 본부장으로 승진할 것이다.
풀이 술어동사 will be promoted 앞에 주어 Mr. Thompson이 있으므로 'Mr. Thompson ~'가 주절이다. 주절 앞에는 접속사와 주어가 없으므로 새로운 절의 형태는 들어갈 수 없고, 부사절을 축약한 형태인 분사구문이 적절하다(접속사가 생략된 분사구문). 빈칸 뒤에 목적어가 있으므로 능동인 현재분사인 ① Receiving이 정답이다.
어휘 receive [risíːv] vt 받다   excellent [éksələnt] a 뛰어난
performance evaluation n 업무 평가
promote [prəmóut] vt 승진시키다; 판촉하다; 홍보하다; 촉진하다
general manager n 본부장

04 정답 ① (damaging → damaged)
해석 사고 후에 심각하게 망가져서, 차는 완전히 고장난 것으로 보였다.
풀이 ① 분사구문 판별의 문제이다. 현재분사 damaging 뒤에 목적어가 없고 '전치사 + 명사'구가 제시되었으므로 damaging은 과거분사 damaged가 되어야 한다. ④ 부사 totally는 과거분사를 수식한다.
어휘 seriously [síəriəsli] ad 심각하게
damage [dǽmidʒ] vt 손해를 입히다, ~을 손상하다
totally [tóutəli] ad 완전히

05 정답 ① (released → releasing)
해석 행복지수에 대한 조사를 발표한 WHO는 세계 132개 국가 중에 덴마크가 1위를 차지했다고 보고했다.
풀이 ① 분사구문 문제이다. 과거분사 released 뒤에 목적어 the survey가 있으므로 과거분사 released는 적절하지 않다. 따라서 released를 현재분사 releasing으로 고친다. ③ among은 '(셋 이상) ~ 사이에서'의 뜻을 가진 전치사이다.
어휘 release [rilíːs] vt 발표하다; 풀어 주다; 보도하다; 출판하다
survey [sə́ːrvei] n 조사
index [índeks] n 지표, 지수
top [tɑp] vt 우위를 차지하다
among [əmʌ́ŋ] prep ~ 사이에서

CHAPTER 07 단원별 확인 문제

01 다음 중 어법상 틀린 문장은?

① We enjoyed singing and dancing.
② I hope to see you again.
③ Don't give up try to do it.
④ He promised to help us.

02 다음 중 어법상 옳은 것은?

① She planned going shopping with me.
② We cannot postpone to see a doctor.
③ She agreed to extend our contract.
④ He suggested to have some snacks and drinks.

❖ 다음 빈칸에 들어갈 말로 가장 적절한 것을 고르시오. [3~4]

03 My husband helped me _____ better with washing dishes.

① cleaned the house   ② to clean the house
③ cleaning the house   ④ cleans the house

04 The _____ information would be sent to the main office and then delivered to every branch.

① stored   ② storing
③ stores   ④ to store

◈ 다음 밑줄 친 부분 중 어법상 틀린 것을 고르시오. [5~12]

05 Good music ① playing in the office ② inspires the ③ workers and changes ④ the whole atmosphere.

06 Jack asked ① me ② getting him ③ off the hook ④ by participating in the meeting for him.

07 ① Cheerfully ② sung students in the music class ③ are ④ really cute.

08 An ① interested study ② on the reality of the ③ private education in the nation was ④ revealed by the University of Michigan recently.

09 ① I've ② been looking ③ forward to ④ see you.

10 My mom ① always ② advises me ③ to not be ④ so impatient.

11 I called Bob ① in order ② to knowing ③ how he ④ dealt with it.

12 I spent ① a lot ② of time ③ to watch TV ④ during the vacation.

❋ 다음 빈칸에 들어갈 말로 가장 적절한 것을 고르시오. [13~15]

13 As _____ an essay in English, Terry had an difficulty in expressing her opinion.

① write
② written
③ writing
④ to write

14 Things _____ with a little effort are easily lost.

① acquire
② acquired
③ acquiring
④ acquires

15 _____ from a long distance, the Earth appears as a blue marble with white spots.

① See
② Seeing
③ Seen
④ Saw

16 다음 중 어법상 옳지 않은 것은?

① Tommy decided to purchase a second-hand car.
② He preferred surfing on the sea to climbing a mountain.
③ She strongly denied to eat raw fish.
④ My mom promised to bring us to the amusement park.

❋ 다음 빈칸에 들어갈 말로 가장 적절한 것을 고르시오. [17~18]

17 The employee called for an extra pay when _____ overtime work.

① do
② did
③ done
④ doing

18 The fish market _____ near the harbor is always bustling with life.

① location
② located
③ locating
④ locates

226 • Basic Grammar

CHAPTER 08 관계사

» 관계사는 관계대명사와 관계부사로 나뉘며, 관계대명사는 접속사 역할을 하는 대명사를 의미하고, 관계부사란 접속사 역할을 하는 부사를 의미한다.

01 관계대명사

관계대명사란 말 그대로 관계시켜 주는 접속사의 기능과 앞에 나온 명사(선행사)를 받는 대명사의 기능을 같이 한다. 인칭대명사가 어느 위치에서 쓰이느냐에 따라서 격 변화를 하듯, 관계대명사도 쓰이는 위치에 따라 격 변화를 하게 된다.

(1) 관계대명사의 종류

선행사 \ 격	주 격	소유격	목적격
사 람	who	whose	whom[who]
사 물	which	whose / of which	which
사람/사물	that	–	that
선행사 포함	what	–	what

> I know **the boy**. **He** visited us yesterday.

'나는 그 소년을 알고 있다.'와 '그는 어저께 우리를 방문했다.'라는 두 문장에서 공통되는 부분은 the boy와 he이다. 공통되는 부분을 이어 주며 접속사와 대명사의 기능을 하는 관계대명사를 이용하여 하나의 문장을 만들어 보자.

· I know the boy **who** visited us yesterday.   [주격]
    = and he
  나는 어제 우리를 방문했던 그 소년을 알고 있다.

- I am going to read this book which describes relative clauses.　　　　주격
　　　　　　　　　　　= and it
　나는 관계절을 설명하는 이 책을 읽을 것이다.

- He is the man whom I like.　　　　목적격
　　　　　　= and him
　그는 내가 좋아하는 사람이다.

- Sujin is a girl whose smile is very bright.　　　　소유격
　　　　　　　= and her
　수진은 미소가 매우 빛나는 소녀이다.

- The MP3 player which I bought yesterday is out of order.　　　　목적격
　　　　　　　　= and it
　내가 어제 샀던 MP3 플레이어가 고장 났다.

① 관계절의 구조

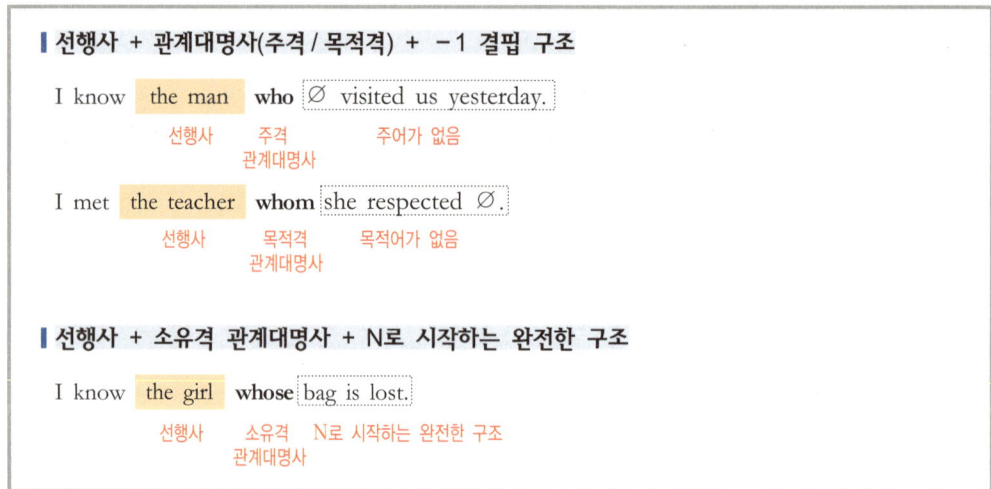

※ My dog likes playing with kids. 나의 개는 아이들과 함께 노는 것을 좋아한다.
　↳ 소유격 대명사 my는 형용사 역할을 하고 있으므로 소유격 대명사 뒤에는 항상 명사(N)가 있으며, 소유격 대명사를 생략한다고 해서 주어나 목적어가 없어지지는 않는다. 즉, 소유격 대명사를 생략하여도 문장 성분은 완전하다.

관계사 what을 제외한 모든 관계대명사 앞에는 관계절의 수식을 받는 선행사(선행되는 명사)가 반드시 있어야 한다. 단, 관계대명사 which는 구나 절을 선행사로 가지기도 한다.

- My friend is sick, which makes me feel sad.
　내 친구가 아픈데, 그 사실이 나를 슬프게 한다.

② 관계대명사의 용법

> **제한적 용법** : 선행사 + 관계대명사
>
> I like this movie which is very exciting.
>
> 나는 아주 재미있는 이 영화를 좋아한다(이 영화는 아주 재미있는 영화이다).
>
> **계속적 용법** : 선행사 + 콤마(,) + 관계대명사
>
> I like this movie, which is very exciting.
>
> 나는 이 영화를 좋아하는데, 이것은 참 재미있다(이 영화를 좋아하는데, 알고 보니 이 영화는 재미있는 것이다).

ⓐ 제한적 용법

선행사와 관계대명사 사이에 콤마(,)가 없다. 해석은 관계절 앞에 있는 선행사를 후치 수식해서 해석한다.

- I watched the movie **which** was very touching.
  나는 아주 감동적인 영화를 보았다.

ⓑ 계속적 용법

선행사와 관계대명사 사이에 콤마(,)가 있다. 해석은 콤마 앞에서 쉬고 계속 이어 내려가면서 해석한다. 콤마를 사이에 두고 문장이 앞뒤로 끊어지므로 관계절이 앞으로 돌아가서 선행사를 수식할 수 없다. 그래서 어순대로 선행사를 해석하고 콤마(,)에서 쉬었다가 관계대명사절을 계속 이어내려가면서 해석한다.

- I watched the movie**,** **which** was very touching.
  나는 그 영화를 봤는데, 그런데 그것은 아주 감동적이었다.

③ 관계대명사의 생략

> 목적격 관계대명사와 주격 관계대명사 + be 동사는 생략 가능

ⓐ 목적격 관계대명사

- That is the teacher **(whom)** I have respected so much.
  저분은 제가 굉장히 존경하는 선생님이십니다.

ⓑ 주격 관계대명사 + be 동사

- This is a table **(which is)** painted by my friend.
  이것은 내 친구가 색을 칠한 탁자입니다.

④ 선행사(the thing)를 포함하고 있는 관계대명사 what!

> **what = the thing which**
> · This is **what** I need.
>   = the thing which
>   이것은 내가 필요로 하는 것이다.

관계대명사 what은 선행사를 포함하고 있는 대명사이다. what 안에 이미 선행사(the thing)를 가지고 있기 때문에 **what 앞에는 선행사가 절대로 올 수 없다**. 해석할 때는 '~것'이라고 해석하며, 명사절을 이룬다.

TIP&TIP

관계대명사 what의 관용적 표현

- what + S + be : 주어(의 인격이나 모습) (※be 동사의 시제에 유의해서 해석한다.)
  · I am not **what I was**. 나는 과거의 내가 아니다.
- what + S + have : 주어의 재산
  · We must not judge a person by **what he or she has**.
    우리는 사람을 재산으로 판단해서는 안 된다.
- what + S + do : 주어의 행동이나 직업
  · I don't know **what he does**. 나는 그가 무슨 일을 하는지 모른다.

MEMO

02 관계부사

관계부사란 접속사의 역할을 하는 부사이다.

> **관계부사절의 구조**
>
> 선행사 + 관계부사 + 완전한 구조
>
> · This is <u>the house</u> <u>where</u> <u>I was born</u>.
>   선행사   관계부사   완전한 구조

(1) 관계부사의 종류

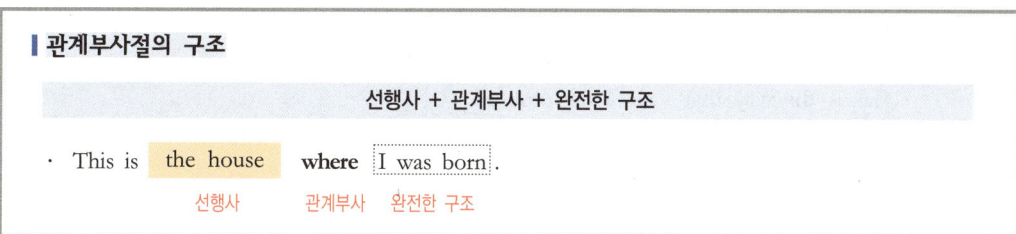

선행사	관계부사(= 전치사 + 관계대명사)
시 간	when(= at which)
장 소	where(= in/at which)
이 유	why(= for which)
방 법	how(= in which)

- It's the time <u>when</u> you have to go out. 네가 나가야 할 시간이다. 〔시간〕
             = at which

- This is the place <u>where</u> I stayed a year ago. 이곳은 1년 전에 내가 머물렀던 장소이다. 〔장소〕
               = in which

- Vicky told me the reason <u>why</u> she chose to quit the job. 〔이유〕
                    = for which
  비키는 그녀가 그 일을 그만두어야 했던 이유를 내게 말했다.

- This is the way <u>that</u> (<u>how</u>) she treats guest. 〔방법〕
             = in which(이때, the way는 how와 함께 쓰지 않는다.)
  이것이 그녀가 손님을 대접하는 방식이다.

> **TIP&TIP**
>
> 1. where를 제외한 모든 관계부사는 생략 가능하다.
> 2. the place where, the time when, the reason why, the way how에서처럼 선행사가 관계부사와 의미가 똑같이 중복될 때 선행사는 생략할 수 있다.
>   - No one knows why he left. 그가 떠난 이유를 아무도 모른다.
>   - She knows how she answers the question. 그녀는 질문에 대답하는 방법을 안다.

3. the way how ~는 선행사나 관계부사 중에서 어느 한쪽을 반드시 생략하거나, the way that 혹은 the way in which로 고친다.

- This is **the way how** I solve the problem. (×)
- This is **the way** I solve the problem. (○)
- This is **how** I solve the problem. (○)
- This is **the way that** I solve the problem. (○)
- This is **the way in which** I solve the problem. (○)
  이것은 내가 문제를 푸는 방식이다.

(2) 관계부사의 용법

> ▌**제한적 용법** : 선행사 + 관계부사
>
> · I went to the park where I had met the girl.
>   나는 그 소녀를 만났던 그 공원에 갔다.
>
> ▌**계속적 용법** : 선행사 + 콤마(,) + 관계부사
>
> · I went to the park , where I had met the girl.
>   나는 그 공원에 갔는데, 거기서 그 소녀를 만났다.

① 제한적 용법

앞서 관계대명사에서 배운 것처럼 선행사와 관계부사 사이에 콤마(,)가 없다. 관계절이 선행사를 후치 수식해서 해석한다.

- I entered the building **where** I had to turn in my paper.
  나는 내 서류를 제출해야 하는 건물로 들어갔다.

② 계속적 용법

선행사와 관계부사 사이에 콤마(,)가 있다. 해석은 콤마 앞에서 쉬고 계속 이어 내려가면서 해석한다. 앞에서 말한 것처럼 직독직해 해서 내려가면 된다.

- I got in the car**, where** I felt dizzy.
  나는 차에 올라탔는데, 그런데 그 차 안에서 어지러움을 느꼈다.

CHAPTER 08 출제 포인트

Point 01 관계사의 밑줄은 선행사로 받은 해결!

선행사가 사람일 때는 사람을 받는 관계대명사, 사물일 때는 사물을 받는 관계대명사를 써 줬는지 확인한다.

· The lady is **a woman which** is very attractive, but she doesn't have a boyfriend.
                        ↳ who
그 여자는 매우 매력적인 여자이지만, 그녀는 남자 친구가 없다.

확인 학습 문제

01 다음 밑줄 친 부분 중 어법상 틀린 것은?

He ① is the man ② which I have ③ admired most in the ④ world.

02 다음 밑줄 친 부분 중 어법상 틀린 것은?

① This book contains ② a lot of interesting stories ③ who can ④ excite people.

03 다음 빈칸에 들어갈 말로 가장 적절한 것은?

In my garden, the roses, _____ look lovely, are in bloom.

① who   ② what
③ which   ④ whom

정답 및 해설

01 정답 ② (which → whom)
해석 그는 세상에서 내가 가장 존경하는 사람이다.
풀이 ② 선행사가 the man으로 사람이므로 which를 who로 고쳐야 한다. 관계절 내를 보니 주어가 있고, 동사 admire에 대한 목적어 자리가 비어 있다. 따라서 which는 사람을 선행사로 하는 목적격 관계대명사 whom으로 고친다.
어휘 admire [ædmáiər] vt 존경하다

02 정답 ③ (who → which / that)
해석 이 책은 사람들을 흥미롭게 해 줄 수 있는 많은 재미있는 이야기들을 담고 있다.
풀이 ③ 선행사가 stories로 사물이므로 who를 which나 that으로 고친다. ② a lot of는 '많은'이라는 뜻으로 가산/불가산명사 모두 결합 가능하다. 단, 가산명사일 경우 이 문장처럼 복수명사가 되어야 한다.
어휘 contain [kəntéin] vt 포함하다, 담다
excite [iksáit] vt 흥분시키다, 들뜨게 만들다

03 정답 ③
해석 나의 정원에는 사랑스러워 보이는 장미꽃들이 만개했다.
풀이 관계대명사 선택의 문제이다. 선행사가 사물이므로 who, whom은 적절하지 않으며, 선행사가 있으므로 관계대명사 what은 쓸 수가 없다. 따라서 ③ which가 정답이다.
어휘 lovely [lʌ́vli] a 사랑스러운
in bloom 만개한

MEMO

Point 02 관계대명사의 격을 확인하라!

관계대명사도 인칭대명사와 마찬가지로 격을 가지고 있으므로 관계절 내에서 관계대명사가 어떤 역할(성분)인지에 따라서 관계대명사의 격이 결정된다. 관계대명사의 격에 따른 관계절의 구조를 살펴보면 다음과 같다.

- 선행사 + 주격 관계대명사 + **주어가 없는 구조(-1 결핍 구조)**
- 선행사 + 목적격 관계대명사 + **목적어가 없는 구조(-1 결핍 구조)**
- 선행사 + 소유격 관계대명사 + **N로 시작하는 완전한 구조**

· The man **who** ∅ laughs at me makes me angry. 나를 비웃는 저 남자가 나를 화나게 한다.
           주격   주어가 없음
          관계대명사

· The book **which** I read ∅ yesterday was very interesting. 내가 어제 읽은 책은 매우 재미있었다.
          목적격   목적어가 없음
          관계대명사

· Vicky is my friend **whose** daughter is a teacher. 비키는 딸이 선생님인 내 친구이다.
          소유격   N로 시작하는 완전한 구조
          관계대명사

확인 학습 문제

01 다음 빈칸에 들어갈 말로 가장 적절한 것은?

Second-hand smoke affects countless innocent people _____ end up suffering for others' bad habit.

① whose
② who
③ whom
④ which

02 다음 밑줄 친 부분 중 어법상 틀린 것은?

Ted ① is ② an underground rocker ③ whom sings very actively and ④ enthusiastically.

03 다음 빈칸에 들어갈 말로 가장 적절한 것은?

Employees _____ deal with the customer were put in charge of making decisions that affected the customer.

① whose
② who
③ what
④ whom

04 다음 밑줄 친 부분 중 어법상 틀린 것은?

The ① film is ② about a man ③ who wife is very ④ sensible and warm-hearted.

정답 및 해설

01 정답 ②

해석 간접흡연은 다른 사람의 나쁜 습관 때문에 고통스러워하게 될 많은 무고한 사람들에게 영향을 끼친다.

풀이 선행사가 사람(countless innocent people)이고, 관계절 내 주어가 없으므로 빈칸에는 주격 관계대명사가 들어가야 한다. 따라서 ②가 정답이 된다.

어휘 second-hand smoke n 간접흡연
affect [əfékt] vt ~에게 영향을 끼치다
countless [káuntlis] a 수많은, 무수한
innocent [ínəsnt] a 무고한, 무죄의
end up (in) Ring 결국 ~하게 되다, ~으로 끝나다
others pron 다른 사람들, 다른 것들

02 정답 ③ (whom → who)

해석 테드는 매우 활기차고 열정적으로 노래 부르는 언더그라운드 로커이다.

풀이 ③ 선행사가 사람(rocker)이고, 관계절 내에서 동사 sings의 주어가 없으므로 목적격 관계대명사 whom은 옳지 않다. 따라서 whom을 주격 관계대명사 who로 고친다.

어휘 actively [ǽktivli] ad 활발히, 활동적으로
enthusiastically [enθùːziǽstikəli] ad 열정적으로

03 정답 ②

해석 고객에게 영향을 끼치는 의사 결정에 대해서는 고객들을 직접 대하는 직원들에게 맡겨졌다.

풀이 선행사가 employees로 사람이고, 관계절 내 주어가 없으므로 빈칸은 주격 관계대명사가 들어가야 한다. 따라서 정답은 ②가 된다.

어휘 deal with ~ ~을 다루다
customer [kʌ́stəmər] n 고객
in charge of ~ ~을 책임지는, ~을 담당하는
make a decision 결정하다

04 정답 ③ (who → whose)

해석 그 영화는 부인이 매우 분별력 있고 마음이 따뜻한 남자에 관한 것이다.

풀이 ③ 밑줄 뒤에 명사 wife가 있고, 완전한 구조이다. 명사 앞자리는 소유격 자리이므로 주격 관계대명사 who를 소유격 관계대명사 whose로 고친다. ② about은 '~에 관한'이라는 뜻의 전치사이다. ④ 등위접속사 and를 사이에 두고 형용사가 병치되고 있다.

어휘 sensible [sénsəbəl] a 분별 있는, 합리적인
warm-hearted [wɔ́ːrmháːrtid] a 마음이 따뜻한

Point 03 깐깐한 관계대명사 that!

관계대명사 that은 **계속적 용법으로 사용할 수 없고, 전치사의 목적어로 사용할 수 없다**.
즉, 콤마나 전치사 뒤에는 절대로 들어갈 수 없음을 기억하자.

- I saw the movie, ~~that~~ was very interesting. 나는 영화를 봤는데, 그 영화는 굉장히 재미있었다.
  ↳ which

- I left Seoul in ~~that~~ I was born. 나는 내가 태어난 서울을 떠났다.
  ↳ which

> **관계대명사 that을 꼭 써야 하는 경우**
>
> 선행사에 형용사의 최상급, 서수, all, any, -thing, the only, the very, 의문사, no, the same 이 있는 경우에는 that만 쓸 수 있다.

- All **that** glitters is not gold. 반짝이는 모든 것이 금은 아니다.
- The girl is the only one **that** cleans the class room.
  그 소녀가 교실을 청소하는 유일한 사람이다.

확인 학습 문제

01 다음 빈칸에 들어갈 말로 가장 적절한 것은?

I've done all _____ I can do. Please help me to remove the stain from the table.

① which   ② what
③ who   ④ that

02 다음 밑줄 친 부분 중 어법상 틀린 것은?

① By chance, I ② read a book, ③ that explained the ④ process of online marketing.

03 다음 빈칸에 들어갈 말로 가장 적절한 것은?

I have saved my salary, _____ would be spent for my further study.

① who
② which
③ that
④ what

정답 및 해설

01 정답 ④
해석 제가 할 수 있는 것은 다 해 보았습니다. 제발 테이블의 얼룩을 지우는 것을 도와주십시오.
풀이 보기를 보니, 빈칸에 들어갈 관계대명사를 묻는 문제임을 알 수 있다. 빈칸 앞에 선행사 all이 있으므로, 빈칸에는 관계대명사 that이 들어가야 한다. 따라서 정답은 ④이다.
어휘 remove [rimúːv] vt 제거하다, 지우다
stain [stein] n 얼룩, 때

02 정답 ③ (that → which)
해석 우연히, 나는 한 권의 책을 읽었는데, 그 책은 온라인 마케팅 과정에 대해 설명하고 있었다.
풀이 ③ 깐깐한 관계대명사 that은 계속적 용법으로 사용될 수 없다. 즉, that은 콤마 뒤에는 절대 들어갈 수 없다. 따라서 that을 관계대명사 which로 고치는 것이 옳다.
어휘 by chance 우연히, 뜻밖에
process [práses] n 과정

03 정답 ②
해석 나는 내 월급을 저축해 왔다. 그런데, 그것은 나중에 할 공부를 위해 쓰일 것이다.
풀이 보기를 보니 빈칸에 들어갈 관계대명사를 묻는 문제임을 알 수 있다. 선행사가 my salary로 사물이고, 빈칸 뒤에 주어가 없는 −1 결핍 구조가 나오고 있으므로 빈칸에는 주격 관계대명사 which와 that이 들어갈 수 있다. 그런데 빈칸 앞에 콤마(,)가 있으므로, 계속적 용법으로 쓰일 수 없는 관계대명사 that은 빈칸에 들어갈 수 없다. 따라서 정답은 ②가 된다.
어휘 save [seiv] vt 저축하다
salary [sǽləri] n 월급
further [fə́ːrðər] a 그 이상의

Point 04 관계대명사 what 앞에는 선행사 No!!!

선행사 the thing을 포함하는 관계대명사 what은 이미 선행사를 내포하고 있으므로 절대로 선행사와 나란히 쓸 수 없다. 따라서 관계대명사 what절의 구조를 살펴보면, 관계대명사 what 앞에는 선행사가 없고, 관계대명사 what 뒤는 (다른 관계대명사처럼) 대명사가 하나 없는 형태가 된다. 쉽게 말하면, 관계대명사 what을 기준으로 앞에도 -1(선행사가 없음), 뒤에도 -1(대명사가 없음) 결핍 구조이다.

· This is ∅ **what** she wanted ∅. 이것이 그녀가 원했던 것이다.

확인 학습 문제

01 다음 빈칸에 들어갈 말로 가장 적절한 것은?

She brought the book _____ I had given her as last birthday present.

① what
② whose
③ who
④ that

02 다음 빈칸에 들어갈 말로 가장 적절한 것은?

I couldn't understand _____ he said because it was too nebulous.

① who
② what
③ which
④ whom

03 다음 우리말을 영어로 알맞게 옮긴 것을 고르시오.

> Hera는 과거의 나를 기억하지 못한다.

① Hera cannot remember what I am.
② Hera cannot remember who I am.
③ Hera cannot remember what I was.
④ Hera cannot remember who I was.

정답 및 해설

01 정답 ④
해석 그녀는 내가 작년 생일 선물로 그녀에게 사 주었던 책을 가져다주었다.
풀이 선행사가 the book으로 사물이고, 관계절은 수여동사인 give의 직접목적어가 없는 -1 결핍구조이므로, 빈칸에는 사물을 선행사로 받는 목적격 관계대명사가 들어가야 한다. what은 선행사와 함께 쓸 수 없으므로, 적절하지 않다. 따라서 정답은 ④이다.

02 정답 ②
해석 그의 말은 너무 불명확했기 때문에 나는 그가 말하는 것을 이해할 수 없었다.
풀이 빈칸 앞에 선행사가 없으므로, 빈칸에는 선행사를 포함하고 있는 관계대명사 what이 들어가야 한다. 따라서 정답은 ②이며, 여기서 what은 said의 목적어로 사용되었으므로, 목적격 관계대명사이다.
어휘 nebulous [nébjələs] a 불분명한, 막연한

03 정답 ③
풀이 우선 타동사 remember 뒤에 선행사가 없으므로 관계대명사 who는 들어갈 수 없다. 관계대명사 what의 관용어구에서 '주어의 모습/인격'을 나타낼 때는 what + S + be 동사를 쓴다. 주어진 우리말에서 '과거의 나'라고 했으므로 what I was가 적절하다. 따라서 정답은 ③이다.

Point 05　they나 them은 선행사로 올 수 없다!!!

인칭대명사는 수식을 받을 수 없으므로, 인칭대명사 they나 them은 당연히 관계절 앞(선행사 자리)에 놓일 수가 없다. 따라서 They who ~나 them who ~의 구조는 인칭대명사를 선행사로 하고 있는 구조이므로 적절하지 않다. 이때 인칭대명사 they나 them은 수식어구 딸린 반복 명사를 대신하는 대명사인 those로 고친다. 즉, they who ~나 them who ~의 구조는 those who ~의 구조가 되어야 적절하다.

· I like ~~them who~~ answer the question loudly and clearly. (×)
　　　　↳ those who
　나는 그 질문에 크고 명확하게 대답하는 사람들이 좋습니다.

확인 학습 문제

01 다음 빈칸에 들어갈 말로 가장 적절한 것은?

I will help ＿＿＿＿＿ who need my hand.

① that　　　　　　　　　② they
③ them　　　　　　　　 ④ those

02 다음 밑줄 친 부분 중 어법상 틀린 것은?

① <u>They</u> who ② <u>take some</u> rest all the time over there ③ <u>look</u> ④ <u>very lazy</u>.

정답 및 해설

01 정답 ④

해석 나는 내 도움이 필요한 사람들을 도울 것입니다.

풀이 빈칸 뒤를 보니 관계절이 보이고, 보기를 보니 인칭대명사와 지시대명사가 나와 있다. 인칭대명사는 수식을 받을 수 없으므로 당연히 관계절 앞에 올 수가 없다. 따라서 ②와 ③은 자동 탈락이다. that은 단수이고, those는 복수인데, 보통 that은 사람을 받을 때 쓰지 않는다. 따라서 관계대명사 who 앞에는 항상 those가 들어가야 한다.

02 정답 ① (They → Those)

해석 저쪽에서 계속 쉬고 있는 사람들은 무척 게을러 보인다.

풀이 ① 선행사 they는 인칭대명사이므로 관계절의 수식을 받을 수가 없다. 따라서 they를 관계절의 수식을 받을 수 있는 지시대명사인 those로 바꾸어 준다. ③ who take some rest all the time over there를 괄호로 묶으면 주어의 핵심어는 Those가 된다. 주어가 복수이므로 동사도 복수 형태로 적절하게 쓰였다. ④ look은 불완전자동사로, 형용사를 보어로 취한다.

어휘 take some rest 쉬다
all the time 줄곧, 내내

MEMO

CHAPTER 08 단원별 확인 문제

❖ 다음 빈칸에 들어갈 말로 가장 적절한 것을 고르시오. [1~3]

01 She's a woman _____ can be depended on by us.

① who ② whose
③ which ④ whom

02 Children usually like books _____ have many pictures.

① what ② who
③ whose ④ which

03 The plane, _____ uses solar energy, is already a record breaker.

① that ② what
③ which ④ who

❖ 다음 밑줄 친 부분 중 어법상 틀린 것을 고르시오. [4~8]

04 The definition of 'turn' ① <u>casts</u> the digital turn as an analytical strategy ② <u>who</u> enables us ③ <u>to focus on</u> the role of digitalization ④ <u>within</u> social reality.

05 Ms. Lee's grammar book ① <u>what</u> ② <u>explains</u> the main points of the questions in the examinations ③ <u>is</u> very easy and ④ <u>informative</u>.

06 I think that ① they are the people ② who we should ③ respect as ④ examples.

07 In the school, ① most students ② sit on the small chairs which ③ is very uncomfortable and don't ④ fit them well.

08 My younger brother ① asked me ② the way how I ③ had ④ solved the exercise.

❋ 다음 빈칸에 들어갈 가장 적절한 것을 고르시오. [9~15]

09 Increasingly, people require working conditions under _____ concentration could be enhanced.

① who   ② whom
③ which   ④ that

10 She caught a severe cold _____ symptoms are perhaps stronger than those of flu.

① who   ② which
③ what   ④ whose

11 Hannah is the smartest student in the class _____ I have ever seen.

① that   ② what
③ who   ④ whom

12 We reached the top of Mt. Halla, _____ we took a deep breath, and felt very fresh air.

① which ② what
③ where ④ that

13 Kindness is the language _____ the deaf can hear and the blind can see.

① what ② which
③ whose ④ whom

14 There are times _____ one wants to be alone.

① where ② why
③ when ④ how

15 I don't know the reason _____ we always end up hurting each other.

① how ② why
③ which ④ what

04 Actual Test

정답 및 해설 p. 375

◈ 다음 밑줄 친 부분 중 어법상 틀린 것을 고르시오. [1~10]

01 He ① was laughed by his ② friends ③ because of his foolish ④ questions.

02 A teacher ① cannot force his pupils ② like ③ what he likes ④ when he has them read books.

03 Studying abroad ① provide students ② with ample opportunities to ③ drastically improve their abilities to communicate ④ in English.

04 ① In fact, you'll get less ② stress if you ③ will admit that someone else can do it just ④ as well as you can.

05 Teachers need to be ① retrained ② so that they can get learners ③ active to interact and to communicate with ④ each other in class.

06 ① At first, the World did not ② know Dolly, the ③ cloning sheep, which was a very ④ healthy animal.

Actual Test 04 • 247

07 I ① kept the door ② open since it began ③ to stop raining and ④ be clear.

08 There ① is a way ② to fill a balloon ③ with air without ④ blow it up.

09 People avoided ① to discuss ② contemporary problems ③ with him ④ because of his disputatious manner.

10 African Americans ① are likely ② to offend if a person ③ moves back or tries to increase the distance ④ between them.

❋ 다음 빈칸에 들어갈 말로 가장 적절한 것을 고르시오. [11~12]

11 The department store _____ items are always various with new ones is very big.
  ① whose   ② who's
  ③ what   ④ who

12 This is the only travel guidebook _____ I read before.
  ① that   ② which
  ③ who   ④ what

❖ 다음 밑줄 친 부분 중 어법상 틀린 것을 고르시오. [13~20]

13 The number of ① visitors who ② is coming ③ to Korea ④ is increasing.

14 Nowadays most ① teens aren't able ② for sitting on ③ these small school ④ chairs.

15 One of ① the most important ② things that he thinks ③ are that everyone ④ should be punctual.

16 ① Ordered Bulgogi Pizza, Lily wanted ② to have ③ a green salad ④ with French dressing and mushroom soup.

17 After ① much discussion, the members decided not ② dispatching the people until ③ they ④ looked over the conditions.

18 ① Because there has been ② few rain ③ in last 2 weeks, ④ watermelon is not sweet.

19 ① The bread in ② the bakery ③ is very fresh, ④ taste and nutty.

20 The ① magician in dinner show ② performed ③ some ④ amazed magic last night.

영어의 시작과 끝 **리라클영어**

테이크아웃
기초영문법

PART 05

chapter 09 비교

chapter 10 구문 정리

Actual Test 05

CHAPTER 09 비교

01 형용사와 부사의 비교급

비교란 두 개 이상의 성질이 다른 대상을 놓고 형용사나 부사를 이용하여 비슷한 성질을 가진 것과의 유사성의 정도를 표현하는 것이다. 예를 들어, 'tall(큰)'이라는 형용사가 'taller(더 큰)', 'tallest(가장 큰)'의 형태로 변화한다. 이때, tall을 원급, taller를 비교급, tallest를 최상급이라고 한다. 두 개를 비교할 때는 비교급을 쓰고, 세 개 이상을 비교할 때는 최상급을 사용한다.

- He is **tall**. 　　　　　　　　　　　원급
- He is **taller** than I. 　　　　　　　　비교급
- He is **the tallest** in the class. 　　최상급

(1) 규칙 변화

① '-er, -est'를 붙이는 경우

ⓐ 단음절어

원급	비교급	최상급	원급	비교급	최상급
big	bigger	biggest	fast	faster	fastest
hot	hotter	hottest	kind	kinder	kindest
large	larger	largest	long	longer	longest
old	older	oldest	slight	slighter	slightest
small	smaller	smallest	tall	taller	tallest
wise	wiser	wisest	young	younger	youngest

※ '단모음 + 자음'으로 끝나는 말은 그 어미의 자음을 하나 더 겹쳐 쓰고, -er, -est를 붙인다.

ⓑ '-er, -le, -ly, -y, -ow, -some'으로 끝나는 2음절어

원급	비교급	최상급	원급	비교급	최상급
busy	busier	busiest	clever	cleverer	cleverest
early	earlier	earliest	handsome	handsomer	handsomest
narrow	narrower	narrowest	noble	nobler	noblest
simple	simpler	simplest			

※ y는 'i'로 고치고 -er, -est를 붙인다.

② 'more ~, most ~'를 붙이는 경우

ⓐ '-ful, -less, -ous, -ed, -ish, -est, -al, -ive'로 끝나는 2음절어

useful, useless, famous, learned, childish, earnest, fatal, active 등

ⓑ 서술형용사

afraid, alive, aware, alone, asleep, fond, content, worth 등

ⓒ 단음절어 중 일부

real, right, wrong, false 등

ⓓ 3음절 이상의 긴 형용사

beautiful, difficult, expensive, amusing 등

ⓔ -ly형 부사

quickly, slowly 등

(2) 불규칙 변화

① 원급이 둘 이상인 것

원 급	비교급	최상급
good, well	better	best
bad, ill	worse	worst
many, much	more	most

② 비교급·최상급에 두 가지 의미가 있는 것

원 급	비교급	최상급	구 분
old	older	oldest	노약, 신구
	elder	eldest	형제 관계
far	farther	farthest	거리
	further	furthest	정도
late	later	latest	시간
	latter	last	순서

⎡ I get along with **older** people. 나는 나이 많은 사람들과 잘 지낸다.
⎣ This is my **elder** sister Monica. 이 사람은 나의 언니 모니카이다.

⎡ E-Mart is **farther** than Kim's club. 이마트는 킴스클럽보다 더 멀다.
⎣ If you need any **further** information, please let me know.
　만약 당신이 더 많은 정보를 원한다면, 저에게 알려주세요.

③ 기 타

원 급	비교급	최상급
little	less	least

02 비교 구문의 기본 개념

(1) 동등 비교

비교되는 두 대상의 정도가 비슷함을 나타낸다. **'A가 B만큼 ~하다[~하지 않다]'**라고 해석한다.

① 긍정문 : **A as 원급 as B** A는 B만큼 ~하다

- Henry studies **as** hard **as** Jenny. 헨리는 제니만큼 열심히 공부한다.
- Nari is **as** tall **as** Bona (is). 나리는 보나만큼 크다.

② 부정문 : **A not so[as] ~ as B** A는 B만큼 ~하지 않다

- Mini does**n't** run **so** fast **as** Wonju. 미니는 원주만큼 빠르게 달리지 못한다.

(2) 비교급 비교

비교되는 두 대상에서 하나가 더 낫거나 못함을 나타낸다. **'A가 B보다 더[덜] ~하다'**로 해석한다.

① 우등 비교 : **A 비교급 + than B** A는 B보다 더 ~하다

- Carol is **prettier than** Bunny. 캐롤은 버니보다 더 귀엽다.

② 열등 비교 : **A less ~ than B** A는 B보다 덜 ~하다

- Bunny is **less** noisy **than** he. 버니는 그보다 덜 시끄럽다.

TIP&TIP

▎비교 구문에서 than과 as는 접속사

그런데 이는 <u>등위접속사처럼</u> 쓰여 앞 절에서 나왔던 내용이 <u>접속사 than과 as 뒤에서 반복된다면,</u> 그 공통된 부분을 <u>삭제·생략</u>할 수 있다.

- **She** is taller than **he** (is tall). 그녀는 그보다 더 크다.
- She is more **pretty** than (she is) **beautiful**. 그녀는 아름답기보다 귀엽다.
- I would rather **clean the house** than (I would) **go out**.
  나는 밖에 나가느니 차라리 집 청소를 하겠다.
- **They** spent as much time studying English as **I** (spent much time studying English).
  그들은 나만큼이나 영어를 공부하는 데 많은 시간을 투자했다.

(3) 최상급

비교되는 대상이 셋 이상인 경우에 사용한다. **셋 이상의 것들 중에서**, 한정된 범위 내의 '**가장 ~한, 가장 ~하게**'라고 해석된다. 최상급의 형용사 앞에는 정관사 the를 붙인다.

> 한정 어구 : in ~, of all ~, among ~, that S have ever p.p., that S can R

- Johnny is **the most** meticulous in our class.
  쟈니는 우리 학급에서 가장 신중하다.

CHAPTER 09 출제 포인트

Point 01 비교급 비교 구문의 구조 점검

형용사나 부사의 비교급이 나와 있다면 뒤로 가서 연결어 than이 나왔나 찾아보자. 비교급과 연결어 than 사이에 수많은 수식어를 비롯한 문장 성분이 들어 있는 경우가 많으므로 비교 구문이 제대로 되어 있는지 확인하자. 혹은 반대로 어떤 구문에서 연결어 than이 있다면 빨리 앞으로 가서 형용사나 부사가 비교급 처리가 되어 있는지 확인하자.

- The subway is **quicker**, as a matter of fact, **than** the bus. (○)
  사실, 지하철이 버스보다 더 빠르다.
- The subway is **quick**, as a matter of fact, **than** the bus. (×)
- The subway is **quicker**, as a matter of fact, the bus. (×)
- The subway is **quicker**, as a matter of fact, **as** the bus. (×)

확인 학습 문제

01 다음 밑줄 친 부분 중 어법상 틀린 것은?

① <u>Most</u> employees are ② <u>prudent</u> with ③ <u>their own</u> money than with ④ <u>company's</u>.

02 다음 밑줄 친 부분 중 어법상 틀린 것은?

The resources ① <u>of the last year</u> about our ② <u>customer satisfaction</u> are more accurate ③ <u>in terms of</u> figures ④ <u>as</u> those of this year.

정답 및 해설

01 정답 ② (prudent → more prudent)

해석 대부분의 직원들은 회사의 돈보다 자기 자신의 돈에 더 신중하다.

풀이 ② 비교급 구문 맞추기 문제이다. 밑줄 뒤에 비교급 접속사 than이 있으므로, than 앞에 형용사나 부사의 비교급이 나와 있어야 하는데, 이 문장에서는 비교급이 없다. 따라서 원급 형용사 prudent를 비교급 more prudent로 고친다. ① most는 '대부분의'라는 뜻으로 가산 복수명사와 결합한다. ④ company's는 소유대명사로 company's money를 가리킨다.

어휘 employee [implɔ́iː] n 직원
prudent [prúːdənt] a 신중한
one's own 자기 자신의

02 정답 ③ (as → than)

해석 고객 만족에 대한 작년의 자료들은 올해의 자료에 비해 수치 면에서 더 정확하다.

풀이 ④ 형용사의 비교급(more accurate)이 있으므로 연결어 than이 있어야 하는데, 이 문장에서는 as가 제시되었다. 따라서 연결어 as를 than으로 고친다.

어휘 resource [ríːsɔːrs] n 자원; 재료; 수단, 방책
satisfaction [sæ̀tisfǽkʃən] n 만족(감)
accurate [ǽkjərit] a 정확한; 정밀한; 신중한
in terms of ~ ~ 면에서, ~에 관하여
figure [fígjər] n 숫자; 합계; 모양, 형태

MEMO

Point 02 as ~ as 비교 구문의 구조 점검

비교급이 나오면 연결어 than을 찾듯이 **as + 원급**이 나오면 뒤로 가서 **연결어 as**가 제시되었는지 확인하자. 또한 **as ~ as** 사이에는 **형용사와 부사의 원급**이 들어가야 한다는 것을 잊지 말자.

· She changed her dress **as** quickly **as** I.
  그녀는 나만큼이나 빠르게 옷을 바꿔 입었다.

확인 학습 문제

01 다음 밑줄 친 부분 중 어법상 틀린 것은?

My ① <u>neighbors</u> ② <u>are</u> as ③ <u>friendly</u> and warm-hearted ④ <u>than</u> my old friends.

02 다음 빈칸에 들어갈 말로 가장 적절한 것은?

Dr. Woo believes that creating a effective working environment is as _____ as purchasing productive machines.

① important　　　　　　　　　② more important
③ importance　　　　　　　　　④ most important

03 다음 밑줄 친 부분 중 어법상 틀린 것은?

The ① <u>world</u> is as ② <u>more rapidly</u> changing ③ <u>as</u> it used to ④ <u>be</u> 10 years ago.

04 다음 밑줄 친 부분 중 어법상 틀린 것은?

She ① <u>paid</u> attention as ② <u>more</u> to the ③ <u>security</u> and management as ④ <u>an expert</u> did.

정답 및 해설

01 정답 ④ (than → as)
해석 나의 이웃들은 내 오랜 친구들만큼이나 친절하고 마음이 따뜻하다.
풀이 ④ 비교구문 연결어 than이 보이면 than 앞에 형용사나 부사의 비교급이 제시되었는지 확인을 해야 한다. 하지만 than 앞에는 형용사나 부사의 비교급은 제시되어 있지 않고 'as + 원급'을 찾을 수 있다. 원급 비교 표현인 as ~ as 구문임을 확인하고, 연결어 than을 as로 고친다. ② 주어가 복수이므로 복수동사가 옳다. ③ 등위접속사 and를 사이에 두고 형용사가 병치되고 있다. friendly는 -ly로 끝나는 형용사이다.
어휘 neighbor [néibər] n 이웃(사람)
friendly [fréndli] a 친절한
warm-hearted [wɔ́:rmhá:rtid] a 마음이 따뜻한

02 정답 ①
해석 우 박사는 생산적인 기계를 구입하는 것만큼 효율적인 작업 환경을 만드는 것이 중요하다고 믿는다.
풀이 원급 비교 구문 as ~ as 사이에는 형용사나 부사의 원급이 들어가야 하므로 ①이 정답이다.
어휘 effective [iféktiv] a 효율적인
productive [prədʌ́ktiv] a 생산적인
purchase [pə́:rtʃəs] vt 구입하다

03 정답 ② (more rapidly → rapidly)
해석 세계는 10년 전에도 그랬던 것만큼 빠르게 변하고 있다.
풀이 ② 원급 비교 as ~ as 구문이다. as ~ as 사이에는 형용사나 부사의 원급만 들어가야 한다. 따라서 more rapidly를 rapidly로 고친다. ④ used to R는 '~하곤 했다'라는 뜻이다.
어휘 rapidly [rǽpidli] ad 빠르게
used to R ~하곤 했다

04 정답 ② (more → much)
해석 그녀는 전문가가 하는 것만큼 안전과 경영에 더 많은 주의를 기울였다.
풀이 ② as ~ as 구문에서 as ~ as 사이에는 형용사나 부사의 원급만 들어가야 한다. more는 many나 much의 비교급으로, 이 문장에서는 '더 많이 주의를 기울였다'라는 내용으로 동사를 꾸며 주는 부사가 들어가야 한다. 따라서 more를 부사 much로 고친다.
어휘 pay attention to ~ ~에 주의를 기울이다
security [sikjúəriti] n 안전; 보안
management [mǽnidʒmənt] n 처리; 관리, 경영
expert [ékspə:rt] n 전문가

Point 03 비교 대상의 병치 확인

품사상 같은 것이 비교가 되고 있는지, 문법적 구조는 같은지, 내용면에서도 비교 가능한 대상인지를 확인하라. 비교 대상이 인칭대명사라면, 인칭대명사의 격까지도 맞춰 주어야 한다.

The weather of Korea is cooler than Japan. (×)
↳ that of Japan / Japan's
한국의 날씨는 일본의 날씨보다 더 시원하다.

'한국의 날씨가 일본보다 더 시원하다'는 논리적으로 잘못된 비교 구문이다. '한국의 날씨'와 '일본(국가)'은 품사는 명사로 같지만 내용면에서 대등하지가 않기 때문에 Japan을 that of Japan (일본의 날씨)으로 고친다.

cf 인칭대명사의 격 병치
Jane is taller than him. (×) 제인은 그보다 더 크다.
↳ he(Jane이 주어이므로 him도 주격이 되어야 한다. 따라서 him을 he로 고쳐 준다.)

확인 학습 문제

01 다음 밑줄 친 부분 중 어법상 틀린 것은?

The tail of a ① poodle is ② much shorter ③ than ④ a maltese.

02 다음 밑줄 친 부분 중 어법상 틀린 것은?

① Because Junho ate ② faster than Jeanie, ③ he left the cafeteria sooner than ④ her.

03 다음 밑줄 친 부분 중 어법상 틀린 것은?

① Actually, the population of Seoul ② is larger than ③ Kwangju, but it is ④ gradually decreasing.

정답 및 해설

01 정답 ④ (a maltese → that of a maltese)
해석 푸들의 꼬리는 말티즈의 꼬리보다 훨씬 더 짧다.
풀이 ④ 비교 대상의 병치가 적절하지 않다. 푸들의 꼬리와 말티즈 자체를 비교할 수는 없다. 따라서 말티즈를 푸들의 꼬리와 내용적으로 대등하도록 말티즈의 꼬리, 즉 that of a maltese로 고친다.
② much는 비교급을 수식하는 강조 부사로, '훨씬'으로 해석한다.

02 정답 ④ (her → she)
해석 준호가 지니보다 빨리 먹었기 때문에, 그는 그녀보다 빨리 구내식당을 떠났다.
풀이 ④ 부사절에서 Junho(주격)와 Jeanie를 비교하고 있고, 주절에서도 또한 he(주격)와 her(목적격)를 비교하고 있다. 명사는 격이 없으므로 Junho와 Jeanie는 문제가 없지만, 인칭대명사가 비교 대상이 될 때에는 격 또한 병치가 되어야 하므로 목적격 대명사 her를 he와 같은 주격 대명사로 병치시켜야 한다. 따라서 her를 주격인 she로 고친다.
어휘 cafeteria [kæfitíəriə] n 구내식당

03 정답 ③ (Kwangju → that of Kwangju)
해석 사실 서울의 인구는 광주의 인구보다 많지만, 점점 줄고 있다.
풀이 ③ 서울의 인구와 광주(도시)를 비교할 수는 없다. 서울의 인구와 비교할 수 있는 것은 광주의 인구이므로 Kwangju를 that of kwangju로 고친다. ② 주어가 the population이므로, 단수동사 is는 적절하다.
어휘 population [pɑ̀pjəléiʃən] n 인구
gradually [grǽdʒuəli] ad 점점
decrease [dikríːs] vi 감소하다

MEMO

Point 04 비교급을 수식하는 부사

very는 형용사와 부사의 원급을 수식하지만, 비교급을 수식할 수 없다. 다음의 부사들이 형용사와 부사의 비교급을 수식하며, 우리말로 '훨씬'으로 해석한다.

even, much, far, still, by far, a lot 등

· Lots of people became **much more proficient** in keyboard use than ten years ago.
많은 사람들이 십 년 전보다 키보드 사용에 훨씬 더 능숙해졌다.

확인 학습 문제

01 다음 밑줄 친 부분 중 어법상 틀린 것은?

The new model ① <u>has</u> all the good ② <u>qualities</u> of the old one and is ③ <u>very</u> more sophisticated in ④ <u>appearance</u>.

02 다음 빈칸에 들어갈 말로 가장 적절한 것은?

Therefore, thanks to up-to-date new weather-forecasting system, people in the agriculture came to have _____ more stable bases for growing and harvesting their crops.

① very
② so
③ enough
④ much

정답 및 해설

01 정답 ③ (very → even / much / far / still / by far / a lot 등)

해석 이 새 모델은 구 모델의 장점을 모두 다 갖추고 있으며 외형도 훨씬 더 세련되어졌다.

풀이 ③ very는 비교급을 수식하지 못하므로 비교급을 수식하는 부사 even, much, far, still, by far, a lot으로 고친다. ① 주어가 단수이므로 단수동사는 적절하다.

어휘 quality [kwάlət] n 품질; 자질, 특성, 성격
sophisticated [səfístəkèitid] a 세련된; 정교한, 복잡한
appearance [əpíərəns] n 출현, 출석; 외관

02 정답 ④

해석 따라서, 최신의 새로운 기상 관측 기술 덕분에, 농업 분야에 종사하는 사람들은 농작물을 재배하고 수확하는 데 있어서 더욱 안정적인 기반을 확보하게 되었다.

풀이 빈칸 뒤에 비교급(more stable)이 있으므로, 빈칸에는 비교급을 수식하는 부사가 들어가야 한다. 비교급을 수식할 수 있는 부사는 even, much, far, still, by far, a lot이므로, 정답은 ④가 된다.

어휘 thanks to ~ ~덕분에
up-to-date [ʌ́ptədéit] a 최신의
weather-forecasting 기상 관측
come to R ~하게 되다
stable [stéibl] a 안정적인
base [beis] n 토대, 기반
grow [grou] vt 재배하다; 자라다
harvest [hάːrvist] vt 수확하다
crop [krɑp] n 농작물

MEMO

Point 05 라틴어 비교급

superior, inferior, senior, junior, prior, prefer와 같은 라틴어 출신의 비교급은 비교대상을 연결할 때 연결어(접속사) than을 쓰지 않고 **전치사 to**를 쓴다.

· Henry is **junior to** me.
  헨리는 나보다 후배이다.

· We have to submit it **prior to** Monday.
  우리는 그것을 월요일 전에 제출해야 한다.

· He **prefers** going out **to** staying at home.
  그는 집에 있는 것보다 밖에 나가는 것을 선호한다(더 좋아한다).

확인 학습 문제

01 다음 밑줄 친 부분 중 어법상 틀린 것은?

Please do not ① <u>ignore</u> the fact that ② <u>our</u> new line of products ③ <u>is</u> far superior ④ <u>than</u> existing lines.

02 다음 밑줄 친 부분 중 어법상 틀린 것은?

I prefer ① <u>reading</u> books in ② <u>my</u> bed room ③ <u>than</u> spending time ④ <u>outside</u>.

정답 및 해설

01 정답 ④ (than → to)
해석 우리의 새로운 생산 라인이 기존의 라인보다 훨씬 우수하다는 사실을 무시하지 마세요.
풀이 ④ superior, inferior, prior, prefer와 같은 라틴어 출신의 비교급은 than을 쓰지 않고 전치사 to를 쓴다. 따라서 than을 전치사 to로 고쳐야 옳은 문장이 된다. ① don't 뒤에 오는 본동사의 형태는 동사원형(R)이다.
어휘 ignore [ignɔ́ːr] vt 무시하다   existing [igzístiŋ] a 현재의, 기존의

02 정답 ③ (than → to)
해석 나는 바깥에서 시간을 보내는 것보다 내 침실에서 책을 읽는 것을 더 좋아한다.
풀이 ② prefer는 라틴어에서 온 비교급 동사로, 뒤에 than을 쓰지 않고 전치사 to를 쓴다. 따라서 than을 to로 고친다. prefer는 'A를 B보다 선호한다'는 의미로 prefer A to B를 관용적으로 쓴다.
어휘 prefer A to B A를 B보다 선호하다

Point 06 배수 비교

배수 비교에서 배수의 위치는 반드시 **원급 비교나 비교급 비교 표현 앞**이 되어야 한다. 다음 표를 보면서 배수의 어순을 확인해보자.

> 배수 + as 원급 as ~
> 배수 + 비교급 than ~

- She has three times as many pens as I.
  배수   원급 비교 표현
  그녀는 내가 가진 것의 세 배만큼 많은 펜을 가지고 있다.

- They have twice as much salt as she.
  배수   원급 비교 표현
  그들은 그녀가 가진 것의 두 배만큼 많은 소금을 가지고 있다.

- We are doing this job four times faster than before.
  배수   비교급 비교 표현
  우리는 이 일을 예전보다 네 배나 더 빨리 하고 있다.

TIP&TIP

단, 분수와 2배(twice)는 원급 비교 구문(as ~ as)에만 쓰인다.
- I ate twice as much as she. 나는 그녀보다 두 배만큼 많이 먹었다.

확인 학습 문제

01 다음 중 어법상 옳지 <u>않은</u> 것을 고르시오.

① I bought twice as many books as she.
② It is three times more expensive than the other one.
③ I ate four times as much as she.
④ They baked as three times many cakes as I.

02 다음 우리말을 영어로 옮긴 것 중 가장 적절한 것은?

> 비행기는 기차보다 세 배 더 빨리 달린다.

① Airplanes run faster three times than trains.
② Airplanes run three times as fast as trains.
③ Airplanes run as three times fast as trains.
④ Airplanes run three times faster than trains.

정답 및 해설

01 정답 ④ (as three times → three times as)
해석
① 나는 그녀가 산 것의 두 배만큼 많은 책을 샀다.
② 그것은 나머지 하나보다 세 배나 더 비싸다.
③ 나는 그녀보다 네 배만큼 많이 먹었다.
④ 그들은 나보다 세 배만큼 많은 케이크들을 구웠다.
풀이 ④ 배수 비교에서 배수는 비교급 앞에 위치한다. 말 그대로 배수 비교(배수 + 비교급)이다. 따라서 ④의 They baked as three times many cakes as I를 They baked three times as many cakes as I로 고쳐야 옳은 문장이 된다.

02 정답 ④
풀이 우리말의 내용이 비교급 비교이므로 ②, ③은 정답이 될 수 없다. 배수 비교에서 배수는 비교급 앞에 위치해야 한다. 따라서 '배수 + 비교'의 올바른 어순을 가진 ④가 정답이 된다.

Point 07 비교급 관련 구문

비교급 관용어구
비교구문에서 자주 쓰이는 관용어구는 다음과 같다.

- **the 비교 ~, the 비교 ~ 구문 : ~하면 할수록, 더욱더 ~하다**
  - **The more** I study, **the more** I get to know.
  더 많이 공부하면 할수록 더 많이 알게 된다.

- **the 서수 최상급 : ~번째로 가장 ~한**
  - ACC Company is **the third most profitable** firm in the computer industry.
  ACC사는 컴퓨터 업계에서 세 번째로 가장 수익성이 좋은 회사이다.
  - cf 배수 비교 : ~배 더 ~한[~하게]
    - She has **three times more** clothes than I.
    그녀는 나보다 세 배 더 많은 옷을 가지고 있다.

- **would rather A than B : B하느니 차라리 A하겠다**
  - I **would rather** play football **than** sleep on Sunday.
  나는 일요일에 잠자느니 차라리 축구를 하겠다. (이때, A와 B는 모두 동사원형이 되어야 한다.)

- **as ~ as one can : 가능한 한 ~하게**
  = as ~ as possible
  - Please deal with this **as** soon **as you can**.
    = Please deal with this **as** soon **as possible**.
    가능한 한 빨리 이것을 처리해 주세요.

- **not so much A as B : A라기보다는 B**
  = not A so much as B
  = B rather than A
  - She is **not so much** a teacher **as** a friend.
    = She is **not** a teacher **so much as** a friend.
    = She is a friend **rather than** a teacher.
    그녀는 선생님이라기보다는 친구이다.

확인 학습 문제

01 다음 빈칸에 들어갈 말로 가장 적절한 것은?

The _____ medicines patients take, the worse they become to feel.

① much
② most
③ more
④ many

02 다음 빈칸에 들어갈 말로 가장 적절한 것은?

For years Akamai Technologies Inc. has been highly expanded into computer system markets and is now Itawa Inc's _____ strongest rival.

① two
② second
③ double
④ twice

03 다음 우리말을 영어로 옮긴 것 중 가장 적절한 것은?

> 그녀는 가수라기보다는 예술가이다.

① She is not so much an artist as a singer.
② She is not so much a singer as an artist.
③ She is a singer, not an artist.
④ She is so much a singer as an artist.

정답 및 해설

01 정답 ③

해석 환자에게 더 많은 약이 투여될수록, 그들은 더욱더 컨디션이 나빠진다.

풀이 '~하면 할수록 더욱더 ~하다'라는 뜻의 the 비교 ~, the 비교 ~ 구문이다. 두 번째 절에 the + 비교급(the worse)이 있으므로 앞 절에도 the + 비교급을 넣어서 'the 비교 ~, the 비교 ~' 구문을 완성한다. 따라서 빈칸에는 형용사 many의 비교급인 ③ more가 정답이다.

어휘 medicine [médəsən] n 약; 의학

02 정답 ②

해석 수년 동안 아카마이 전자 회사는 컴퓨터 시스템 시장으로 매우 확장되었고, 현재 아이타와사의 두 번째로 가장 강력한 경쟁 회사이다.

풀이 the 서수 최상급은 '몇 번째로 가장 ~한'이라는 의미의 관용표현이다. 또한 최상급 표현은 서수와 어울리고 비교급 표현은 배수와 함께 쓴다는 것도 유의하자.

어휘 highly [háili] ad 매우
expand [ikspǽnd] vt 확장하다, 늘리다

03 정답 ②

풀이 'A라기보다는 B'라는 뜻의 비교급 관용어구는 not so much A as B이다. 주어진 우리말에 맞게 A 자리에 a singer가 들어가야 하고, B 자리에 an artist가 들어가야 하므로, 정답은 ②가 된다.

MEMO

CHAPTER 09 단원별 확인 문제

❂ 다음 밑줄 친 부분 중 어법상 틀린 것을 고르시오. [1~9]

01 ① These new findings will ② help scientists ③ very better ④ understand animal behavior.

02 ① Generally speaking, ② people are much ③ related to social life than ④ individual one.

03 The weather of England is ① much better than ② Japan ③ whose climate in summer is hot and ④ humid.

04 I wanted ① to finish my homework ② as ③ faster as ④ possible.

05 ① Everybody knows ② that the ears of rabbits ③ are longer than ④ cats.

06 She is ① getting heavy than she was before, ② so her husband ③ wants her to get ④ after-sales service from her father.

07 ① Although they had finished the work ② sooner than ③ me, I did my best ④ until the end.

08 ① Renting a beautiful seaside ② pension is as expensive ③ than ④ staying at a room in a hotel.

09 ① Now that she arrived at the place ② faster than ③ me, she ④ waited for me for thirty minutes.

❀ 다음 빈칸에 들어갈 말로 가장 적절한 것을 고르시오. [10~14]

10 His invention is superior _____ conventional equipment.

① of   ② to
③ in   ④ than

11 _____ you take exercise, the healthier you become.

① More   ② The most
③ The more   ④ Mostly

12 The new attendance record system became more effective _____ managers expected.

① while   ② whether
③ than   ④ as

13 We shall be pleased if you send us replacement _____ as possible, or if it should take a long time, let us know what you would do to adjust the matter.

① as soon   ② very soon
③ much soon ④ more soon

14 If you want to terminate the contract, please notify me as _____ as possible.

① rapidness   ② rapidly
③ most rapidly ④ more rapid

15 다음 중 어법상 틀린 문장은?

① This game is more exciting than that one.
② The climate of Korea is hotter than Britain in summer.
③ That's still better.
④ The harder we study, the smarter we become.

CHAPTER 10 구문 정리

01 어순

(1) 주요 문장의 형태

① 평서문 : 주어 + 동사 (+ 목적어 / 보어)

평서문은 주어 술어동사(서술어)의 어순으로 쓴다. 이때 동사가 타동사라면 목적어를, 불완전동사라면 보어를 쓴다.

- [Nari] [is studying] [biology]. 나리는 생물학을 공부하고 있다.
  주어   동사   목적어

- [Jenny] [became] [a teacher]. 제니는 선생님이 되었다.
  주어   동사   주어보어

② 감탄문

감탄문은 what으로 시작하는 것과 how로 시작하는 것의 두 가지 형태가 있다.

ⓐ What + a + 형 + 명 + 주 + 동!

- [What] [a] [good] [girl] [she] [is]! 그녀는 얼마나 착한 소녀인가!
  What   a   형용사   명사   주어   동사

ⓑ How + 형 + 주 + 동!

- [How] [diligent] [she] [is]! 그녀는 얼마나 부지런한가!
  How   형용사   주어   동사

③ 의문문

A. 직접의문문

의문문은 정보를 얻기 위해 쓰는 문장의 종류이며, (직접)의문문은 평서문과는 달리 주어와 동사의 도치가 일어난다. 단, 간접의문문은 평서문의 어순과 같다.

ⓐ **의문사가 있을 경우** → 의문사 + 조동사 / be 동사 + 주어 ~?

- [What] [is] [your name]? 너의 이름이 무엇이니?
  의문사   be 동사   주어

ⓑ **의문사가 없을 경우** → 조동사 / be 동사 + 주어 ~?

- Do you like summer? 너는 여름을 좋아하니?
  조동사 주어

- Can you make a cake? 너는 케이크를 만들 수 있니?
  조동사 주어

- Have you ever been to Paris? 너는 파리에 가본 적이 있니?
  조동사 주어

B. 간접의문문

간접의문문은 의문사로 시작하는 종속절을 의미한다. 간접의문문의 어순은 평서문의 어순과 같다. 즉 직접의문문에서처럼 S와 V의 도치가 일어나지 않는다.

- 주어 + 궁금 동사 + [의문사 + 주어 + 동사 ~].

  [wonder / know / don't know / ask]   간접의문문

- I don't know **what** you did. 나는 네가 무엇을 했는지 모른다.

- She asked **when** he could start it. 그녀는 그가 그것을 언제 시작할 수 있을지 물어보았다.

(2) 수식어의 어순

① 형용사의 위치

형용사는 명사의 앞뒤에서 명사를 수식한다.

ⓐ **기본** : '형용사 + 명사'의 구조가 되며, 두 단어 이상의 형용사는 후치 수식한다. 관사의 위치는 명사구의 제일 앞자리에 위치한다. '관사 + (부사) + 형용사 + 명사'의 순서가 원칙이다.

- She is an **elegant** woman. 그녀는 우아한 여성이다.

- The girl **eager for success** did her best. 성공을 갈망하는 그 소녀는 최선을 다했다.

ⓑ -thing, -body, -one으로 끝나는 단어는 형용사가 뒤에서 수식한다(후치 수식).

- I need something **shocking**. 나는 충격적인 무언가가 필요하다.

② 부사의 위치

부사는 형용사·다른 부사·동사·문장 전체를 수식한다.

ⓐ **기본** : 부사는 동사를 주로 뒤에서 수식하며 형용사와 부사는 앞에서 수식한다. 문장 전체를 수식하는 부사는 주로 주절 앞에 위치하는데 절의 가운데나, 뒤에 삽입되기도 한다.

- Recycling is an **environmentally** friendly solution. 재활용은 친환경적인 해결책이다.
- He is running **very** quickly. 그는 아주 빠르게 달리고 있다.
- She moved **slowly** to the front door. 그녀는 현관 문 쪽으로 천천히 이동했다.
- **Probably**, it's his own painting. 아마도 그것은 그가 그린 그림이다.

ⓑ **빈도 부사와 정도 부사** : 조동사 뒤, be 동사 뒤, 일반동사 앞

> 빈도 부사 : regularly, always, ever, often, frequently, sometimes, scarcely, seldom, never, rarely

- They **often** go on a picnic. 그들은 종종 소풍을 간다.
- She can **sometimes** visit us. 그녀는 때때로 우리를 방문할 수 있다.
- The man is **always** polite to everybody. 그 남자는 항상 모든 사람에게 예의 바르다.

> 정도 부사 : almost, nearly, wholly, mostly, generally

- She has **almost** done it. 그녀는 그것을 거의 다 했다.

ⓒ **여러 개의 부사가 쓰일 때** : '장소-방법-시간'의 순서로 쓴다.

- She went **to theater alone last Sunday**.
  그녀는 지난 일요일에 극장에 혼자 갔다.

ⓓ **enough의 위치** : 부사 enough는 후치 수식만 가능하다.

- This drink is cold **enough**. (O) 이 음료는 충분히 차다.
- This drink is enough cold. (×)

> ※ 형용사 enough는 명사 앞뒤에서 다 수식 가능하다.

- She had **enough** money. / She had money **enough**. 그녀는 충분한 돈을 가지고 있다.

02 종속상관접속사 구문

(1) so ~ that … vs such ~ that …

- 같은 점 : 해석적 의미 – '아주 ~해서 …하다'
- 다른 점 : so(부사 : 형용사와 부사를 수식)와 such(형용사 : 명사를 수식)의 품사가 다르다.

· She is **so** pretty **that** everybody loves her.
  그녀는 너무나도 예뻐서 모든 이가 그녀를 좋아한다.

· She is **such** a pretty girl **that** everybody loves her.
  그녀는 너무나도 예쁜 소녀여서 모든 이가 그녀를 좋아한다.

· She is **so** pretty a girl **that** everybody loves her.
  그녀는 너무나도 예쁜 소녀여서 모든 이가 그녀를 좋아한다.

(2) not A until B : B 후에야 비로소 A하다(= not until B, A)

· Her baby did **not** fall asleep **until** she arrived at home.
  = **Not until** she arrived at home, did her baby fall asleep.
  그녀가 집에 도착한 후에야 비로소 그녀의 아기는 잠이 들었다.

(3) No sooner A than B : A하자마자 B하다
(= hardly[scarcely] A when[before] B)

· He had **no sooner** left the house **than** it rained heavily.
  = **No sooner** had he left the house **than** it rained heavily.
  = He had **hardly** left the house **when[before]** it rained heavily.
  = He had **scarcely** left the house **when[before]** it rained heavily.
  그가 집을 떠나자마자 비가 많이 왔다.

  cf A의 시제는 과거완료, B의 시제는 과거가 되어야 한다.

03 도치

도치는 기본 평서문의 어순(주어 + 동사 + 목적어/보어)이 지켜지지 않고 위치가 달라지는 것을 말한다. 주로 주어와 동사가 도치되는 경우를 많이 볼 수 있다.

(1) 동사가 문두로 나가는 도치 : 이때 도치되는 동사는 조동사나 be 동사이다.

① 부정부사구의 도치

부정부사가 문두로 오면 동사가 주어 앞으로 도치된다. 이때 도치되서 나가는 동사는 조동사나 be 동사이다. 일반동사의 경우라면 조동사 do(or does, did)의 도움을 받는다.

> 부정부사 : rarely, never, hardly, scarcely, seldom, not, not only, little, not until ~, no sooner 등

- Never have I been to Africa. 나는 아프리카에 가본 적이 없다.
  부정부사 동사 주어

- Hardly can she move it. 그녀는 그것을 거의 옮길 수 없다.
  부정부사 동사 주어

- Seldom was I sleepy. 나는 거의 졸리지 않았다.
  부정부사 동사 주어

② 'only + 다른 부사'의 도치

'only + 다른 부사'가 문두로 오면 동사가 주어 앞으로 도치된다. 이때 도치되는 동사는 조동사나 be 동사이며, 일반동사의 경우 조동사 do(or does, did)의 도움을 받는다.

- Only then could I feel chilly. 오직 그때만 나는 쌀쌀하다고 느꼈다.
  only + 다른 부사   동사 주어

- Only because of time problem, must I quit the job.
  only + 다른 부사   동사 주어
  오직 시간문제 때문에, 나는 일을 그만둬야만 한다.

(2) 주어와 동사의 도치 : 이때 주어는 명사이며(주로 수식받아 긴 명사구), 동사는 자동사이다.

① 장소·방향 부사구를 강조하기 위한 주어와 동사의 도치

완전자동사의 경우에 장소·방향 부사를 문두로 보내고 주어와 동사를 도치시킨다.

- On the grass lay two girls. 두 소녀가 잔디에 누워 있다.
  부사구   동사 주어

② 형용사 주어보어를 강조하기 위한 주어와 동사의 도치

· **Wonderful** is the idea of traveling during vacation. 방학 동안에 여행하는 것은 멋지다.
　주어보어　동사　　　　　　　주어

---

cf 유도부사 there 구문의 도치

존재를 나타내는 유도부사 there 구문은 주어와 동사가 도치되므로 도치된 주어와 동사의 수일치를 묻는 문제에 유의해야 한다.

· **There have been** too many revolutions in the world history.
　유도부사　복수동사　　　복수주어
　세계 역사에 너무나도 많은 혁명들이 있어 왔다.

· **There is** a pine tree in the picture.
　유도부사 단수동사　단수주어
　그 사진에는 한 그루의 소나무가 있다.

---

04 분리 부가 요소

주절과 분리된 부가어를 덧붙이기 위해 사용한다.

(1) 내용 : 동격어구, 수식어구 등의 삽입 어구가 들어간다.

(2) 위 치

① (　　　), 주어 + 동사 ~.

· Luckily, he arrived safely to the destination..
　운 좋게, 그는 안전하게 목적지까지 도착했다.

· To study English, she chose to go to America.
　영어를 공부하기 위해서, 그녀는 미국에 가기로 결정했다.

· Because it rained, the game was canceled.
　비가 와서, 그 게임은 취소되었다.

② 주어, (　), 동사 ~.

- The man will, of course , come back next year.
  물론, 그 남자는 내년에 돌아올 것이다.
- Some people, for example , prefer something sweet like chocolate.
  예를 들면, 어떤 사람들은 초콜릿과 같은 단 것을 좋아한다.

③ 주어 + 동사 ~, (　).

- He often cheats Christy, who is very naive and so credulous .
  그는 크리스티를 종종 속이는데, 그녀는 너무나도 순진하여 잘 속는다.
- I am working for the company, although I don't like my seniors .
  비록 나는 내 상사들을 좋아하지 않지만, 나는 회사를 다니고 있다.

05　대행태

영어에서는 같은 표현을 반복해서 쓰지 않고 대행태를 사용한다.

(1) 대명사

앞에 나온 반복되는 명사를 대신해서 쓰는 표현이다.

- I bought an apple. It was very red and juicy.
  　　　　　　　　(= the apple)
  나는 사과를 하나 샀다. 그것은 매우 빨갛고 즙이 많았다.

(2) 대동사

앞에 나온 동사구를 대신해서 쓰는 표현이다. 대동사는 다음과 같이 사용한다.

앞에 나온 동사구	대동사
조동사 + ~	조동사
be 동사 + ~	be 동사
일반동사 + ~	do[does, did]

- They can swim. I can, too. 그들은 수영할 수 있다. 나 또한 그렇다.
  (= can swim)

- Are you a student? Yes, I am. 당신은 학생입니까? 네, 그렇습니다.
  (= am a student)

- I study English and he does, too. 나는 영어를 공부하는데, 그도 또한 그렇다.
  (= studies English)

(3) 대부정사

앞에서 나온 동사를 to 부정사로 대신해서 쓰는 표현이다.

- Don't eat pizza unless you want to . 네가 원치 않는다면 피자를 먹지 마라.
  (= to eat pizza)

(4) 대용어 so, not

문장 전체를 받는 대용어구로 **so**는 긍정문을, **not**은 부정문을 받는다.

A : I think that he will come here. 나는 그가 여기 올 거라고 생각합니다.
B : ┌ I hope so . 나도 그러기를 바라요.
　　　(= that he will come)
　　└ I'm afraid not . 나는 그럴 것 같지 않아서 유감이에요.
　　　(= that he will not come)

MEMO

CHAPTER 10 출제 포인트

Point 01 간접의문문은 의 + S + V의 어순

의문사가 이끄는 종속절을 간접의문문이라고 한다. 간접의문문은 직접의문문과는 달리 평서문의 어순을 취한다. 즉, 의문사 + S + V ~의 어순으로 쓴다. 간접의문문 문제는 주로 wonder, know, don't know, ask 등과 같은 동사 뒤의 목적어 자리에서 자주 출제된다.

· I wonder when I should do it. 내가 그것을 언제 해야만 할지 궁금하다.

확인 학습 문제

01 다음 빈칸에 들어갈 말로 가장 적절한 것은?

I don't know _____.

① where is she
② where she is
③ she is where
④ she where is

02 다음 빈칸에 들어갈 말로 가장 적절한 것은?

I wonder _____.

① when she comes back
② when does she come back
③ she comes back when
④ does she come back when

정답 및 해설

01 정답 ②

해석 나는 그녀가 어디 있는지를 모른다.

풀이 보기의 의문사, 주어, 동사를 보고 간접의문문의 어순을 묻는 문제임을 알아야 한다. 간접의문문의 어순을 묻는 문제가 자주 출제되므로 어순을 반드시 기억해야 한다. 간접의문문은 '의문사 + 주어 + 동사' 어순이므로 ②가 정답이다.

02 정답 ①

해석 나는 그녀가 언제 돌아올지 궁금하다.

풀이 간접의문문을 묻는 문제이다. 문장 성분에 있어서 일단 의문사가 먼저 오고 뒤에 주어와 동사의 어순으로 나열해야 한다. 따라서 ①이 정답이다.

어휘 wonder [wʌ́ndər] vt 궁금하게 여기다, 의아해하다

Point 02 부정부사가 일으키는 도치

부정부사를 강조하기 위해 문두에 놓으면 동사가 주어 앞으로 도치된다. 즉, '**부정부사 + V + S**'의 형태가 된다. 이때 도치되는 동사는 **조동사**나 **be 동사**이며, **일반동사**의 경우에는 일반동사를 도와주는 **조동사 do, does, did**를 문두로 도치시킨다.

▎부정부사(구)

rarely, never, hardly, scarcely, little, seldom, not, not only, not until ~, no sooner 등

- Hardly can I speak to him. 나는 그와 거의 말을 할 수 없다.
  부정부사 조동사 주어

- Never have I met him since last year. 작년 이후로 나는 그를 결코 만난적이 없다.
  부정부사 조동사 주어

- Not only does he sing, but also plays the electric guitar.
  부정부사 조동사 주어

  그는 노래뿐만 아니라 전자 기타를 연주할 줄 안다.

> cf 조동사의 종류
> ① 화법(mood) 조동사 : **must, will, may, should, can** 등
> ② 문법 조동사 : have p.p.의 **have**
> be p.p.와 be Ring의 **be**
> 일반동사 도우미 **do, does, did**

확인 학습 문제

01 다음 빈칸에 들어갈 말로 가장 적절한 것은?

_____ such an interesting movie.

① Never I have seen
② I have never see
③ Never have I see
④ Never have I seen

02 다음 밑줄 친 부분 중 어법상 틀린 것은?

Hardly ① <u>I could</u> recognize her ② <u>because</u> she ③ <u>had changed</u> so much ④ <u>after</u> her graduation.

정답 및 해설

01 정답 ④

해석 나는 그렇게 흥미진진한 영화를 본 적이 없었다.

풀이 보기를 보니 부정부사 never가 보인다. 부정부사가 문두에 올 경우 동사는 주어 앞으로 도치된다. 이때 조동사가 있을 경우 조동사만 도치시켜야 한다. have p.p.의 have는 조동사이므로 주어 I 앞으로 도치된다. ③, ④에서 have p.p.의 have가 문두로 간다면 뒤에 본동사 p.p.가 남아 있어야 하므로 ④가 정답이다.

어휘 interesting [íntəristiŋ] a 흥미로운

02 정답 ① (I could → could I)

해석 졸업 후에 그녀가 너무 많이 변해서 나는 거의 알아볼 수 없었다.

풀이 ① '거의 ~않다'라는 부정부사가 문두에 위치해 있으므로 동사가 주어 앞으로 도치되어 나간다. 따라서 I could를 could I로 고쳐야 적절하다. ② because는 이유의 부사절 접속사로 절을 이끈다. ③ 주절의 시제가 과거이므로 종속절이 그보다 앞선 것을 나타낼 때는 과거완료가 되어야 한다.

어휘 recognize [rékəgnàiz] vt 알아보다
graduation [græ̀dʒuéiʃən] n 졸업

Point 03 부사 enough는 무조건 후치 수식

부사 enough는 반드시 후치 수식을 한다. 후치 수식이란, 수식을 받는 대상어 뒤에서만 수식할 수 있다는 말이다(형용사 enough는 전치 수식과 후치 수식이 모두 가능하다).

· She told me **accurately enough** to make me understand.
  그녀는 나를 이해시킬 수 있을 만큼 충분히 정확하게 말했다.

확인 학습 문제

01 다음 밑줄 친 부분 중 어법상 틀린 것은?

① The refrigerator ② broke down, so ③ it didn't get ④ enough cool.

정답 및 해설

01 [정답] ④ (enough cool → cool enough)
   [해석] 냉장고가 고장 나서 냉장이 잘 안 된다.
   [풀이] ④ enough가 부사로 쓰일 때는 후치 수식만 가능하다. 따라서 형용사 cool을 수식하기 위해서는 enough가 cool 뒤로 가야 한다.
   [어휘] refrigerator [rifrídʒərèitər] n 냉장고
   break down 고장 나다; 분해되다; 무너지다

Point 04 빈도 부사는 무조건 위치 문제

빈도 부사는 어떤 행위에 대한 빈도를 나타내는 부사이다. 빈도 부사가 동사(구)를 수식할 때, 조동사 뒤, be 동사 뒤, 일반동사 앞에 위치시켜야 한다.

빈도 부사의 종류

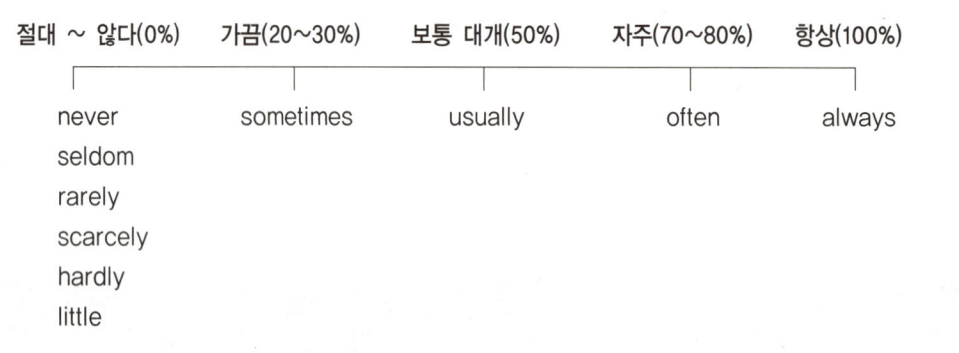

- I **often** call on him. 나는 종종 그에게 들른다.
- She is **always** complaining about that. 그녀는 항상 그것에 대해서 불평을 한다.

확인 학습 문제

01 다음 중 어법상 옳지 <u>않은</u> 것을 고르시오.

① She can usually have a dinner with me.
② He sometimes tells a lie.
③ She is never late for school.
④ He might smile always brightly at me.

정답 및 해설

01 정답 ④
해석
① 그녀는 보통 나와 저녁 식사를 한다.
② 그는 가끔 거짓말을 한다.
③ 그녀는 절대 학교에 지각하지 않는다.
④ 그는 항상 나를 보고 밝게 웃는다.
풀이 ④ 빈도 부사는 조동사가 있을 때 조동사 뒤에 위치해야 하므로 always의 위치를 조동사 might 뒤로 옮긴다.

CHAPTER 10 단원별 확인 문제

✿ 다음 빈칸에 들어갈 말로 가장 적절한 것을 고르시오. [1~2]

01 Never before _____ in an attempt to resolve their differences.

① the couple have tried
② have tried the couple
③ have the couple tried
④ have the couple try

02 _____ has the mathematical theory of games been of practical use in playing real games.

① Seldom
② Yet
③ Already
④ Again

03 다음 우리말을 영어로 가장 잘 옮긴 것은?

> 그가 핸드폰을 집어 들자마자, 전화기가 울렸다.

① No sooner he picked the mobile phone up, the phone rang.
② No sooner had he picked up the mobile phone than the phone rang.
③ Scarcely had he picked the mobile phone up than the phone rang.
④ No sooner had he pick up the mobile phone than the phone rang.

※ 다음 밑줄 친 부분 중 어법상 틀린 것을 고르시오. [4~10]

04 ① There are some words ② enough hard to look up the dictionary in that material, so I ③ have to check them up ④ on the web.

05 ① When I go to ② the shopping mall, I bring ③ always my ④ own bags.

06 ① It is true that not ② until she came back ③ home ④ it stopped raining.

07 Many ① people don't realize how much ② can soap strip the good oils ③ from your skin, ④ as well as the bad ones.

08 The Baileys ① on the rocks is ② such good ③ that I couldn't stop ④ drinking.

09 He ① felt ② empty something ③ because she ④ wasn't present at the party.

10 No sooner he ① had ② entered the building ③ than it rained ④ heavily.

11 다음 빈칸에 들어갈 가장 적절한 것을 고르시오.

A : I like meatball spaghetti and lasagna.
B : I _____, too.

① can ② am
③ do   ④ don't

12 다음 빈칸에 들어갈 가장 적절한 것을 고르시오.

A : I heard your younger brother was sick. Is he fine now?
B : _____ He is still in the hospital.

① I think so.
② I think not.
③ I am afraid so.
④ I am not afraid.

13 다음 우리말을 영어로 옮긴 것 중 가장 적절한 것은?

> 우리는 건강을 잃고 나서야, 그 소중함을 깨달았다.

① Not until did we lose our health, we realized the importance of it.
② Not until we lost our health, did we realized the importance of it.
③ Not until we lost our health, did we realize the importance of it.
④ We did not realized the importance of it until we lost our health.

14 다음 문장 중 어법상 옳지 않은 것은?

① So great was the man that everybody applauded frantically.
② I wonder how old are you.
③ She has enough time to collect data.
④ Often she talks about her grandmother.

15 다음 우리말을 영어로 옮긴 것 중 가장 적절한 것은?

> 그는 훌륭한 작가이기 때문에, 그에게는 수많은 팬들이 있다.

① He is a such great writer that he has lots of fans.
② He is so a great writer, he has lots of fans.
③ He is such a great writer, he has lots of fans.
④ He is so great a writer that he has lots of fans.

05 Actual Test

※ 다음 밑줄 친 부분 중 어법상 틀린 것을 고르시오. [1~9]

01 Children ① <u>enter</u> school are usually ② <u>expected</u> to be ③ <u>socialized</u> and smart ④ <u>together with</u> peer groups.

02 ① <u>Professor</u> Choi will ② <u>depend on</u> his assistants while he ③ <u>will take</u> a leave ④ <u>next</u> month.

03 ① <u>Because</u> heavy traffic, every morning it ② <u>takes</u> ③ <u>Nari</u> one hour ④ <u>to get to</u> the work.

04 Never anywhere ① <u>there has</u> been ② <u>matter</u> ③ <u>without</u> motion nor ④ <u>can</u> there be.

05 The competition for ① <u>jobs</u> is ② <u>too</u> keen that people ③ <u>often</u> take the first one offered, if the salary is ④ <u>thought</u> to be sufficient.

06 ① <u>Neither</u> of them ② <u>have met</u> Minho for the last two ③ <u>years</u>, so they are ④ <u>planning to see</u> him.

290 • Basic Grammar

07 The silver necklace ① is very ② refined and gorgeous now, but it is hard ③ to protect it from ④ corrode.

08 My teacher ① always says that students can be ② divided into two major ③ category : ④ those who want to be successful and those who are afraid of being successful.

09 ① The Alps is the huge mountain chain ② where borders ③ eight countries ④ such as France, Italy, Swiss, Austria and so on.

10 다음 중 어법상 옳지 않은 것은?

① Many a tired employee often dozes during working hours.
② If I had had enough money, I would have bought a wonderful sports car.
③ One of the exciting games I saw were the World Cup final in 2010.
④ He has worked for an American company as accountant for the last seven years.

11 다음 중 어법상 맞는 문장은?

① I was listening the tape carefully.
② I advised them not to be lazy.
③ She married with the TV entertainer.
④ He did not speak loud and clear.

❈ 다음 빈칸에 들어갈 말로 가장 적절한 것을 고르시오. [12~15]

12 Never in my life _____ such a fantastic event.

① had seen ② I have been
③ I seen   ④ have I seen

13 I have lots of friends. _____ is a novelist who is famous for his wit.

① A my friend ② A friend of mine
③ My a friend ④ The my friend

14 Many superstitions _____ numbers have been passed down through the generations and still exist today.

① surround   ② surrounded
③ surrounding ④ to be surrounded

15 Never _____ She deceive us.

① have ② do
③ has   ④ did

❖ 다음 밑줄 친 부분 중 어법상 틀린 것을 고르시오. [16~20]

16 You ① will ② succeed, if you ③ raise at 5 a.m. and then think of ④ what you are going to do today.

17 Inhwa, my ① sister-in-law, is a vegetarian who ② always emphasizes the role of vegetable fibers, ③ vitamins, minerals and ④ another essential nutrients they have.

18 ① Everyone in ② our office except you and ③ I got ④ an invitation.

19 The number ① of over-the-counter sleep aids ② give an idea of ③ how widespread insomnia ④ is today.

20 We ① have had a few ② serious ③ problem with the ④ new equipment.

영어의 시작과 끝 **리라클영어**

테이크아웃
기초영문법

Final Test

01 Final Test

정답 및 해설 p. 395

● 다음 밑줄 친 부분 중 어법상 틀린 것을 고르시오. [1~18]

01 In 1999, Nuno ① come ② to California ③ because he wanted ④ to find a new job.

02 There are ① too many ② books she has in her room that she ③ doesn't need to buy ④ new one.

03 ① After hard work from the job, she ② laid down and ③ fell asleep ④ in no time.

04 You ① need special ② authorization to ③ enter into ④ this building.

05 His present for my birthday ① was so ② surprised ③ that I ④ was moved a lot.

06 ① Since ② the Korean-Japan World Cup, I ③ was so much ④ interested in soccer.

07 Taekwondo ① not only teaches people how to defend themselves, ② and also helps ③ to develop a sense of ④ morality.

08 Puppies, ① pretty and ② faithful animals, ③ requires ④ constant interest.

09 He ① comments ② often on ③ the rumor of ④ others' private lives.

10 In 1999 Olivia ① wrote the ② best-selling essay about herself, ③ win a lottery and traveled ④ abroad with her mother.

11 ① Nobody was ② able explain ③ how we should correct the error or ④ what we have to do.

12 Not only Bona's artwork ① is technically ② proficient ③ but also it explores psychological ④ questions.

13 The Public Prosecutors' office ① celebrates its 60th anniversary on Friday, ② despite a history ③ tarnishing by some ④ disgraceful incidents.

14 The standards ① on which our community ② are based ③ are related to ④ our culture.

15 However, attached to ① this electronic mail ② were a ③ destructive program that copied ④ itself.

16 ① This booklet tells ② you ③ about our various ④ service.

17 Conflict ① is always difficult, but it ② sometimes leads to ③ growing and change ④ in organization.

18 ① Success is a ladder ② what cannot be ③ climbed with your hands in ④ your pockets.

19 다음 빈칸에 들어갈 말로 가장 적절한 것은?

Once _____, the last scene of the movie cannot be forgotten at all.

① see
② seeing
③ saw
④ seen

20 다음 중 어법상 틀린 문장은?

① I enjoy playing the violin.
② I feel like having Soju tonight.
③ She could not but laughing at him.
④ There is no knowing when she will come back.

02 Final Test

정답 및 해설 p. 401

01 다음 빈칸에 들어갈 말로 가장 적절한 것은?

Not until graduation _____ from their parents.

① did they feel enough free
② they feel free enough
③ did they felt free enough
④ did they feel free enough

❂ 다음 밑줄 친 부분 중 어법상 틀린 것을 고르시오. [2~19]

02 We've ① <u>received</u> a number of ② <u>application</u> from ③ <u>the ads</u> we ④ <u>put in</u> the paper.

03 Two of ① <u>us</u> ② <u>has</u> a lot ③ <u>in common</u> ④ <u>in</u> hobbies.

04 Yeongju ① <u>introduces</u> ② <u>her</u> sister ③ <u>to us</u> ④ <u>at the</u> party last night.

05 The person finally ① <u>was accused</u> of ② <u>having created</u> the destructive computer viruses was a ③ <u>young</u> man in the ④ <u>Philippines</u>.

06 We have a few ① radio left ② in stock ③ but can't sell them ④ at the price.

07 My ① one-year-old nephew Ray ② uses crying ③ not only in expressing his sorrow but also ④ to inform his needs.

08 I ① got ② scored ③ enough high ④ to attend Yale University.

09 I ① gave you ② a pencil ③ who ④ had been bought in New York.

10 His stories ① are ② boring but we have ③ to listen to ④ it carefully.

11 ① The pine tree, ② always ever green, ③ has planted last year ④ in the backyard by my father.

12 Japanese is ① learned very easily by ② Koreans, ③ but not by other ④ nation.

13 It is so ① common ② to used credit cards ③ without realizing ④ how much we spend.

300 • Basic Grammar

14 The man ① astonishing at her ② odd conduct was ③ at a loss ④ for words.

15 ① All men ② whom have achieved great ③ things ④ have been great dreamers.

16 We would ① appreciate your ② send us a ③ catalogue of your products ④ with terms of payments.

17 The politician ① always avoids ② to be drawn into ③ discussion of ④ controversial issues.

18 The degree of the ① free expression of the press or ② opinion ③ in the country ④ are overrated.

19 New York's Christmas is ① featured in many ② movies ③ while this time of year, ④ which means that this holiday is the most romantic and special in Big Apple.

20 다음 중 어법상 틀린 문장은?
① This car belongs to him.
② This book is worth reading.
③ The result was disappointing.
④ Let's stay here until she will depart.

03 Final Test

정답 및 해설 p. 406

❈ 다음 밑줄 친 부분 중 어법상 틀린 것을 고르시오. [1~4]

01 ① The error of ② one moment ③ become the sorrow of ④ whole life.

02 You ① walk ② such fast that I cannot ③ keep up ④ with you.

03 More and more people are ① turning away from their doctors and, instead, going to individuals who ② have no medical training and ③ who sell ④ unproving treatments.

04 The leader, who has never been ① looked up to, ② thinks that it is very ③ satisfactory to show off his ④ new gained power.

❈ 다음 빈칸에 들어갈 말로 가장 적절한 것을 고르시오. [5~8]

05 I asked my friend _____ early for the movie tomorrow.
   ① comes   ② coming
   ③ came   ④ to come

06 Bona attended _____ in the U.S.A.

① in UC San Diego   ② to UC San Diego
③ at UC San Diego   ④ UC San Diego

07 When they learn language, if corrected too much, babies will stop _____.

① talking   ② to talk
③ has talked   ④ had talked

08 The more we study, _____.

① the more discover we our ignorance
② the more we discover our ignorance
③ we discover our ignorance the more
④ we discover our ignorance more

❈ 다음 밑줄 친 부분 중 어법상 틀린 것을 고르시오. [9~15]

09 ① <u>Either</u> my mother nor my father ② <u>is</u> particularly interested in my ③ <u>going</u> abroad ④ <u>during</u> the summer vacation.

10 The problem with ① <u>these</u> sleep aids is that ② <u>even though</u> they induce ③ <u>drowsiness</u>, they do not promote real sleep ④ <u>what</u> is deep, lasting and refreshing.

11 The teacher encouraged ① <u>her</u> students ② <u>read</u> as ③ <u>many</u> good books as ④ <u>possible</u>.

12 There are a few ① rules to follow ② when you ③ participate the message board ④ on our school website.

13 ① The police officer will ② tell you ③ write on the statement all the things about the car crash ④ that you know.

14 After ① taking care of my brother and ② me, ③ my mom used to scrub, mop, and ④ to dust everything in the house.

15 ① No one can ② discourage her from ③ marry the man of ④ her own choice.

16 다음 중 어법상 틀린 문장은?
   ① You should be sound in body as well as in mind.
   ② She has never been either to Paris or London.
   ③ I expected her to finish it sooner than usual.
   ④ I felt someone listen to my singing a song.

17 다음 중 어법상 맞는 문장은?
   ① She was seen enter the room.
   ② I love nobody but you.
   ③ I want you study harder than now.
   ④ We consider to start the project next week.

18 다음 중 어법상 틀린 문장은?

① To master English is not so easy.
② A number of books were arranged on the book shelves.
③ Would you mind helping me with moving the desk?
④ The climate of England is cooler than those of Korea.

19 다음 빈칸에 들어갈 말로 적절하지 않은 것은?

We _____ her to complete the application form.

① expect
② allow
③ tell
④ let

20 다음 빈칸에 들어갈 말로 적절한 것은?

Even though he was very smart, he found even the easiest things very _____.

① confuse
② confusing
③ confused
④ confuses

Bonus 전치사구

as a result of ~	~의 결과로
according to ~	~에 따라서
apart from ~	~은 제쳐 두고
at the expense of ~	~의 비용으로, ~을 희생하여, ~의 댓가로
at the rate of ~	~의 비율[속도]로
as to ~	~에 관하여(= about, with reference to)
by means of ~	~에 의해서(= by)
contrary to ~	~와 반대로, ~와 대조적으로
due to ~	~ 때문에(= because of, owing to)
for the sake of ~	~을 위해서
in accordance with ~	~에 따라, ~에 일치하여
in addition to ~	~에 더하여
in celebration of ~	~을 기념하여
in charge of ~	~을 책임지고 있는, ~을 담당하는
in comparison with ~	~와 비교해 볼 때
in conjunction with ~	~와 함께
in exchange for ~	~와 교환하여
in favor of ~	~을 찬성[지지]하여; ~을 선호하여
in front of ~	~의 앞에
in honor of ~	~을 기념하여
in line with ~	~와 일치하여(= in agreement with)
in observance of ~	~을 준수하여
in place of ~	~을 대신하여
in response to ~	~에 응하여
in return for ~	~에 대한 보답으로
in spite of ~	~에도 불구하고(= despite)
instead of ~	~ 대신에
in terms of ~	~의 관점에서
in violation of ~	~을 위반하여
on behalf of ~	~을 대신하여; ~을 위하여
prior to ~	~ 전에(= before)
regardless of ~	~에 상관없이
subsequent to ~	~에 뒤따라서
thanks to ~	~ 덕분에
with reference to ~	~에 관(련)하여

MEMO

MEMO

MEMO

MEMO

MEMO

MEMO

영어의 시작과 끝 리라클 영어

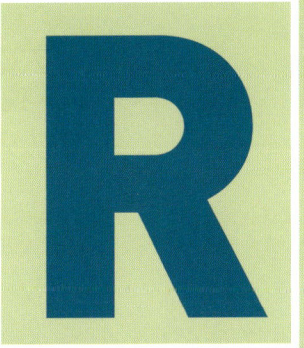

테이크아웃
기초영문법

동영상 강의 classu.co.kr/new
CLASSU

영어의 시작과 끝 리라클 영어

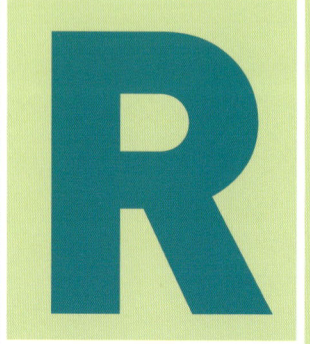

테이크아웃 기초영문법

동영상 강의 classu.co.kr/new
CLASSU

영어의 시작과 끝 리라클 영어

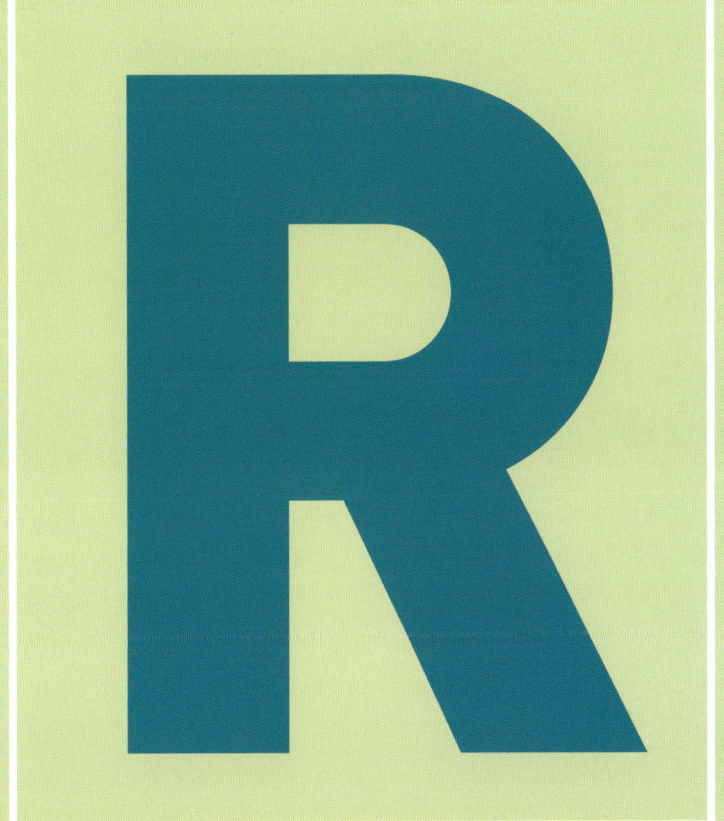

테이크아웃
기초영문법

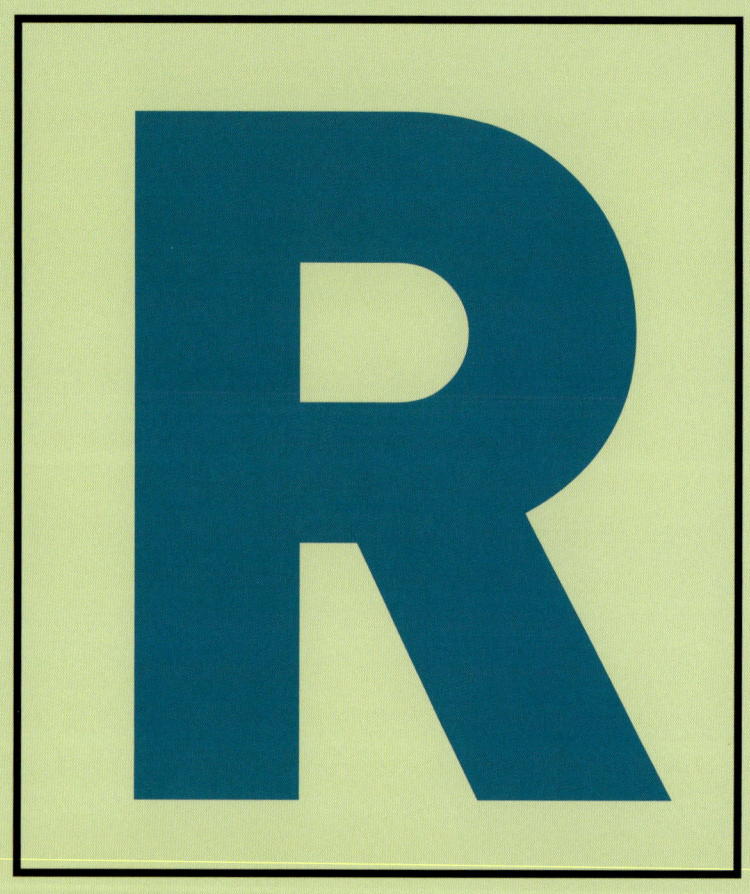

똑같은 영어를 하더라도 성과가 달라지는 영어 해법

이리라 리라클 영어

왕초보 탈출은 기본!! 실력까지 쑥쑥!! 이리라 영어

영어의 시작과 끝 리라클 영어

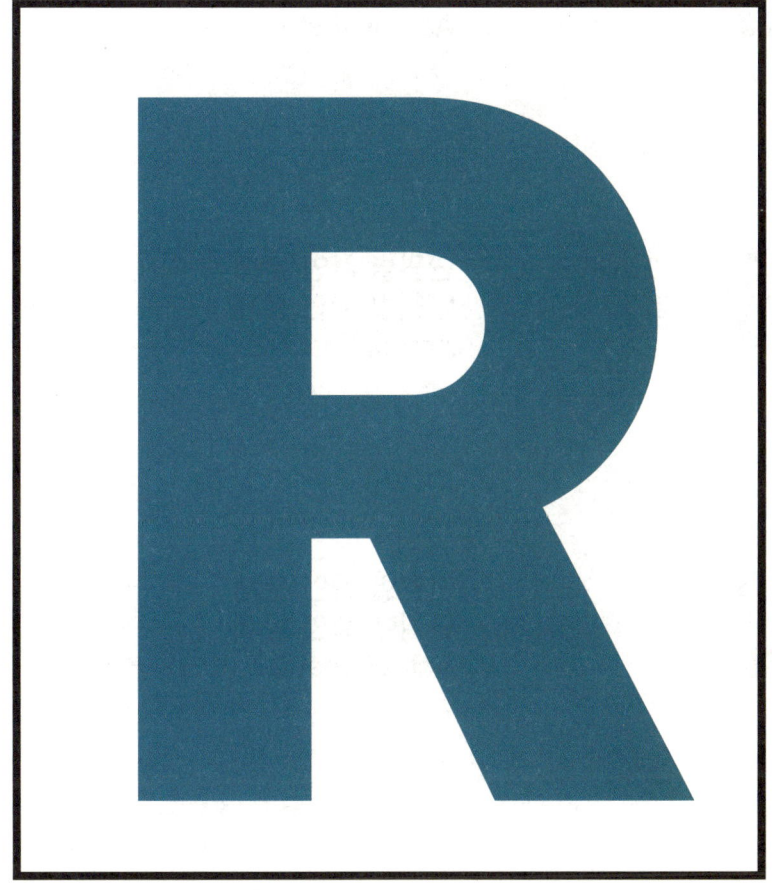

목차 CONTENTS

PART 01
- CHAPTER 01 단원별 확인 문제 —————○ 318
- CHAPTER 02 단원별 확인 문제 —————○ 324
- Actual Test 01 —————○ 329

PART 02
- CHAPTER 03 단원별 확인 문제 —————○ 334
- CHAPTER 04 단원별 확인 문제 —————○ 338
- Actual Test 02 —————○ 345

PART 03
- CHAPTER 05 단원별 확인 문제 —————○ 350
- CHAPTER 06 단원별 확인 문제 —————○ 354
- Actual Test 03 —————○ 360

목차
CONTENTS

PART 04
- CHAPTER 07 단원별 확인 문제 —————— 365
- CHAPTER 08 단원별 확인 문제 —————— 371
- Actual Test 04 —————— 375

PART 05
- CHAPTER 09 단원별 확인 문제 —————— 380
- CHAPTER 10 단원별 확인 문제 —————— 384
- Actual Test 05 —————— 389

PART 06
- FINAL TEST 01 —————— 395
- FINAL TEST 02 —————— 401
- FINAL TEST 03 —————— 406

영어의 시작과 끝 **리라클영어**

R
테이크아웃
기초영문법

정답 및 해설

PART 01 정답 및 해설

01 단원별 확인 문제   p. 43

| 01 | ③ | 02 | ① | 03 | ② | 04 | ② | 05 | ① | 06 | ② | 07 | ① | 08 | ② | 09 | ④ | 10 | ② |
| 11 | ② | 12 | ② | 13 | ③ | 14 | ② | 15 | ② | 16 | ① | 17 | ② | 18 | ③ | 19 | ① | 20 | ③ |

01
I ① organize my ② office and ③ my need the ④ latest computer model.

③ 동사 need 앞자리는 주어 자리이므로 소유격 대명사 my를 주격 대명사로 고친다. ① organize 앞에 주어 I가 있고, 뒤에 목적어 my office가 있으므로 동사 organize는 적절하다. ② 소유격 대명사 뒤에는 명사자리이므로 office는 적절하다. ④ 형용사의 비교급과 최상급은 형용사이며, 부사의 비교급과 최상급은 부사이다. late는 형용사(늦은), 부사(늦게)가 모두 가능한 단어이며, 여기서는 명사구(computer model)를 수식하는 형용사의 최상급으로 쓰였다.

[출제포인트] 인칭대명사의 격
[정답] ③ (my → I)
[해석] 사무실을 준비하는 중이라 최신 컴퓨터 모델이 필요합니다.
[어휘] organize [ɔ́ːrɡənàiz] vt 조직하다; 정리하다
latest [léitist] a 최신의, 최근의

02
Mr. Fox earned the _____ trust from his clients when he reported his final profit report.

① complete   ② completely
③ completed   ④ completing

빈칸 앞에 관사, 빈칸 뒤에 명사 trust가 있으므로 빈칸은 명사를 꾸며 주는 형용사 자리이다. 따라서 정답은 ①이 된다. 과거분사와 현재분사 또한 형용사가 되지만, 보기에 형용사가 있을 때는 분사를 쓸 이유가 없으므로 형용사가 답이 된다.

[출제포인트] 형용사 자리
[정답] ①
[해석] 폭스 씨는 최종 수익 보고서를 제출하여 고객들에게서 완벽한 신뢰를 얻었다.
[어휘] earn [əːrn] vt 얻다
complete [kəmplíːt] a 완벽한; 완성된
client [kláiənt] n 고객
final [fáinəl] a 최종의
profit report n 수익 보고서

318 • Basic Grammar

03

The editor revised the article somewhat because the vocabulary in it was too _____ and the contents were so trite.

① repeating
② repetitive
③ repetition
④ repeat

빈칸에는 be 동사 뒷자리이므로 보어가 들어가야 한다. 여기서 주어가 vocabulary(어휘)이므로 vocabulary와 repetition(반복)은 동격이 되지 않기 때문에, 빈칸에는 형용사 보어가 들어가야 한다. 또한 부사 too는 명사를 수식할 수 없으므로 빈칸에는 형용사가 들어가야 한다. 그런데 보기에 형용사와 현재분사가 함께 있을 때는, 원 품사가 우선이 되어야 한다. 즉, 형용사가 없을 때 형용사 대용으로 분사를 쓰지만, 형용사가 있다면 굳이 분사를 쓸 이유가 없으므로 형용사인 ②가 정답이다.

출제포인트 형용사 자리
정답 ②
해석 편집자는 기사의 어휘가 너무 반복적이고, 내용이 아주 진부하였기 때문에 기사를 약간 수정하였다.
어휘 editor [édətər] n 편집자
revise [riváiz] vt 수정하다
somewhat [sʌ́mhwʌ̀t] ad 다소, 약간 (= rather)
vocabulary [voukǽbjulèri] n 어휘
repetitive [ripétətiv] a 반복적인
content [kɑ́ntent] n 내용, 목록
trite [trait] a 진부한

04

Emy ① runs ② such quickly that I could not ③ keep up ④ with her.

② such는 형용사이다. 형용사 such는 부사 quickly를 수식할 수 없다. 부사 quickly를 수식하려면 such 자리에 부사가 와야 하므로, quickly앞에 있는 형용사 such를 부사 so로 고친다. so~that과 such~that은 의미가 같지만, so와 such의 품사가 다르다는 것을 잊지 말자. so는 부사, such는 형용사이다.

출제포인트 형용사와 부사의 구분
정답 ② (such → so)
해석 에미가 너무 빨리 뛰어가서 나는 그녀를 따라잡을 수가 없었다.
어휘 so/such ~ that 아주[너무나도] ~해서 …하다
keep up with ~ ~에게 뒤지지 않다
cf catch up with ~ ~을 따라잡다

05

Recent research found that ① identity twins who ② were brought up ③ separately were more different than ④ those brought up together.

① identity는 '동일함; 신원, 정체'라는 의미로 명사 twins를 수식할 수 없다. 따라서 명사 identity를 twins를 수식하는 형용사 identical로 고친다. ② who ~ separately는 관계절로 선행사 identical twins를 꾸며 주고 있다. 선행사가 복수이므로 관계사 who도 복수이다. 따라서 관계절 내 동사도 복수가 적절하다. ③ 동사구 were brought up를 꾸며 주는 부사 자리이다. ④ those는 앞에 있는 identical twins를 받고 있다.

출제포인트 명사를 수식하는 형용사
정답 ① (identity → identical)
해석 최근의 연구에서 따로따로 길러진 일란성 쌍둥이는 함께 길러진 일란성 쌍둥이보다 차이점이 많다는 것을 발견했다.
어휘 recent [ríːsənt] a 최근의
identity [aidéntəti] n 동일함; 신원, 정체
identical twins n 일란성 쌍둥이
identical [aidéntikəl] a 동일한
bring up 기르다, 양육하다
separately [sépəritli] ad 따로따로, 각각
different [dífərənt] a 다른

06 Rice and ① barley are ② ready available in Korea, ③ because korean people ④ live on them.

② 형용사를 수식하는 것은 부사이다. ready는 형용사이므로 형용사 available을 수식할 수 없다. 따라서 형용사 ready를 부사 readily로 고친다. ③ because는 '~ 때문에'라는 뜻의 접속사로 절을 이끈다. ④ live on은 '~을 먹고 살다'라는 뜻의 동사구이며, 주어가 korean people로 복수명사이므로 동사 또한 복수가 적절하다.

출제포인트 형용사를 수식하는 부사
정답 ② (ready → readily)
해석 쌀과 보리는 한국에서는 쉽게 구할 수 있다. 왜냐하면, 대부분의 한국 사람들은 그것(들)을 주식으로 하고 있기 때문이다.
어휘 barley [báːrli] n 보리
readily available 쉽게 구할 수 있는
cf readily [rédəli] ad 즉시; 쉽게
available [əvéiləbəl] a 이용할 수 있는; 손에 넣을 수 있는
live on ~을 먹고 살다

07 ① Although the recent slowdown, the ② demand of the ③ newly launched motors ④ was high in the country.

① 접속사 although는 절을 이끌어야 하는데 although 뒤에 명사구가 있으므로, 접속사 Although를 전치사 Despite로 고친다. ③ newly는 '새롭게'라는 뜻의 부사이다. 뒤에 있는 과거분사(형용사)를 꾸며 주고 있다. ④ 동사 was는 주어가 the demand로 단수이므로 단수동사 형태로 적절하다.

출제포인트 전치사와 접속사의 구분
정답 ① (Although → Despite)
해석 최근 경기 침체에도 불구하고, 나라 전역에서 새롭게 출시된 그 차에 대한 수요가 높았다.
어휘 recent [ríːsənt] a 최근의
slowdown n 둔화, 침체
demand [dimǽnd] n 수요, 요구
newly [njúːli] ad 새롭게
launch [lɔːntʃ] vt 출시하다; 시작하다
motor [móutər] n 자동차(= automobile)

08 Some ① bad people attack women ② because of they are ③ weaker and more vulnerable ④ than men.

② 전치사 because of 뒤에 절의 구조가 나와 있으므로 because of의 자리에는 전치사가 아니라 접속사가 쓰여야 한다. 따라서 전치사 because of를 접속사 because로 고친다. ③ 등위접속사 and에 의해 비교급이 병치되고 있다.

출제포인트 전치사와 접속사의 구분
정답 ② (because of → because)
해석 몇몇 나쁜 사람들은 남자보다 더 연약하고 쉬운 대상이기 때문에 여성들을 공격합니다.
어휘 vulnerable [vʌ́lnərəbəl] a 약한, 취약한, 상처 받기 쉬운

09 People living in this city think that the new hospital near the city center is not _____ sound.

① finance ② finances
③ financial ④ financially

문장 구조를 살펴보면 that절 내에 동사가 is not이고 sound는 형용사 보어로 쓰였다. 문장 구조가 완전하므로 빈칸에는 보어 sound를 수식할 수 있는 부사의 형태가 들어가는 것이 적절하다. 따라서 ④ financially가 정답이다.

출제포인트 형용사를 수식하는 부사
정답 ④
해석 이 도시에 살고 있는 사람들은 도심근처의 새로운 병원이 재정적으로 건실하지 않다고 생각한다.
어휘 financially [finǽnʃəli] ad 재정적으로
near [niər] prep ~ 근처에
a 가까운
ad 가까이에
sound [saund] a 건강한, 건전한
finance [finǽns] n 재정
financial [finǽnʃəl] a 재정의, 금융의

10 I am really sorry for _____.
① lately ② being late
③ to be late ④ be late

출제포인트 전치사 + 명사 (= 전치사의 목적어)

정답 ②

해석 늦어서 정말 미안합니다.

전치사 for 뒤에 빈칸이 있는 것으로 보아 전치사의 목적어를 찾는 문제이다. 목적어 자리에 들어가는 품사는 명사가 되므로 전치사 뒤에 명사 상당어구를 써넣으면 된다(전명구). 보기 중에서 명사에 상당하는 것을 찾으면, ②의 동명사와 ③의 to R(명사적 용법)이 있는데, to R는 원칙적으로 전치사 뒤에 쓰지 않으므로 정답은 ②가 된다.

11 ① She said every ② countries needed ③ to work hard to ④ make the world peaceful.

출제포인트 형용사(한정사)와 명사의 수일치

정답 ② (countries → country)

해석 그녀는 전 세계가 평화롭기 위해서는 모든 나라가 열심히 노력해야 한다고 말했다.

어휘 need to R ~해야 한다

② 'every + 단수명사'의 형태가 되어야 하므로 복수명사 countries를 단수형 country로 고친다. ① 주어 자리이므로 주격 대명사가 적절하다. ③ need는 to R를 목적어로 취하는 동사이다.

12 ① However, many a younger ② students has fewer ③ chances to use their ④ hands when writing.

출제포인트 형용사(한정사)와 명사의 수일치

정답 ② (students → student)

해석 그러나 많은 어린 학생들이 글쓰기를 할 때, 직접 쓸 기회가 많지 않다.

어휘 chance [tʃæns] n 기회; 가능성; 운
cf chance to R ~할 기회

② 'many a + 단수명사'의 형태이므로 students를 student로 고친다. ③ 'fewer + 복수명사'의 형태이다.

13 ① You can ② either take a tram or ③ walking yourself in order to ④ look at the animals.

출제포인트 등위상관접속사의 병치

정답 ③ (walking → walk)

해석 여러분은 동물을 보기 위해 전차를 타거나 걸어갈 수 있습니다.

어휘 either A or B A, B 둘 중 하나(등위상관접속사)
tram [træm] n 전차
in order to R ~하기 위해서
look at ~ ~을 보다

③ 등위상관접속사 either A or B의 구조에서 A와 B는 병치를 이루어야 한다. A가 동사원형으로 이루어져 있으므로 B도 또한 동사원형이 되어야 한다. 따라서 walking을 walk로 고친다. ④ look at은 '~을 보다'의 의미이다. 또한 in order to 뒤에는 동사원형이 들어가야 한다.

14 He didn't ① express ② him thoughts for ③ fear that he be ④ misunderstood.

② 명사 앞에는 인칭대명사의 소유격을 써야 하므로 him을 his로 고친다. ④ for fear that ~ (should)는 '~하지 않기 위해서'라는 의미의 접속사이다. 여기서 should가 생략될 수 있고, misunderstand의 목적어가 없으므로 수동의 원형부정사 형태인 be misunderstood는 적절하다.

출제포인트 인칭대명사의 격
정답 ② (him → his)
해석 오해받지 않기 위해서 그는 자신의 생각을 표현하지는 않았다.
어휘 for fear that ~ (should) ~하지 않기 위해서
misunderstand [mìsʌndərstǽnd]
vt 오해하다

15 However, you have to ① remember several ② thing before you ③ put something in ④ your mouth.

② 'several + 복수명사'의 형태이므로, thing을 things로 고친다. ④ 명사 앞자리는 인칭대명사의 소유격 자리이므로, your의 쓰임은 적절하다.

출제포인트 형용사(한정사)와 명사의 수일치
정답 ② (thing → things)
해석 하지만 여러분은 여러분의 입 속에 무언가를 넣기 전에 몇 가지를 기억해야만 합니다.

16 We have a few ① vacancy not ② in permanent ③ but in ④ temporary positions.

① 'a few + 복수명사'가 되어야 하므로, vacancy를 vacancies로 고친다. not A but B는 'A가 아니라 B'라는 뜻의 등위상관접속사 구문으로, A와 B는 서로 병치를 이루어야 한다. A가 in permanent(전명구)이고 B 또한 in temporary positions(전명구)로 적절하게 병치를 이루고 있다(not in permanent but in temporary position). 따라서 ②, ③은 모두 적절하다.

출제포인트 형용사(한정사)와 명사의 수일치
정답 ① (vacancy → vacancies)
해석 우리는 정규직이 아니라 임시직에 공석이 조금 있다.
어휘 vacancy [véikənsi] n 공석, 결원
permanent [pə́ːrmənənt] a 영구한, 영속적인
temporary [témpərèri] a 임시의, 임시직의
not A but B A가 아니라 B(등위상관접속사)

17 ① The Netherlands now ② becoming the only country ③ in the world to allow the mercy killing of ④ patients.

② 이 문장에서는 동사가 없다. 따라서 준동사 becoming을 동사로 고쳐야 적절하다. 주어가 The Netherlands로 복수 형태처럼 보이지만 하나의 국가를 의미하므로 단수취급 하여야 한다(네덜란드는 여러 개의 도시가 모여 만든 왕국의 형태이므로 국가 명에 -s가 들어가 있다). 따라서 동사의 형태는 단수 형태인 becomes가 적절하다. ③ 전치사 in 뒤에 명사구가 있으므로 전치사 in은 적절하게 쓰였다. ④ 전치사 of 뒤는 명사 자리이므로 명사 patients는 적절하게 쓰였다.

출제포인트 동사자리
정답 ② (becoming → becomes)
해석 네덜란드는 지금 환자의 존엄사를 허용하는 세계에서 유일한 국가이다.
어휘 allow [əláu] vt 허락하다; 허용하다
mercy killing 존엄사; 안락사
patient [péiʃənt] n 환자

18 ① Google will be developing and ② providing various ③ video content for the Samsung's ④ gadget.

③ 'various + 복수명사'의 형태이다. 따라서 video content를 복수형 video contents로 고친다. ② 등위접속사 and 앞에 developing(현재분사)이 있으므로 providing(현재분사)은 적절하다. ④ 명사 gadget은 전치사 for의 목적어로 쓰였으므로 적절하다.

출제포인트 형용사(한정사)와 명사의 수일치
정답 ③ (video content → video contents)
해석 구글은 삼성의 휴대폰에 다양한 비디오 콘텐츠를 개발하고 제공할 예정이다.
어휘
develop [divéləp] vt 개발하다
provide [prəváid] vt 제공하다
various [vέəriəs] a 다양한
gadget [gǽdʒit] n 기계 장치

19 Singapore is famous for ① it's cleanliness, and this ② country ③ is made up of one main island and 63 other smaller ④ islands.

① it의 소유격은 it's가 아니라 its이다. it's는 it is의 축약 형태이다. ② 지시형용사 this, these도 명사와 수일치한다. 'this + 단수명사'의 형태이므로 단수명사인 country는 적절하다. ③ be made up of ~는 '~으로 구성되다'라는 의미의 관용어구이다. ④ 'other + 가산 복수명사'의 형태이므로 islands는 적절하다.

출제포인트 인칭대명사의 격과 수
정답 ① (it's → its)
해석 싱가포르는 청결함으로 유명하며, 이 나라는 하나의 주요 섬과 63개의 다른 작은 섬들로 이루어져 있습니다.
어휘
be famous for ~ ~으로 유명하다
(= be known for)
be made up of ~ ~으로 구성되다
(= be composed of)

20 ① There are a number of ② excellent and skilled ③ employee ④ in our company.

③ a number of(수많은)는 복수명사와 수일치한다. 따라서 단수명사인 employee는 복수명사 employees가 되어야 한다. ① There are/is는 '~이 있다'라는 뜻으로 유도부사 구문이다. ② 밑줄 뒤에 등위접속사 and를 사이에 두고 형용사가 병치되고 있다.

출제포인트 형용사(한정사)와 명사의 수일치
정답 ③ (employee → employees)
해석 우리 회사에는 수많은 뛰어나고 숙련된 직원들이 있습니다.
어휘
There is [are] ~ 〈존재 구문〉 ~이 있다
a number of 수많은
excellent [éksələnt] a 훌륭한
skilled [skild] a 숙련된
employee [implɔ́iiː] n 직원

02 단원별 확인 문제
p. 61

| 01 | ② | 02 | ③ | 03 | ③ | 04 | ② | 05 | ② | 06 | ③ | 07 | ③ | 08 | ③ | 09 | ① | 10 | ② |
| 11 | ③ | 12 | ② | 13 | ② | 14 | ② | 15 | ② | | | | | | | | | | |

01

① In Korea, a number of people ② believes their blood type ③ has something to do with ④ their personality.

② 주어가 people(복수)이므로 동사의 수 또한 복수가 되어야 한다. 따라서 believes를 believe로 고친다. a number of는 '많은'이라는 뜻의 형용사로 복수명사와 수일치한다. ③ has는 believe의 목적어절에 나온 동사로, 주어가 their blood type이므로 동사 has는 적절하다.

출제포인트 a number of + 복수명사 + 복수동사

정답 ② (believes → believe)
해석 한국에서는, 많은 사람들이 혈액형이 성격과 관련이 있다고 믿는다.
어휘 blood type n 혈액형
have sth to do with ~ ~와 관련이 있다
personality [pə̀ːrsənǽləti] n 성격, 인격

02

다음 중 어법상 옳은 것은?
① People who are satisfied appreciates what they have in life.
② George don't completed the assignment yet.
③ My daughter is not yet old enough to go to school.
④ There are, of course, a fee to enter the art museum.

③ 주어(my daughter)가 3인칭 단수이므로 3인칭 단수 현재형 동사 is는 적절하다. ① 주어(people)가 복수명사이므로 주절 동사 appreciates는 복수동사 appreciate로 고쳐야 적절하다. ② 주어(George)가 3인칭 단수이므로 조동사 do는 does가 되어야 한다. 즉, don't를 doesn't로 고쳐야 적절하다. ④ 이 문장은 도치구문이므로 주의해야 한다. 이 문장의 도치된 주어(a fee)가 단수이므로 복수동사 are는 is가 되어야 한다. 즉 there are를 there is로 고쳐야 적절하다.

출제포인트 수일치 종합

정답 ③
해석 ① 만족하는 사람들은 그들의 삶에서 그들이 가진 것을 감사한다.
② 조지는 아직 과제를 끝내지 못했다.
③ 내 딸은 아직 학교 갈 나이가 안 되었다.
④ 물론 그 미술관에 들어가려면 입장료가 있다.
어휘 satisfied [sǽtisfàid] a 만족한
appreciate [əpríːʃièit] vt 감사하다; 감상하다; 평가하다
what + S + V ~ ~하는 것
complete [kəmplíːt] vt 완성하다; 완료하다
assignment [əsáinmənt] n 과제
yet [jet] ad 아직
fee [fiː] n 입장료; 요금
art museum 미술관

03 One of the ① qualities which distinguish us ② from animals ③ reflect a shared genetic ④ inheritance.

출제포인트 one of the 복수명사 + 단수동사

정답 ③ (reflect → reflects)

해석 인간을 동물과 구별 지을 수 있는 특징 중 하나는 유전자를 공유한다는 것이다(공유된 유전을 보여준다는 것이다).

어휘 quality [kwáləti] n 품질; 특성; 자질
distinguish A from B A와 B를 구별하다
reflect [riflékt] vt 반영하다; 나타내다
shared a 공유된
genetic [dʒənétik] a 유전의
inheritance [inhéritəns] n 유산, 재산; 유전

One (of the qualities) (which distinguish us from animals)
 S   수식어   수식어
reflect a shared genetic inheritance.
 V ↳ reflects   O

One of the qualities의 핵심어는 One이다. 주어가 3인칭 단수이므로 동사도 단수동사가 되어야 한다. 따라서 reflect를 reflects로 고친다. ① 'one of the + 복수명사'가 되어야 하므로 복수명사 qualities는 적절하다. ② distinguish A from B는 'A와 B를 구별하다'라는 뜻의 관용어구이다.

04 Either French ① or Spanish ② are not easy for me, so I could not ③ make myself understood ④ in either language.

출제포인트 등위상관접속사 수일치

정답 ② (are → is)

해석 불어와 스페인어 둘 중 어떤 것도 나에게는 쉽지 않아서, 나는 그 둘 중 하나로는 의사소통할 수 없다.

어휘 make oneself understood in ~ ~으로 의사소통하다
either [íːðər] a 둘 중 하나의
         prep 둘 중 하나

② 등위상관접속사 Either A or B가 주어로 왔을 때는 B와 동사의 수를 일치시킨다. B가 Spanish로 3인칭 단수이므로 are를 is로 고친다.

05 Another ① problem is that teen girls ② does not ③ exercise as much as ④ boys.

출제포인트 복수주어 - 복수동사

정답 ② (does → do)

해석 또 다른 문제는 십대 소녀들이 소년들만큼 운동을 하지 않는다는 것이다.

어휘 exercise [éksərsàiz] vt 운동하다

② 종속절(that절) 내의 주어(teen girls)가 3인칭 복수이므로 동사 역시 복수 형태가 되어야 한다. 따라서 does를 do로 고친다. ① 'another + 단수명사'의 형태가 되어야 하므로, 단수명사 problem은 적절하다.

06 Neither I ① nor one of ② them ③ are going to attend the seminar ④ tomorrow.

출제포인트 등위상관접속사 수일치

정답 ③ (are → is)

해석 나와 그들 중 어떤 사람도 내일 세미나에 참석하지 않을 것이다.

어휘 be going to R(= will R) ~할 것이다
attend [əténd] vt 참석하다

③ Neither A nor B가 주어로 올 때 동사의 수는 동사와 가까운 주어(B)에 일치시킨다. one of them의 핵심어는 one이다. 따라서 one에 동사를 맞춰서 3인칭 복수동사 are를 is로 고친다. ① 앞에 neither가 나왔으므로 nor가 맞다.

07 A ① large number ② of persons who used to live here ③ emigrates to America ④ from this country.

> 출제포인트 a number of + 복수명사 + 복수동사
> 정답 ③ (emigrates → emigrate)
> 해석 여기에 살았던 많은 사람들이 이 나라에서 미국으로 이민을 간다.
> 어휘 emigrate [éməgrèit] vi 이주하다, 이민하다

③ 'A number of + 복수명사 + 복수동사'의 패턴을 묻는 문제이다. 주어가 persons로 복수명사이므로 동사 또한 복수가 되어야 한다. who used to live here가 관계절로 수식어구이고, emigrates가 동사로 쓰였다. 단수동사 emigrates를 복수동사 emigrate로 고쳐야 주어와 동사의 수일치가 적절하다.

08 The ① number of runaway ② teenagers ③ are ④ increasing these days.

> 출제포인트 a number of + 복수명사 + 단수동사
> 정답 ③ (are → is)
> 해석 요즘 가출 청소년들의 수가 증가하고 있다.
> 어휘 runaway teenager n 가출 청소년
> increase [inkríːs] vi 늘다, 증가하다

③ 'The number of + 복수명사 + 단수동사'의 패턴을 묻는 문제이다. 'The number of + 복수명사'에서 수식 성분이 되는 것이 'of + 복수명사'이고 주어의 핵심어는 the number로 단수명사이므로 동사도 단수동사가 되어야 한다. 따라서 are를 is로 고친다.

09 There ① is children ② playing ③ about in ④ the garden.

> 출제포인트 There are + 복수명사
> 정답 ① (is → are)
> 해석 정원에서 뛰어놀고 있는 아이들이 있다.

① There is/are로 시작하는 구문은 존재 구문으로 주어가 뒤에 도치된 구조이기 때문에 동사의 수는 동사 뒤에 나오는 주어의 수에 일치시킨다. children은 복수주어이기 때문에 단수동사 is를 복수동사 are로 고친다.
② 현재분사 playing은 앞에 있는 명사 children을 꾸며주고 있다.
cf 여기서 쓰인 about은 부사로 play(v) + about(ad)으로 함께 쓰여 '뛰어놀다'의 의미이다.

10 Anyone ① under the age of nineteen ② are not ③ allowed ④ to see the movie.

> 출제포인트 anyone + 단수동사
> 정답 ② (are → is)
> 해석 19세 이하는 그 영화를 보지 못하게 되어 있다.

② 우선 동사인 are를 찾는다. 동사 앞이 모두 주어라고 보면 되는데 주어가 길기 때문에 수식 성분을 괄호 안에 넣어 보자. Anyone (under the age) (of nineteen) are not allowed to see the movie. 수식 성분을 괄호 안에 넣으면 주어의 핵심어가 Anyone이라는 것이 보이게 된다. –one으로 끝나는 단어는 단수 취급하므로 복수동사 are가 아닌 단수동사 is로 고친다. ④ be allowed to R는 'allow + 목적어 + to R'의 수동태이다.

11 다음 중 어법상 틀린 문장은?
① A number of members were present.
② The number of visitors is 300 on average a day.
③ Both Amy and Mary plays the piano.
④ Either you or I have to do this.

③ 주어가 Amy와 Mary 두 사람이므로 복수이다. 따라서 단수동사 plays는 수일치가 적절하지 않으므로 plays를 복수동사 play로 고친다. ① 'A number of + 복수명사' 다음에 복수동사가 왔으므로, 주어와 동사의 수일치는 적절하다. ② 'The number of + 복수명사 + 단수동사'이므로 주어와 동사의 수일치는 적절하다. ④ either A or B가 주어로 오면 (근접성의 원리에 의해서) 동사는 B에 수일치 시킨다. 따라서 1인칭 단수주어 I 와 1인칭 단수동사 have는 수일치가 올바르다.

출제포인트 수일치 문제 종합
정답 ③ (plays → play)
해석 ① 많은 회원들이 참석했다.
② 방문객은 하루에 평균 300명 정도이다.
③ 에이미와 메리 둘 다 피아노를 연주한다.
④ 너나 나 둘 중 하나가 이것을 해야만 한다.
어휘 present [prézənt] a 참석한
average [ǽvəridʒ] n 평균
play the piano 피아노를 연주하다

12 ① There ② are an opening ③ for a teacher ④ at that school.

② There is/are 구문에서는 동사의 수는 복수이고, 주어(an opening)의 수는 단수이므로 이는 수일치가 적절하지 않다. 따라서 복수동사 are를 단수동사 is로 고친다.

출제포인트 There is + 단수명사
정답 ② (are → is)
해석 그 학교에 교사 자리가 하나 있다.
어휘 opening [óupəniŋ] n 공석, 빈자리; 구멍

13 ① Today's consumers, surrounded by a lot of products and service, ② is faced ③ with a wider range of ④ choices than ever before.

② 삽입어구 'surrounded by a lot of products and service'를 삭제하면 주어의 핵심어가 consumers로 복수명사임을 알 수 있다. 따라서 단수동사 is를 복수동사 are로 고쳐야 적절하다. ③ 전치사 with 뒤에 명사구가 있으므로 with는 적절하다. 또한 be faced with ~는 '~에 직면하다'라는 의미의 수동태 관용어구이다. ④ 전치사 of 뒤에 명사 choices는 적절하다.

출제포인트 복수주어 - 복수동사
정답 ② (is → are)
해석 많은 제품과 서비스에 둘러싸인 오늘날의 소비자들은 이전보다 더 넓은 범위의 선택 사항에 직면한다.
어휘 consumer [kənsúːmər] n 소비자, 수요자
surround [səráund] vt 에워싸다, 둘러싸다
be faced with ~ ~에 직면하다

14

First impressions, according to ① recent psychological research, ② is processed in the most ③ primitive part ④ of the human brain.

콤마콤마(, ,)는 수식어구와 같은 것을 삽입한 것이므로 괄호 속에 넣으면 주어가 First impressions임을 알 수 있다. 주어가 복수이므로 동사도 복수동사가 되어야 한다. 따라서 is를 are로 고친다.

출제포인트 복수주어 – 복수동사

정답 ② (is → are)

해석 최근 심리학적 연구에 따르면, 첫인상은 인간의 두뇌의 가장 원초적인 부분에서 처리된다고 한다.

어휘 impression [impréʃən] n 인상
according to ~ ~에 따르면
recent [ríːsənt] a 최근의
psychological [sàikəládʒikəl] a 심리의, 정신의
process [práses] vt 처리하다 n 과정
primitive [prímətiv] a 초기의, 원시적인

15

Microwave ovens, ① necessities of houses, ② consumes more electricity in ③ powering ④ their digital timers.

② 콤마콤마(, ,) 속에 있는 necessities of houses는 Microwave ovens와 동격을 이루는 수식어구이므로 이를 괄호로 묶어보면 주어의 핵심어는 Microwave ovens로 복수의 형태이다. 복수주어와 단수동사 consumes는 수일치가 적절하지 않으므로, 단수동사인 consumes를 복수동사인 consume으로 고친다. ③ powering은 전치사 in의 목적어 자리이므로 명사 상당어구인 동명사 powering은 적절하다. 또한 동명사 powering의 목적어(their digital timers)가 있으므로, 동명사의 태 또한 능동으로 적절하다.

출제포인트 복수주어 – 복수동사

정답 ② (consumes → consume)

해석 가정집의 필수품인 전자레인지는 디지털 타이머를 작동시키는 데에 더 많은 전력을 소모한다.

어휘 microwave oven n 전자레인지
necessity [nisésəti] n 필수품; 필요성
consume [kənsúːm] vt 소모하다, 소비하다
cf consume ~ (in) Ring …하는 데에 ~을 소비하다
electricity [ilèktrísəti] n 전기, 전력
power [páuər] vt 전력을 공급하다

01 Actual Test p.64

| 01 | ③ | 02 | ④ | 03 | ① | 04 | ① | 05 | ① | 06 | ② | 07 | ③ | 08 | ③ | 09 | ③ | 10 | ③ |
| 11 | ② | 12 | ① | 13 | ① | 14 | ④ | 15 | ② | 16 | ④ | 17 | ② | 18 | ③ | 19 | ② | 20 | ④ |

01

① Scientists involved in the ② discovery of ③ newly elements will be likely to ④ receive prizes.

③ 명사를 수식하는 것은 형용사이다. 부사 newly는 명사 elements를 수식할 수 없다. 따라서 newly를 형용사 new로 고친다.

출제포인트 명사를 수식하는 형용사
정답 ③ (newly → new)
해석 새로운 원소의 발견에 관련되어 있는 과학자들은 상을 받을 것 같다.
어휘 involved in ~에 연루된, 관련된
discovery [diskʌ́vəri] n 발견
element [éləmənt] n 요소, 부품; 원소
be likely to R ~할 것 같다
receive [risíːv] vt 받다

02

In the ① same way those ② conservationists are fighting to ③ safeguard the world's biological ④ diverse.

④ 동사구 are fighting to safeguard 뒤에는 목적어인 명사 상당어구가 와야 하는데 이 문장에서 제시된 diverse는 형용사이므로 적절하지 않다. 따라서 형용사 diverse를 명사 diversity로 고친다. biological diversity는 '생물학적 다양성'이라는 뜻으로 덩어리로 알아 두는 것이 좋다. ② those는 복수명사와 결합한다. 따라서 복수명사 conservationists는 적절하다.

출제포인트 형용사의 수식을 받는 명사
정답 ④ (diverse → diversity)
해석 같은 방법으로 그런 환경 보호 활동가들은 세계의 생물학적 다양성을 보호하기 위해 고군분투하고 있다.
어휘 conservationist [kànsərvéiʃənist] n 환경 보호 활동가
safeguard vt 보호하다
diverse [divə́ːrs] a 다양한
biological diversity n 생물학적 다양성

03

① Although the assertions of these bio-cultural ② proponents, ③ their ideas have generally ④ fallen.

① although는 접속사로서 주어, 동사의 절을 이끌어야 하는데 뒤에 the assertions of these bio-cultural proponents라는 명사구만 있으므로 접속사 although는 구조적으로 옳지 않다. 따라서 Although를 전치사 Despite 또는 In spite of로 고친다. ② 밑줄 앞에 복수형인 지시형용사 these가 있으므로 복수명사 proponents는 적절하다. ④ 조동사 have는 완료(p.p.) 와 결합한다.

출제포인트 접속사 vs 전치사 구분
정답 ① (Although → Despite 또는 In spite of)
해석 이러한 문화 생물학적 지지자들의 주장에도 불구하고, 그들의 생각은 대체로 실패했다.
어휘 assertion [əsə́ːrʃən] n 주장
bio-cultural a 문화 생물학적
proponent [prəpóunənt] n 지지자
generally [dʒénərəli] ad 대체로, 일반적으로

04 Language and culture are so ① <u>close</u> interrelated ② <u>that</u> they are ③ <u>essential</u> to ④ <u>each other</u>.

① close는 형용사로 뒤에 있는 분사(interrelated)를 꾸며줄 수 없다. 따라서 형용사 close를 부사인 closely로 고쳐야 옳은 문장이 된다. ② so ~ that 구문(아주 ~해서, 그 결과 ~하다)이다. ④ each other는 '서로서로'라는 뜻의 상호대명사로 두 개의 개체 사이에서 사용하는 것이므로, 이 문장에서는 적절하다. 셋 이상의 개체 사이에서 쓰이는 상호대명사는 one another이다.

출제포인트 분사를 수식하는 부사
정답 ① (close → closely)
해석 언어와 문화는 너무나도 밀접하게 관련되어 있어서 그것들은 서로서로 매우 중요하다.
어휘 so ~ that ··· 아주[너무나도] ~해서 그 결과 ···하다
closely [klóusli] ad 밀접하게; 매우
interrelated [ìntərriléitid] a 서로 관계가 있는, 밀접한 관계의
essential [isénʃəl] a 필수의
each other 서로서로

05 ① <u>Expensively</u> equipment was required, ② <u>with</u> operators ③ <u>who</u> possessed specialized ④ <u>technical</u> expertise.

① 부사 expensively는 명사를 수식할 수 없으므로, expensively를 명사를 수식하는 형용사 expensive로 고친다. ③ 선행사가 operators로 사람이고 관계절 내 주어자리가 비어 있으므로, 주격 관계대명사 who는 적절하다.

출제포인트 명사를 수식하는 형용사
정답 ① (Expensively → Expensive)
해석 값비싼 기계에는 특별한 기술적인 전문 지식을 가진 조작자가 요구되었다.
어휘 expensive [ikspénsiv] a 값비싼
equipment [ikwípmənt] n 도구, 기구
operator [ápərèitər] n 조작하는 사람
possess [pəzés] vt 소유[보유]하다
specialized [spéʃəlàizd] a 전문적인
expertise [èkspərtíːz] n 전문 지식[기술]

06 ① <u>Every time</u> Sandy ② <u>use</u> a computer, ③ <u>she</u> runs anti-virus ④ <u>software</u>.

② 주어가 Sandy로 3인칭 단수형이므로 현재동사 use는 uses가 되어야 한다. ① every time은 뒤에 that이나 when이 생략된 접속사로, whenever와 같은 의미로 쓴다.

출제포인트 주어-동사 수일치
정답 ② (use → uses)
해석 샌디는 컴퓨터를 사용할 때마다, 바이러스 방어 프로그램을 구동시킨다.
어휘 every time (that) conj ~할 때마다 (= whenever)
run [rʌn] vt 운영하다; 작동시키다
       vi 달리다; 흐르다

07 ① <u>The</u> most ② <u>important</u> key to success ③ <u>are</u> positive ④ <u>thinking</u>.

③ 수식어인 to success를 괄호로 묶으면 주어가 The most important key로 단수임을 알 수 있으므로, 주어와 동사의 수일치가 옳지 않다. 따라서 복수동사 are는 단수동사 is로 고친다.

출제포인트 주어-동사 수일치
정답 ③ (are → is)
해석 성공으로 향하는 가장 중요한 열쇠는 긍정적인 사고이다.
어휘 success [səksés] n 성공
positive [pázətiv] a 긍정적인
thinking [θíŋkiŋ] n 생각, 사고

08 We ① should know ② that ③ confident is more important ④ than money.

③ confident 자리는 종속절의 주어 자리이다. 따라서 주어가 되기 위해서는 형용사 confident를 명사 confidence로 고쳐야 적절하다. ② 여기서 that은 명사절 접속사로 타동사 know의 목적절을 이끈다. ④ 앞에 비교급 more important가 있으므로, 비교급 연결어 than은 적절하다.

출제포인트 주어 자리
정답 ③ (confident → confidence)
해석 우리는 자신감이 돈보다 더 중요하다는 것을 알아야만 한다.
어휘 confident [kάnfidənt] a 자신감 있는; 확신하는
confidence [kάnfidəns] n 자신감; 확신; 신뢰

09 Noise pollution ① is different ② from other ③ form of pollution in a number of ④ ways.

③ 'other + 복수명사'이므로 form을 forms로 고쳐야 적절하다. ② be different from ~은 '~와 다르다'라는 의미의 관용어구이다. ④ 수량형용사 a number of는 '수많은'이라는 의미로 복수명사와 수일치한다. 따라서 ways는 적절하다.

출제포인트 other + 복수명사
정답 ③ (form → forms)
해석 소음 공해는 많은 면에서 다른 형태의 공해와 다르다.
어휘 noise [nɔiz] n 소리, 소음
pollution [pəlúːʃən] n 오염, 공해
be different from ~ ~와 다르다
form [fɔːrm] n 형태
a number of ~ 수많은

10 Yesterday I ① couldn't work ② any more ③ because the noise ④ from the upstairs.

③ because는 접속사로 절을 이끌어야 하는데, 뒤에 명사구가 있으므로 접속사가 아닌 전치사가 들어가야 한다. 따라서 접속사 because를 전치사 because of로 고친다. ② not ~ any more는 '더 이상 ~ 않다'라는 뜻의 관용 표현이다.

출제포인트 전치사와 종속접속사 구분하기
정답 ③ (because → because of)
해석 위층에서 나는 소리 때문에 나는 어제 더 이상 일을 할 수 없었다.
어휘 not ~ any more 더 이상 ~ 않다
noise [nɔiz] n 소리, 소음
upstairs [ʌ́pstέərz] n 위층, 2층

11 ① Every year there ② are a special ③ convention held ④ in the U.S. called "Comic-Con."

There is/are로 시작하는 구문은 주어가 뒤에 도치된 구조이기 때문에 동사의 수는 뒤에 나오는 주어(명사)의 수에 일치시켜야 한다. 주어 a special convention이 단수형이므로 동사 또한 단수동사가 되어야 한다. 따라서 복수동사 are를 단수동사 is로 고친다.

출제포인트 주어-동사 수일치
정답 ② (are → is)
해석 매년 '코믹콘'이라 불리는 미국에서 열리는 특별한 전시 행사가 있다.
어휘 convention [kənvénʃən] n (정당 등의 대규모) 대회, 집회, 회의, 회합, 협의회; 관습, 인습, 관례, 관행; (국가 간의) 조약이나 협정, 합의
hold [hould] vt 열다, 개최하다; 들고 있다; 보류하다
called + N ~라 불리는

12 Either of his brothers ① join the show, ② so we are ③ expecting that ④ so much.

① 주어가 대명사 Either(둘 중 하나)로 단수형이므로 동사 또한 단수 형태가 되어야 한다. 따라서 복수동사 join을 단수동사 joins로 고친다. ③ expecting 뒤에 목적어 that이 있으므로, 동사구 are expecting의 태는 능동형이 적절하다.

출제포인트 주어-동사 수일치
정답 ① (join → joins)
해석 그의 형제 둘 중 하나가 쇼에 참여할 것이라서, 우리는 그것을 무척 기대하고 있다.
어휘 either [íːðər] pron 둘 중 하나
 a 둘 중 하나의
expect [ikspékt] vt 기대하다

13 ① Despite Ted had only ② fooled Bona ③ for fun, she was ④ deeply offended by him.

① 전치사는 뒤에 명사구가 오고, 접속사는 뒤에 절이 온다. despite는 전치사로, 위 문장에서는 뒤에 '주어 + 동사'가 있는 것으로 보아 despite는 구조적으로 적절하지 않다. 따라서 전치사 Despite를 접속사 Although로 고친다. ② 주절의 시제가 과거이므로 종속절의 시제가 그 이전을 나타낸다면 과거완료가 된다. only가 중간에 들어가서 어려우면 only는 부사이므로 괄호로 묶어 보자. 그러면 had p.p.가 눈에 보인다. ④ 동사구 was offended 뒤에 목적어가 없으므로, 동사의 형태는 수동태가 적절하다.

출제포인트 전치사 vs 접속사 구분
정답 ① (Despite → Although, Though, Even though, Even if)
해석 테드가 장난으로 보나를 놀렸을지라도, 그녀는 그에게(그에 의해서) 깊이 상처를 받았다.
어휘 fool [fuːl] vt 속이다, 놀리다
offend [əfénd] vt ~의 감정을 해치다, ~를 기분 나쁘게 하다

14 ① As he ② went around through the world, he can ③ speak many different ④ language.

④ many different는 '많은 다른'이란 뜻으로 뒤에 복수명사를 동반해야 하는 형용사구이다. 따라서 language를 languages로 고친다. ① as는 접속사로, '~ 때문에'라는 뜻으로 쓰였다. ② go around는 '돌아다니다'라는 뜻의 동사구이다. ③ speak는 '언어를 구사하다'라는 뜻일 때에는 타동사로 쓰인다.

출제포인트 형용사(한정사)와 명사의 수일치
정답 ④ (language → languages)
해석 그는 전 세계를 돌아다녔기 때문에, 많은 다른 언어로 말할 수 있다.
어휘 go around 돌아다니다

15 ① Both Erin and Ray ② was ③ born in San Francisco ④ in 2002.

② 주어가 Both Erin and Ray로, Erin과 Ray 둘 다를 받는 복수이므로 동사도 복수 형태가 되어야 한다. 따라서 단수동사 was를 복수동사 were로 고친다.

출제포인트 주어-동사 수일치
정답 ② (was → were)
해석 에린과 레이 둘 다 2002년에 샌프란시스코에서 태어났다.
어휘 be born 태어나다

16 ① After heavy ② rain, there ③ were few ④ tree in the street.

④ few/a few는 복수명사와 결합한다. 따라서 tree를 trees로 고친다. ③ 주어가 few trees(복수)이므로 복수동사 were는 적절하다.

출제포인트 형용사(한정사)와 명사의 수일치
정답 ④ (tree → trees)
해석 폭우 뒤에 그 거리에는 나무가 거의 남아 있지 않았다.

17 Business owners who depend ① on citrus ② hopes that spring ③ growth will ④ bring costs back to normal.

출제포인트 주어-동사 수일치
정답 ② (hopes → hope)
해석 감귤류에 의존하는 사업주들은 봄철 생산량이 가격을 다시 원래대로 내려가게 하기를 희망하고 있다.

② 주어의 핵심어가 Business owners로 복수이므로 동사 또한 복수가 되어야 한다. 따라서 단수동사 hopes를 복수동사 hope로 고친다. ① depend on ~은 '~에 의존하다'는 의미의 관용어구이다. ③ growth는 동사 grow의 명사형으로 주어 자리에 적절하게 쓰였다. 여기서 주어는 spring growth로 '봄철 생산'이라는 의미의 복합명사이다. ④ 조동사 will 뒤에 오는 본동사의 형태로 동사원형 bring은 적절하다.

어휘 depend on ~ ~에 의존하다
citrus [sítrəs] n 감귤류
growth [grouθ] n 생산
bring ~ back ~을 되돌리다
cost [kɔːst] n 가격, 비용

18 ① Anyone can be nominated ② for an honor, but only a few ③ person actually receive an ④ award.

출제포인트 형용사(한정사)와 명사의 수일치
정답 ③ (person → persons 또는 people)
해석 누구든지 이 훈장에 지명될 수 있지만(후보가 될 수 있지만), 실제로는 소수의 몇 사람만이 상을 받는다.

③ a few는 복수명사와 결합하는 형용사이다. 따라서 person을 persons나 people로 고친다.

어휘 nominate [námənèit] vt 지명하다, 임명하다
honor [ánər] n 명예; 훈장
award [əwɔ́ːrd] n 상

19 Cindy ① saw two brown ② cocker spaniel ③ running in the street ④ while she waited for her mom.

출제포인트 형용사 two와 명사의 수일치
정답 ② (cocker spaniel → cocker spaniels)
해석 신디는 엄마를 기다리는 동안에 골목을 뛰어다니는 두 마리의 갈색 코커스패니얼을 보았다.

② 수량형용사와 명사는 수일치해야 한다. 밑줄 앞에 수량형용사 two가 있는데, 'two + 복수명사'가 되어야 하므로 cocker spaniel은 단수명사로 수일치가 적절하지 않다. 따라서 이를 복수명사 cocker spaniels로 고친다. ③ 지각동사는 목적보어로 동사원형 또는 분사가 와야 하므로 running은 적절하다. ④ while은 '~하는 동안에'라는 뜻의 접속사로, 절을 이끌고 있으므로 적절하게 쓰였다.

20 ① Later, the government will ② impose a tax on ③ tobacco in line with more ④ stringently standards.

출제포인트 형용사-부사 구분하기
정답 ④ (stringently → stringent)
해석 후에 정부는 보다 엄격한 기준에 맞추어 담배에 세금을 부과할 것이다.

④ 명사를 수식하는 품사는 부사가 아니라 형용사이므로, 부사 stringently는 명사 standards를 수식할 수 없다. 따라서 부사 stringently를 형용사 stringent로 고친다.

어휘 impose [impóuz] vt 부과하다
tobacco [təbǽkou] n 담배
in line with ~ ~에 맞추어
stringent [stríndʒənt] a 엄격한
standard [stǽndərd] n 기준

PART 02 정답 및 해설

03 단원별 확인 문제 p. 80

| 01 | ③ | 02 | ③ | 03 | ④ | 04 | ④ | 05 | ② | 06 | ④ | 07 | ④ | 08 | ④ | 09 | ④ | 10 | ④ |
| 11 | ④ | 12 | ④ | 13 | ④ | 14 | ② | 15 | ④ | | | | | | | | | | |

01
A ① <u>diary</u> should ② <u>be</u> an honest and ③ <u>regularly</u> record of your ④ <u>thoughts</u>, wishes, and dreams.

출제포인트 등위접속사의 병치

정답 ③ (regularly → regular)

해석 일기는 당신의 생각과 바람, 그리고 꿈에 관한 솔직하고 규칙적인 기록이 되어야 한다.

어휘 diary [dáiəri] n 일기
regularly [régjələrli] ad 규칙적으로
regular [régjələr] a 규칙적인
thought [θɔːt] n 사고, 생각

③ 부사 regularly 앞에 등위접속사 and가 있다. and를 사이에 두고 양쪽을 대등하게 하여야 하는데 and 앞에는 형용사 honest가 제시되었고, and 뒤에는 부사 regularly가 제시되었으므로 병치가 옳지 않다. 따라서 부사 regularly를 형용사 regular로 고친다.

02
The weather ① <u>of</u> South Korea is ② <u>better</u> than ③ <u>North Korea</u> when it comes to ④ <u>temperature</u>.

출제포인트 비교 구문의 병치

정답 ③ (North Korea → that of North Korea)

해석 기온에 관해 말하자면, 남한의 날씨가 북한의 날씨보다 더 좋다.

어휘 when it comes to ~ ~에 관해서 말하자면 (= as to, about)
temperature [témpərətʃər] n 온도; 기온

③ 비교 구문에서는 비교대상 A와 B는 병치를 이루어야 한다. 이 문장에서는 비교하는 대상 A가 'the weather of South Korea(남한의 날씨)'이므로, 비교대상 B도 '북한(국가/정부)'이 아니라 '북한의 날씨'가 되어야 한다. 따라서 North Korea를 that of North Korea로 고친다.

03
To know ① <u>your</u> weakness ② <u>is</u> as ③ <u>necessary</u> as ④ <u>learning</u> your strengths.

출제포인트 비교 구문의 병치

정답 ④ (learning → to learn)

해석 당신의 약점을 아는 것은 강점을 아는 것만큼 필수적이다.

어휘 weakness [wíːknis] n 나약함, 약함
necessary [nésəsèri] a 필요한, 필연적인
strength [streŋkθ] n 강점

④ 비교 구문에서는 비교하는 대상이 서로 병치를 이루어야 한다. 비교하는 대상 A가 to R이면, 대상 B도 to R가 되어야 한다. 따라서 ④ learning을 to learn으로 고쳐야 옳은 문장이 된다. ② to R구는 단수 취급한다. ③ as ~ as 구문에서 앞에 있는 as는 부사이다. 따라서 부사 as를 괄호 속에 넣어 보면 앞에 있는 동사(구)로 as ~ as 사이에 들어가야 하는 품사를 알 수 있다. 위 문장에서는 앞에 be 동사가 있으므로 as ~ as 사이에는 be 동사의 보어이면서 부사 as의 수식을 받을 수 있는 형용사가 들어가서 주어보어가 되어야 한다. 따라서 necessary가 된 것이다.

334 • Basic Grammar

04

① Since I love ② watching movies, I have ③ more DVD titles than ④ her.

④ 비교 구문에서는 비교하는 대상을 병치시켜야 한다. 인칭대명사의 경우에는 대명사의 격도 반드시 병치시켜야 한다. 위 문장에서는 인칭대명사 주격 I와 인칭대명사 목적격 her를 비교하고 있는데, 두 인칭대명사가 병치가 적절하지 않다. 따라서 her를 I에 병치시키려면 목적격 her를 주격 she로 고쳐야 옳은 문장이 된다. ① since는 '~ 때문에'라는 뜻으로 쓰인 접속사이다. ② love는 동명사와 to R를 모두 목적어로 취하는 동사이다.

출제포인트 비교 구문의 병치
정답 ④ (her → she)
해석 나는 영화 보는 것을 좋아하기 때문에, 나는 그녀보다 더 많은 DVD 타이틀을 갖고 있다.
어휘 since [sins] **conj** ~이래로; ~ 때문에
prep ~이래로

05

Amy speaks, ① reads, and ② write English ③ very ④ well.

② 주어 에이미에 대한 동사구를 살펴보면 세 개의 동사(speaks, reads, write)가 열거되고 있는 구조이다. 열거 구문의 열거 대상은 모두 병치되어야 하는데, 앞에 두 동사는 3인칭 단수 현재형으로 쓰였는데 마지막 write만 복수형으로 쓰였다. 따라서 복수동사 write를 단수동사 writes로 고친다.

출제포인트 동사 열거
정답 ② (write → writes)
해석 에이미는 영어를 말하고, 읽고, 쓰기를 아주 잘한다.

06

Boa is ① well ② known both in Korea ③ and in ④ Japanese.

④ both A and B와 같은 등위상관접속사에서는 A와 B가 병치를 이루어야 한다. 또한 같은 품사라 할지라도 내용도 대응하는 것이 되어야 한다. 위의 문장에서 비교 대상 A가 in Korea '한국에서'이므로 B도 in Japanese(일본어에서)가 아니라 in Japan(일본에서)이 되어야 한다.

출제포인트 등위상관접속사의 병치
정답 ④ (Japanese → Japan)
해석 보아는 한국과 일본에 잘 알려져 있다.
어휘 Japan [dʒəpǽn] **n** 일본
Japanese [dʒæpəníːz] **n** 일본인, 일본어 **a** 일본의

07

My mom ① tries to ② fill our home ③ with ④ happy and love.

④ 등위접속사 and를 사이에 두고 양쪽은 병치되어야 한다. 따라서 love 앞에 있는 형용사 happy를 명사 love와 품사가 같도록 명사 happiness로 고친다. 또 형용사 happy 앞에 전치사 with가 있으니 happy 자리에는 명사가 와야 적절하다. ③ fill A with B는 'A를 B로 채우다'라는 뜻이다.

출제포인트 등위접속사의 병치
정답 ④ (happy → happiness)
해석 엄마는 우리 가정을 행복과 사랑으로 채우기 위해서 노력하신다.
어휘 try to R ~하려고 노력하다
fill A with B A를 B로 채우다

08

① That big basket was difficult ② to carry, ③ not because of its weight but ④ because it is bulky.

④ not A but B 구조에서 A와 B는 병치되어야 하는데, A에 because of its weight라는 전치사 + 명사구가 왔으므로, B도 절이 아니라 A와 같은 형태가 와야 한다. 따라서 부사절의 접속사 because를 전치사 because of로 바꾸고 it is bulky를 명사구 its bulk로 바꿔 주면 똑같은 구조로 병치를 이루게 된다. ② to carry는 to R의 부사적 용법으로 쓰여서 앞의 형용사 difficult를 꾸며 준다.

출제포인트 등위상관접속사의 병치
정답 ④ (because it is bulky → because of its bulk)
해석 무게 때문이 아니라 부피 때문에 저 큰 바구니는 들기가 힘들었다.
어휘 carry [kǽri] **vt** 나르다, 옮기다
weight [weit] **n** 무게
bulky [bʌ́lki] **a** 부피가 큰
bulk [bʌlk] **n** 크기, 부피

09

University students ① who finished ② their final exams usually ③ spend their whole time reading comic books, watching TV, or ④ to drinking heavily.

④ spend + 시간 + Ring는 '~하느라 …의 시간을 보내다'라는 뜻의 관용 어구이다. 구조적으로 reading comic books(만화책 읽기), watching TV(TV 보기), or to drinking heavily(술 엄청 마시기)의 세 가지가 열거되고 있는데, 세 번째의 to drinking은 to R도 동명사도 아닌 형태이다. 따라서 to drinking에서 to를 삭제해 주면 완벽하게 병치를 이루는 열거 구문이 된다. ① 선행사가 University students로 사람이고 관계절 내에 주어가 없으므로 주격 관계대명사 who는 적절하다. ③ 주어가 University students로 복수이므로 복수동사 spend는 적절하다.

출제포인트 동명사구 열거

정답 ④ (to drinking → drinking)

해석 기말시험을 끝낸 대학생들은 일반적으로 만화책을 읽거나, TV를 보거나 또는 진탕 술을 마시느라 그들의 온 시간을 다 보낸다.

어휘
final exam n 기말고사
spend + 시간 + (in) Ring ~하는 데 …의 시간을 보내다
whole [houl] a 전체의, 모든
comic books 만화책
heavily [hévili] ad 심하게, 몹시

10

① They say that kids ② learn English ③ faster than ④ adults' speed.

④ 비교 구문에서는 비교하는 대상의 무게가 같아야 하는데, kids(어린이)와 adults' speed(어른의 속도)는 내용상 병치가 적절하지 않다. 따라서 동일한 내용의 대상을 비교하도록, adults' speed를 adults로 바꿔 주면 병치를 이룰 수 있다. ② 종속절(that절) 내의 주어가 kids로 복수이므로, 복수동사 learn은 적절하다.

출제포인트 비교 구문의 병치

정답 ④ (adults' speed → adults)

해석 그들은 아이들이 어른보다 영어를 더 빨리 배운다고 말한다.

11

Many ① religions have used paintings and other ② arts to aid in worship, to instruct ③ children, and ④ inspire feeling of devotion.

④ 등위접속사 and 앞에서 부사적 용법으로 쓰인 to R구가 열거되는 구조로 열거 대상 A, B, C가 모두 to R로 병치가 되어야 하는데, ④ inspire만 원형부정사이므로 이는 적절하지 않다. 따라서 and 뒤의 inspire를 to inspire로 고친다. ① many는 가산 복수명사와 수일치한다. ② other는 '다른'이라는 뜻의 형용사로 가산 복수명사와 수일치한다.

출제포인트 열거 구문의 병치

정답 ④ (inspire → to inspire)

해석 많은 종교는 예배를 도와주고, 아이들을 가르치고, 신앙심을 고취시키기 위해서 그림과 다른 예술품들을 활용해 왔다.

어휘
religion [rilídʒən] n 종교
aid [eid] v 돕다
worship [wɔ́ːrʃip] n 숭배, 예배
instruct [instrʌ́kt] vt 가르치다
inspire [inspáiər] vt 고무시키다; 불어넣다
devotion [divóuʃən] n 헌신; 신앙심
painting [péintiŋ] n 그림

12

① Walking ② through the heavy rain ③ is sentimental but ④ unhealth.

④ 등위접속사 but 앞에 형용사 sentimental이 있으므로 but 뒤에도 형용사가 와야 한다. 따라서 unhealth를 형용사 unhealthy로 고친다. ③ 주어가 Walking through the heavy rain으로 동명사구이다. 동명사구는 단수 취급하므로 단수동사 is는 적절하다.

출제포인트 등위접속사의 병치

정답 ④ (unhealth → unhealthy)

해석 비를 쫄딱 맞으면서 걷는 것(쏟아지는 빗속을 걷는 것)은 감상적이지만 건강에 좋지 않다.

어휘
heavy rain n 폭우
sentimental [sèntəméntl] a 감상적인
unhealthy [ʌnhélθi] a 건강에 좋지 않은

13

Purchasing ① a house ② with a yard is much ③ more expensive than ④ to buy an apartment in Seoul.

출제포인트 비교 구문의 병치

정답 ④ (to buy → buying)

해석 서울에서는 안마당이 있는 집을 사는 것이 아파트를 사는 것보다 훨씬 더 비싸다.

어휘 purchase [pəːrtʃəs] vt 구입하다
yard [jɑːrd] n 안마당, 구내; 야드
expensive [ikspénsiv] a 값비싼

④ 비교 구문에서 비교하는 대상은 서로 구조가 같아야 한다. 비교 대상 A는 동명사구(purchasing a house ~)인데, B는 to R구(to buy an apartment ~)이다. 따라서 to buy를 buying으로 고친다.

14

① Our brain processes and ② store ③ different kinds of information ④ in different ways.

출제포인트 등위접속사의 병치

정답 ② (store → stores)

해석 우리의 뇌는 다른 종류의 정보를 다른 방법으로 처리하고 저장한다.

어휘 process [práses] vt 처리하다
store [stɔːr] vt 저장하다
different kinds of ~ 다른 종류의

② and 앞에 있는 동사 processes와 동사 store는 수가 맞지 않다. 따라서 복수동사 store를 단수동사 stores로 고쳐야 적절하다. ① 소유격 대명사는 명사 앞에 위치한다. 따라서 our는 적절하다. ③ 형용사 different가 명사 kinds를 수식하고 있고, different는 복수명사와 일치하므로 different kinds는 적절하게 쓰였다.

15

다음 중 어법상 옳은 것은?
① She feels more frustrated and gloomily after being fired.
② My younger sister is taller than me.
③ Your bag is bigger than me.
④ Her advice was timely and informative.

출제포인트 병치문제 종합

정답 ④

해석 ① 그녀는 해고당한 후 더욱 좌절스럽고 우울해했다.
② 내 여동생은 나보다 더 키가 크다.
③ 너의 가방은 내 것보다 더 크다.
④ 그녀의 충고는 시기적절하고 유익했다.

어휘 frustrated [frʌ́streitid] a 실망한; 좌절된
gloomy [glúːmi] a 어두운; 우울한, 울적한
timely [táimli] a 시기적절한, 적시의
informative [infɔ́ːrmətiv] a 유익한

④ timely는 (부사로 착각하기 쉬운) 형용사로 뒤에 있는 형용사 informative와 병치가 적절하게 쓰였다. ① gloomily는 부사로 형용사 frustrated와 병치가 부적절하다. 따라서 부사 gloomily를 형용사 gloomy로 고쳐야 한다. ② 비교대상 mu younger sister가 주어이므로 비교대상 me도 주격대명사로 써야 적절하다. 따라서 me를 I로 고친다. ③ 비교대상 your bag은 가방을 뜻하는데 me는 사람이므로 두 대상의 병치가 부적절하다. 따라서 me를 나의 가방을 의미하는 소유대명사 mine으로 고쳐야 적절하다.

04 단원별 확인 문제   p. 110

01	④	02	②	03	③	04	①	05	④	06	③	07	③	08	①	09	①	10	②
11	②	12	①	13	③	14	③	15	①	16	①	17	②	18	①	19	④	20	④
21	③	22	③	23	②	24	①	25	②										

01 다음 중 어법상 옳은 것은?
① The manager dealt the confusing situation smoothly.
② Those pencils belong for Justine.
③ I responded his email quickly.
④ My daughter interfered with her elder brother's work.

④ interfere with는 '~을 방해하다'는 의미의 자동사 관용어구이다. ① deal은 자동사로 목적어를 취할 수 없다. deal이 목적어를 취하려면 전치사 with가 있어야 한다. 따라서 dealt를 dealt with로 고쳐야 적절하다. ② '~에게 속하다'라는 의미의 관용어구는 belong for가 아니라 belong to이다. 따라서 전치사 for를 to로 고친다. ③ respond는 자동사로 목적어를 취할 수 없다. respond가 목적어를 취하려면 전치사 to가 있어야 한다. 따라서 responded를 responded to로 고쳐야 적절하다.

출제포인트 자동사 관용어구
정답 ④
해석 ① 매니저는 혼란스러운 상황을 매끄럽게 처리했다.
② 그 연필은 저스틴의 것이다.
③ 나는 그의 이메일에 빠르게 답변했다.
④ 나의 딸은 오빠의 공부를 방해했다.
어휘 confusing [kənfjúːziŋ] a 혼란스러운
smoothly [smúːðli] ad 부드럽게, 매끄럽게
elder [éldər] a 손위의

02 'World Music' ① is enormously ② popularly and the latest disco style ③ breezily combines flamenco ④ with jazz and Gaelic traditions.

② 불완전자동사 be 동사의 보어자리에 부사 popularly가 있다. 보어자리에 들어갈 단어는 명사나 형용사인데, 앞에 있는 수식어가 부사이므로, 이 문장에서는 형용사 보어가 적절하다. 따라서 popuparly를 형용사 popular로 고친다. ① 주어가 3인칭 단수이므로 3인칭 단수 현재동사 is를 적절하다. ③ 부사 breezily는 동사 combines를 수식하기에 적절하다.

출제포인트 보어 자리
정답 ② (popularly → popular)
해석 '월드 뮤직'은 굉장히 대중적이고 가장 최근의 디스코 양식은 플라멩코와 재즈, 그리고 게일의 전통(음악)을 경쾌하게 결합한 것이다.
어휘 enormously [inɔ́ːrməsli] ad 터무니없이, 매우
latest [léitist] a 최신의, 최근의
breezily [bríːzili] ad 경쾌하게; 바람이 잘 들게
combine [kəmbáin] vt 결합시키다; 연합[합병]시키다
combine A with B A와 B를 결합하다
flamenco [flɑːméŋkou] n 플라멩코 (스페인의 집시의 춤)
tradition [trədíʃən] n 전통, 관습

03 다음 중 어법상 옳지 않은 것은?
① She remained tired in the afternoon.
② The man turned out to be dishonest.
③ The music from the outside sounded merrily.
④ My little boy seems to feel hungry.

③ 지각동사(sound)의 보어는 부사가 아니라 형용사이다. 따라서 부사 merrily를 형용사 merry로 고친다. ① 불완전자동사 remain의 보어로 형용사(감정분사) tired는 적절하다. ② turn out to R은 '~라고 드러나다'라는 의미로 쓰인다. 여기서 to R은 보어(형용사적 용법)로 쓰였다. ④ seem to R는 '~인 것 같다'는 의미로 쓰인다. 여기서 to R는 보어(형용사적 용법)로 쓰였다.

출제포인트 지각동사 + 형용사
정답 ③
해석 ① 그녀는 오후에 지쳐있었다.
② 그 남자는 부정직하다고 드러났다.
③ 밖에서 들리는 음악은 유쾌하게 들렸다.
④ 나의 어린 아들이 배가 고픈 것 같다.
어휘 dishonest [disánist] a 부정직한, 불성실한
merry [méri] a 유쾌한, 명랑한
hungry [hʌ́ŋgri] a 배고픈

---

04 다음 중 어법상 틀린 문장은?
① Your socks smell badly.
② This smells fishy.
③ My stomach feels uncomfortable.
④ My head felt heavy all day long.

지각동사(불완전자동사)는 형용사를 보어로 취한다. 따라서 ①의 부사 badly를 형용사 bad로 고친다.

출제포인트 지각동사 + 형용사
정답 ① (badly → bad)
해석 ① 네 양말에서 지독한 냄새가 난다.
② 이건 비린내가 난다.
③ 속이 더부룩하다.
④ 하루 종일 머리가 무거웠다.
어휘 fishy [fíʃi] a 비린내 나는
uncomfortable [ʌnkʌ́mfərtəbəl] a 불편한
all day long 온종일

---

05 ① When I ② looked at the dried flowers ③ on the table, they looked so ④ wonderfully.

④ 지각동사 look은 불완전자동사로, 형용사를 보어로 취한다. 따라서 부사 wonderfully를 형용사 wonderful로 고친다. ② look at은 '~을 보다'라는 뜻의 동사구이다.

출제포인트 지각동사 + 형용사
정답 ④ (wonderfully → wonderful)
해석 내가 책상 위에 있는 말린 꽃을 보았을 때, 그것들은 매우 아름답게 보였다.

---

06 His ① words ② made me ③ to feel ④ uneasy.

③ 사역동사 make는 'make + 목적어 + 동사원형(R)'의 패턴을 가지는 불완전타동사이므로 ③ to는 적절하지 않다. 따라서 to를 삭제한다. ④ feel은 불완전자동사로 형용사를 보어로 가진다.

출제포인트 사역동사 make의 목적보어
정답 ③ (to 삭제)
해석 그의 말이 나를 불편하게 만들었다.
어휘 uneasy [ʌníːzi] a 불편한, 불안한

07

① Unfortunately, ② few passengers survived ③ from the ④ catastrophe.

출제포인트 타동사 survive

정답 ③ (from 삭제)

해석 불행하게도 그 참사에서 살아남은 승객은 거의 없었다.

어휘 unfortunately [ʌnfɔːrtʃənitli] ad 불행하게도, 유감스럽게도
passenger [pǽsəndʒər] n 승객
survive [sərváiv] vt 살아남다
catastrophe [kətǽstrəfi] n 재난, 참사

③ survive는 타동사이다. 따라서 전치사 없이 목적어를 가질 수 있으므로, 전치사 from을 삭제해야 한다. ② few는 '거의 없는'이라는 뜻으로 복수명사와 수일치한다.

08

She resembles ① with her mother ② in appearance ③ but not ④ in character.

출제포인트 타동사 resemble

정답 ① (with 삭제)

해석 그녀는 외모는 어머니를 닮았지만 성격은 닮지 않았다.

어휘 resemble [rizémbəl] vt 닮다
appearance [əpíərəns] n 출현, 출석; 외관, 외모
character [kǽriktər] n 특성; 성격; 인격

① resemble은 타동사이다. 따라서 전치사 없이 목적어를 가지기 때문에 전치사 with를 삭제해야 한다. ③ but은 등위접속사이다. 등위접속사 앞뒤로 공통된 부분은 생략이 가능하므로 but 뒤에 주어와 동사(she resembles her mother)가 생략되어 있다.

09

Let me ① to fix a ② shelf ③ to the ④ wall.

출제포인트 사역동사 let의 목적보어

정답 ① (to fix → fix)

해석 내가 선반을 벽에 고정시킬게.

어휘 fix [fiks] vt 고정시키다; 붙이다
shelf [ʃelf] n 선반

① 사역동사 let은 '사역동사 + 목적어 + 동사원형(R)'의 패턴을 가지는 불완전타동사이다. 따라서 to fix를 fix로 고친다.

10

① I'll discuss ② about the matter ③ with ④ our Seoul office on the telephone tomorrow.

출제포인트 타동사 discuss

정답 ② (about 삭제)

해석 내일 서울 사업소와 전화로 이 문제에 대해 토의해 보겠다.

어휘 discuss [diskʌ́s] vt 논의·심의하다, 토론·토의하다

② discuss는 타동사이다. 따라서 전치사 about을 삭제해야 한다.

11

The doctor ① asked my dad ② giving up ③ drinking and ④ smoking.

출제포인트 목적보어에 to R를 쓰는 동사

정답 ② (giving up → to give up)

해석 의사 선생님이 아빠에게 술과 담배를 끊으라고 하셨다.

어휘 give up 포기하다

② 동사 ask는 'ask + 목적어 + to R'의 패턴을 가지는 불완전타동사이다. 따라서 giving up을 to give up으로 고친다. ③, ④ 등위접속사 and에 의해 명사가 병치되고 있다.

12 My mom forced me ① studying ② more ③ at an academy ④ during the vacation.

① 동사 force는 목적보어에 to R를 쓰는 동사이다. 따라서 동명사 studying을 to study로 고친다. ④ 뒤에 명사구가 있으므로 전치사 during은 적절하다.

출제포인트 목적보어에 to R를 쓰는 동사
정답 ① (studying → to study)
해석 엄마는 방학 동안 내가 학원에 가서 공부를 더하도록 강요하셨다.
어휘 during [djúəriŋ] prep ~ 동안, ~ 사이에

13 His ① wealth ② enables him ③ doing ④ what he likes.

③ enable은 목적보어 자리에 to R를 쓰는 동사이다. 따라서 doing을 to do로 고친다. ④ what은 선행사를 포함하는 관계대명사이다. 관계절 내에 like의 목적어가 없으므로 what은 목적격 관계대명사로 쓰였다.

출제포인트 목적보어에 to R를 쓰는 동사
정답 ③ (doing → to do)
해석 그의 부는 그가 좋아하는 것을 할 수 있게 해준다.
어휘 enable [enéibəl] vt ~할 수 있게 하다
wealth [welθ] n 부, 재산

14 다음 중 어법상 틀린 문장은?
① His mother enabled him to try again.
② Let me explain it to you.
③ I persuaded her behave herself.
④ Traffic congestion caused us to be late.

③ 동사 persuade는 목적보어 자리에 to R를 쓰는 동사이다. 따라서 behave를 to behave로 고쳐야 올바른 문장이 된다. ① 불완전타동사 enable은 'enable + 목적어 + to R'의 어법을 취한다. ② 사역동사 let은 목적보어 자리에 동사원형을 취한다. ④ 불완전타동사 cause는 'cause + 목적어 + to R'의 어법을 취한다.

출제포인트 목적보어에 to R를 쓰는 동사
정답 ③ (behave → to behave)
해석 ① 그의 어머니는 그가 다시 시도하도록 해 주었다.
② 내가 너에게 그것을 설명해 줄게.
③ 나는 똑바로 행동하라고 그녀를 설득했다.
④ 교통 혼잡으로 우리는 지각했다.
어휘 quit [kwit] vt 그만두다
explain [ikspléin] vt 설명하다
persuade [pəːrswéid] vt 설득하다
behave oneself 예절 바르게 행동하다
traffic congestion n 교통 혼잡

15 I want you _____ the world freely and make friends with people from various cultures.

① to explore   ② explore
③ explores   ④ exploring

빈칸은 want의 목적보어 자리이고, want는 목적보어에 to R를 취하는 동사이므로 ①이 정답이다.

출제포인트 목적보어에 to R를 쓰는 동사
정답 ①
해석 나는 네가 세상을 자유롭게 여행하면서 다른 문화권의 사람들과 친구가 되기를 바란다.
어휘 explore [ikspló:r] vt 탐험하다, 탐구하다
make friends with ~ ~와 친구가 되다
various [vɛ́əriəs] a 다양한

16 The painting was really _____.
① beautiful   ② beautifully
③ beautify   ④ beauty

출제포인트 보어 자리
정답 ①
해석 그 그림은 정말 아름다웠다.

빈칸은 술어동사 was의 보어자리이면서 부사 really의 수식을 받는 자리이다. 따라서 형용사 형태인 ① beautiful이 정답이다.

17 Please let us _____ your timely advice of the shipment.
① to know   ② know
③ knowing   ④ knows

출제포인트 사역동사 let의 어법
정답 ②
해석 배송에 대한 시기적절한 충고를 해 주세요.
어휘 timely [táimli] a 시기적절한, 때맞춘
advice [ædváis] n 충고, 조언
shipment [ʃípmənt] n 수송[배송]물, 선적

빈칸 앞에 동사 let이 있다. 사역동사 let은 목적보어 자리에 동사원형을 쓰는 동사이다. 빈칸 뒤에 목적어가 있으므로 능동의 형태인 know는 적절하다.

18 For example, you should not drink milk if it smells _____.
① sour   ② sourly
③ more sourly   ④ sourness

출제포인트 지각동사 + 형용사
정답 ①
해석 예를 들어, 신 냄새가 난다면 우유를 마시면 안 돼요.
어휘 sour [sáuər] a 신
sourly [sáuərli] ad 시게
sourness [sáuərnis] n 시큼함

'지각동사 + 형용사'의 구조가 되어야 하므로 빈칸에는 형용사 sour가 적절하다.

19 She _____ me tell her something interesting.
① advised   ② forced
③ wanted   ④ made

출제포인트 목적보어에 동사원형을 쓰는 동사
정답 ④
해석 그녀는 내가 그녀에게 재미있는 뭔가를 말하도록 했다.

목적보어 자리에 동사원형(tell)이 있으므로 빈칸에는 동사원형을 목적보어로 취하는 동사를 써야 한다. advise, force, want는 모두 to R를 목적보어로 취하기 때문에 적절하지 않다. 사역동사 let, make, have와 지각동사는 동사원형을 목적보어로 취하므로 정답은 ④가 된다.

20

다음 중 어법상 옳은 것은?
① The president rose me to the department manager.
② I laid on the bed.
③ The boy seats on the armchair.
④ The picture was hung on the wall.

출제포인트 혼동동사 구분 문제
정답 ④
해석 ① 사장님이 나를 부장으로 승진시켰다.
② 나는 침대에 누웠다.
③ 그 소년은 안락의자에 앉다.
④ 그 그림은 벽에 걸려있다.

④ hang은 '걸다, 매달다'의 의미로 쓰일 때는 hang-hung-hung의 형태로 쓰고, '교수형에 처하다'의 의미로 쓰일 때는 hang-hanged-hanged의 형태로 쓴다. 여기서는 그림이 벽에 걸려 있는 것이므로 과거분사 hung이 적절하게 쓰였다. ① rose는 자동사 rise(rise-rose-risen)의 과거형이다. 이 문장에서는 목적어(me)가 있으므로 동사는 자동사가 아니라 타동사의 형태가 적절하다. 따라서 rose를 타동사 raise(raise-raised-raised)의 과거형 raised로 고쳐야 적절하다. ② 동사 laid의 목적어가 없으므로 이 문장에서 동사는 자동사가 적절하다. 자동사 lie의 3단 변화는 lie-lay-lain이다. 따라서 동사 laid를 lay로 고쳐야 적절하다. ③ 동사 seat의 목적어가 없으므로 타동사 seats(seat-seated-seated)은 부적절하다. 따라서 타동사 seats을 자동사 sits로 고쳐야 적절하다.

21

다음 중 어법상 틀린 문장은?
① My uncle entered the room.
② I object to your opinion.
③ She feels sorrily.
④ My friend married the pianist.

출제포인트 지각동사 + 형용사
정답 ③ (sorrily → sorry)
해석 ① 나의 삼촌은 방으로 들어갔다.
② 나는 당신의 의견에 반대한다.
③ 그녀는 유감스러워 한다.
④ 내 친구는 그 피아니스트와 결혼했다.
어휘 sorry [sɔ́:ri] **a** 유감스러운; 미안한

③ feel 동사는 '~한 상태로 느끼다'라는 2형식 지각동사이다. 불완전자동사인 2형식 지각동사는 형용사를 보어로 취하기 때문에 sorrily가 아닌 sorry와 같은 형용사가 보어 자리에 와야 한다. ① enter는 '~에 들어가다'의 의미일 때는 타동사이므로 enter는 어법상 적절하다. ② 자동사 object는 전치사 to와 결합해 목적어를 가진다. ④ marry는 타동사이므로 반드시 목적어를 취해야 한다.

22 My son ① married ② with a ③ beautiful lady who ④ is a nurse.

② marry는 자동사로 헷갈리기 쉬운 타동사이다. 따라서 전치사 with는 불필요하므로 이를 삭제한다. ④ who ~ nurse는 관계절로 선행사 lady를 꾸며 준다. 선행사가 a beautiful lady로 단수명사이므로 관계사 who 또한 단수 취급한다. 따라서 관계절 내 동사도 단수가 되므로 is는 적절하다.

출제포인트 타동사 marry
정답 ② (with 삭제)
해석 내 아들은 간호사일을 하는 아름다운 여자와 결혼했다.

23 ① People often seem ② angrily when they do not ③ get enough ④ rest and food.

② 불완전자동사 seem은 주어보어를 필요로 한다. 보어 자리에 들어가야 할 품사는 부사가 아니라 형용사이다(사람들과 'anger(화)'가 동격이 되지 않으므로 명사보어는 들어갈 수 없다). 따라서 angrily를 angry로 고친다.

출제포인트 보어 자리
정답 ② (angrily → angry)
해석 사람들은 충분한 휴식과 음식을 먹지(얻지) 못하면 종종 화가 나는 것 같다.
어휘 rest [rest] n 휴식; 나머지

24 Before he ① graduates high school, he ② will have to decide ③ whether he continues his studies or ④ gets a job afterward.

① graduate는 자동사로서 목적어를 가질 수 없는 동사이다. 목적어를 가지려면 전치사를 함께 써야 하는데 graduate는 전치사 from과 함께 '~을/를 졸업하다'라는 의미로 쓰인다. 따라서 graduates를 graduates from으로 고친다. ③ whether는 명사절 접속사로 '주어 + 동사'의 절을 이끈다. 여기서 whether절은 타동사 decide의 목적절로 쓰였다.

출제포인트 자동사 graduate
정답 ① (graduates → graduates from)
해석 고등학교를 졸업하기 전에, 그는 학업을 계속할지 아니면 후에 취업을 할지 결정해야 할 것이다.
어휘 decide [disáid] vt 결심하다
whether A or B A이든지 B이든지
continue [kəntínjuː] vt 계속하다
afterward [ǽftərwərd] ad 후에, 나중에

25 Mom sitting on the sofa ① in the living room looked so ② seriously ③ that I ④ couldn't show my report card to her.

② 밑줄 앞을 보니 지각동사 look이 보인다. look은 불완전자동사로 반드시 형용사를 보어로 가지는 동사이다. 따라서 부사 seriously를 형용사 serious로 고친다. ③ so ~ that은 '아주[너무나도] ~해서 …하다'라는 뜻이다.

출제포인트 2형식 지각동사 + 형용사
정답 ② (seriously → serious)
해석 거실 소파에 앉아 계시는 엄마는 매우 심각해 보여서, 나는 엄마에게 성적표를 보여줄 수 없었다.
어휘 so ~ that … 아주[너무나도] ~해서 그 결과 …하다
report card n (학교) 성적표
serious [síəriəs] a 심각한

02 Actual Test
p. 114

| 01 | ④ | 02 | ③ | 03 | ④ | 04 | ③ | 05 | ③ | 06 | ① | 07 | ② | 08 | ① | 09 | ③ | 10 | ② |
| 11 | ② | 12 | ③ | 13 | ② | 14 | ① | 15 | ② | 16 | ④ | 17 | ② | 18 | ③ | 19 | ② | 20 | ① |

01
① The text book ② on the desk is ③ as well written as ④ last year.

④ 비교 구문에서 비교하는 대상의 무게는 같아야 한다. 비교하는 대상 A가 '책상 위의 교재'이므로 B도 대등한 내용의 명사여야 한다. 그런데 last year(작년)가 비교 대상이 되어 버렸으므로 '작년 교재'라는 뜻으로 고친다. 따라서 last year's라고 하든지 that of last year라고 해야 한다. 이때 The text book이 단수이므로 지시대명사 단수 형태인 that으로 받은 것이다.

출제포인트 비교 구문의 병치
정답 ④ (last year → that of last year 또는 last year's)
해석 책상 위의 그 교재는 작년 교재만큼이나 잘 쓰였다.
어휘 text book n 교재, 교과서

02
To write a poem ① is not ② as difficult as ③ writing a novel to ④ beginners.

③ 비교 구문에서 비교하는 대상 A, B의 구조가 같아야 하는데, 위 문장에서 내상 A는 to R구(to write)이고, B는 동명사구(writing)이므로 병치가 옳지 않다. 따라서 writing을 to write로 고쳐야 적절하다. ① 주어가 to R구인데, to R는 원칙적으로 단수 취급하므로 단수동사 is는 적절하다.

출제포인트 비교 구문의 병치
정답 ③ (writing → to write)
해석 시를 쓰는 것은 초보자들에게 소설을 쓰는 것만큼 어렵지 않다.
어휘 beginner [bigínər] n 초보자
novel [návəl] n 소설 a 새로운

03
When I feel ① bored, I usually sleep ② in bed, go ③ to the movie, or ④ to call my friends.

④ 이 문장에서 열거 구문의 형태를 비교해 보자. 동사구 sleep in bed, go to the movie, to call my friends가 열거되는 구조인데, to call은 동사가 아니므로 병치가 적절하지 않다. 따라서 to call을 1인칭 단수 현재형의 동사 형태인 call로 고친다. ① bored는 감정분사로, 사람의 감정 상태를 나타내고 있으므로 과거분사 bored는 적절하다.

출제포인트 열거 구문의 무게 맞추기(병치)
정답 ④ (to call → call)
해석 나는 지루할 때, 보통 침대에서 자거나, 영화를 보러 가거나, 친구에게 전화를 한다.
어휘 bored [bɔːrd] a 지루한

04
① Biking seems ② really exciting but ③ scare ④ to me.

③ 등위접속사의 병치 구문이다. but 앞에 형용사(exciting)가 있으므로 but 뒤에도 형용사가 와야 한다. 따라서 명사 scare를 형용사 scary로 고친다.

출제포인트 등위접속사의 병치
정답 ③ (scare → scary)
해석 자전거 타기는 나에게는 정말 흥미 있지만 무서울 것도 같다.
어휘 scare [skɛər] vt 겁주다, 겁먹게 하다
n 겁, 공포
scary [skéəri] a 무서운

05

Some ① <u>children</u> are ② <u>born</u> with speaking defects ③ <u>severely</u> and serious ④ <u>enough</u> to require medical treatment.

출제포인트 등위접속사의 병치

정답 ③ (severely → severe)

해석 몇 명의 아이들은 의학적 치료가 요구될 정도로 극심하고 심각한 언어적 결함을 가지고 태어난다.

③ 부사 severely 뒤에 등위접속사 and가 있고 그 뒤에 형용사 serious가 있는데 and를 사이에 둔 양쪽어구의 병치가 옳지 않다. 따라서 부사 severely를 형용사 severe로 고친다. ④ enough는 형용사를 뒤에서 수식하는 부사이다. 따라서 serious 뒤에 위치해 있다.

어휘
be born 태어나다
defect [difékt] n 결함, 결점
severe [sivíər] a 극심한, 심각한
serious [síəriəs] a 심각한
enough to R ~하기에 충분한
require [rikwáiər] vt 요구하다, 필요로 하다
medical [médikəl] a 의학의
treatment [tríːtmənt] n 치료, 처치

06

A growing number of people ① <u>seeks</u> medical attention for vitamin D ② <u>deficiency</u>, a ③ <u>common</u> condition ④ <u>among</u> those who spend a lot of time indoors.

출제포인트 복수주어 - 복수동사

정답 ① (seeks → seek)

해석 점점 더 많은 사람들이 실내에서 많은 시간을 보내는 사람들 사이에서 흔한 증상인 비타민 D 결핍에 관한 치료를 찾고 있다.

① 주어(a growing number of people)가 복수명사이므로, 동사 또한 복수형태가 되어야 한다. 따라서 seeks를 seek로 고쳐야 적절하다. ② deficiency는 형용사 deficient의 명사형이다. ③ 형용사 common은 명사 condition을 수식하고 있다. ④ 전치사 among의 뒤에 명사구를 연결하고 있으므로 적절하게 쓰였다.

어휘
a number of ~ 많은
seek [siːk] vt 찾다; 추구하다, 조사하다
medical attention n 치료, 진찰
deficiency [difíʃənsi] n 결핍, 부족, 결여
condition [kəndíʃən] n 조건; 상태, 상황

07

I ① <u>saw</u> your boyfriend ② <u>to date</u> ③ <u>another</u> girl ④ <u>while</u> you were in Japan.

출제포인트 지각동사 + 목적어 + 원형부정사(= 동사원형)/현재분사

정답 ② (to date → date 또는 dating)

해석 네가 일본에 있었을 동안에 나는 네 남자친구가 다른 여자와 데이트하는 것을 보았다.

② 밑줄은 saw의 목적보어 자리이다. 앞에 있는 지각동사는 목적보어 자리에 to R가 아닌 동사원형 또는 분사가 와야 한다. 따라서 to date를 date 또는 dating으로 고쳐야 옳은 문장이 된다. ③ 밑줄 뒤에 단수명사 girl이 있으므로 단수명사와 결합하는 형용사 another는 적절하다. ④ while은 '~하는 동안'이라는 뜻을 가진 접속사이다.

08

The airplane ① <u>to enable</u> us ② <u>to</u> travel safely ③ <u>such a long</u> distance in ④ <u>a short</u> time.

출제포인트 동사자리

정답 ① (to enable → enables)

해석 비행기는 우리가 짧은 시간에 장거리를 안전하게 여행하는 것을 가능하게 해준다.

이 문장은 술어동사가 없으므로 구조적으로 부적절하다. ① 준동사 to enable은 동사가 될 수 없으므로 이것을 술어동사 enables로 고친다(주어가 3인칭 단수 현재형일 때 동사에 -s 또는 -es를 붙인다). ② enable은 목적보어 자리에 to R를 취한다. ③ 한정사 such는 관사 a보다 앞에 위치한다.

어휘
enable + 목적어 + to R ~를 가능하게 해주다
such [sʌtʃ] a 그러한
distance [dístəns] n 거리

09 Nari ① made ② a lovely and ③ prettily box for me a few ④ days ago.

③ 등위접속사 and를 사이에 둔 양 어구는 병치가 되어야 하는데 and 앞에 있는 lovely는 (-ly로 끝나는) 형용사이고, and 뒤에 있는 prettily는 부사이므로 병치가 적절하지 않다. 따라서 부사 prettily를 형용사 pretty로 고쳐야 병치구조가 적절해진다. ④ 수량형용사 a few는 복수명사와 수일치 한다.

[출제포인트] 등위접속사의 병치
[정답] ③ (prettily → pretty)
[해석] 나리는 며칠 전에 나에게 아름답고 앙증맞은 상자 하나를 만들어 주었다.
[어휘] lovely [lʌ́vli] a 아름다운, 사랑스러운
pretty [príti] a 귀여운 ad 꽤

10 We tried ① to persuade him ② give up smoking, but he was ③ obstinate and refused to ④ change.

② persuade는 목적보어에 to R의 형태를 취하기 때문에 give up을 to give up으로 고친다. ① try to R는 '~하려고 애쓰다'라는 의미의 관용어구이다.

[출제포인트] persuade + 목적어 + to R
[정답] ② (give up → to give up)
[해석] 우리는 그가 담배를 끊도록 설득하려 했지만 그는 고집이 세어서 고치려 들지 않았다.
[어휘] try to R ~하려고 애쓰다
cf try Ring 시험 삼아 ~해보다
persuade [pəːrswéid] vt 설득하다
give up 포기하다
obstinate [ɑ́bstənit] a 고집 센, 완강한
refuse [rifjúːz] vt 거절하다

11 The book ① let me ② to know ③ much ④ information.

② 사역동사 let은 목적보어로 동사원형(원형부정사)을 취하므로 to know를 know로 고쳐야 올바르게 된다. ③ information은 불가산명사이므로 불가산명사와 결합하는 수량형용사 much는 적절하게 쓰였다.

[출제포인트] 사역동사 + 목적어 + 원형부정사
[정답] ② (to know → know)
[해석] 그 책은 내가 많은 정보를 알게 해 주었다.

12 You ① can watch the movie, go ② shopping, or ③ to learn something together ④ with your best friend.

이 문장에서 동사구는 조동사 can에 공통으로 걸리는 본동사(원형부정사), 즉 watch ~, go ~, to learn ~의 세 개의 어구가 열거되는 구조이다. 이 세 개의 어구는 모두 원형부정사로 병치되어야 하는데, ③ to learn만 to R로 병치가 적절하지 않다. 따라서 to learn을 learn으로 고친다.

[출제포인트] 열거 구문의 병치
[정답] ③ (to learn → learn)
[해석] 당신은 당신의 가장 친한 친구와 함께 영화도 보고, 쇼핑도 가고, 무언가를 배울 수도 있다.

13
A : You look so ① beautiful. That dress looks ② really well on you.
B : It's very nice ③ of you ④ to say so.

출제포인트 2형식 지각동사 + 형용사(상당어구)

정답 ② (really well → really good)

해석 A : 아주 아름다워. 드레스가 너한테 정말 잘 어울려.
B : 그렇게 말해 주니 정말 고마워.

② 지각동사 look은 형용사를 보어로 취한다. well은 부사이므로 well을 형용사인 good으로 바꿔 주어야 한다. 여기서 really는 뒤에 나오는 형용사인 good을 수식하는 수식어이므로 상관없다. ③ 'of + 목적격'은 to R의 의미상의 주어로 사람의 성질을 나타내는 형용사(nice) 뒤에 있으므로 옳은 표현이다.

14
A number of citizens ① was parading, while ② wearing animal-costumes, ③ down the street ④ during the festival in the city.

출제포인트 a number of + 복수명사 + 복수동사

정답 ① (was → were)

해석 도시의 축제 기간 동안에 많은 시민들은 동물 의상을 입고 길 아래를 행진했었다.

어휘 citizen [sítəzən] n 시민
parade [pəréid] vi 줄지어 행진하다
costume [kástjuːm] n 의상

① 'a number of + 복수명사'가 주어로 왔으므로 동사는 복수의 형태가 되어야 한다. 따라서 단수동사 was를 복수동사 were로 고친다. ② while wearing animal-costumes는 분사구문이다. 현재분사 wearing 뒤에 목적어 animal-costumes가 있으므로 현재분사 wearing은 적절하다. ③ down은 '아래쪽으로'라는 뜻의 전치사로 명사(the street)를 목적어로 취하고 있으므로 전치사 down은 적절하다. ④ during은 명사(상당어구)를 목적어로 취하는 전치사이므로 적절하다.

15
She ① caught my ② attend ③ when she played the ④ leading role in that play.

출제포인트 목적어 자리

정답 ② (attend → attention)

해석 그녀가 그 연극에서 주연을 했을 때, 내 주의를 이끌었다.

어휘 attend [əténd] vt 참석하다
vi 관심을 기울이다
attention [əténʃən] n 관심, 주의
leading [líːdiŋ] a 주요한; 주연의
play [plei] n 놀이; 연극

② 목적어 자리에는 명사 상당어구가 들어가야 한다. attend는 자동사로 '관심을 기울이다'라는 뜻이다. 여기서는 attend 자리에 '관심'이라는 뜻의 명사가 들어가야 하므로, 동사 attend를 명사 attention으로 고친다. ③ 절을 이끌고 있는 접속사로, '~하는 때'라는 의미이다. ④ leading은 '주요한, 가장 중요한'이라는 (분사출신)형용사이다.

16
① When I found Sujin ② in the meeting, she ③ looked pretty ④ greatly.

출제포인트 2형식 지각동사 + 형용사

정답 ④ (greatly → great)

해석 내가 그 회의에서 수진을 발견했을 때, 그녀는 꽤 근사해 보였다.

어휘 pretty [príti] ad 꽤 a 귀여운

지각동사(불완전자동사)는 주어보어로 형용사를 취한다. 따라서 looked뒤에는 주어보어로 형용사 상당어구가 와야 하는데, 부사구 pretty greatly가 제시되었으므로 이는 옳지 않다. 따라서 부사 greatly를 형용사 great로 고친다. 여기에서 pretty는 형용사 great를 꾸며 주는 부사이다.

17 Ms. Kim walked in the rain without _____ an umbrella.
① to carry ② carrying
③ carried ④ and carry

출제포인트 전치사의 목적어
정답 ②
해석 김 씨는 우산도 들지 않고 빗속을 걸어갔다.

전치사 without 뒤에 빈칸이 있으므로 이것은 전치사의 목적어를 찾는 문제이다. 보기에서 명사에 해당하는 것을 찾으면 ①의 to carry(to R의 명사적 용법)와 ②의 carrying(동명사)이 있다. 둘 다 준동사로서 명사적 용법으로 쓰인다. 전치사는 to R를 목적어로 쓰지 않으므로, to R는 빈칸에 들어갈 수 없다. 따라서 정답은 동명사 ② carrying이다.

18 In 1988, Korea _____ the Seoul Olympic.
① to hold ② hold
③ held ④ holding

출제포인트 동사 자리
정답 ③
해석 1988년에 한국은 서울 올림픽을 개최했다.
어휘 hold [hould] vt 열다, 개최하다; 붙잡다
(hold - held - held)

동사 자리가 비어 있다. 보기에서 ①, ④는 동사가 아니므로 우선 탈락됨을 알 수 있다. ②, ③ 중에서 주어가 단수명사 Korea이므로 복수동사인 hold는 정답이 될 수 없다. 따라서 과거 동사인 held가 정답이다. 일반동사의 과거 시제는 주어와 수일치하지 않는다.

19 There ① were tender and ② quietly sounds here and there in the forest ③ as if birds were beginning to ④ tune up for a concert.

출제포인트 등위접속사의 병치
정답 ② (quietly → quiet)
해석 마치 새들이 콘서트를 위해 음을 맞추기 시작한 것처럼, 감미로우며 나직한 소리가 숲 속 여기저기에 울렸다(있었다).
어휘 tender [téndər] a 상냥한, 온화한
as if 마치 ~인 것처럼
tune up (악기를) 조율하다, (음을) 맞추다

② 밑줄 앞에 등위접속사 and가 있으므로, and의 앞뒤로 같은 품사가 병치되어야 한다. and 앞에 형용사 tender가 있으므로 and 뒤에도 형용사가 나와야 한다. 따라서 부사 quietly를 형용사 quiet로 고친다. ① There is / are 구문으로, 주어가 sounds로 복수명사이므로 복수동사 were는 적절하다. ③ as if는 '마치 ~인 것처럼'이라는 뜻의 접속사로 부사절을 이끈다.

20 Scientists say that dinosaurs may have become extinct because of either the eruption of volcanoes _____.
① or the impact of an asteroid
② and an asteroid's impact
③ nor the impact of an asteroid
④ or an asteroid will impact

출제포인트 등위상관접속사의 병치
정답 ①
해석 과학자들은 공룡이 화산의 폭발이나 소행성의 충돌 때문에 멸종되었을지도 모른다고 말한다.
어휘 dinosaur [dáinəsɔ̀ːr] n 공룡
extinct [ikstíŋkt] a 멸종된; 사라진
eruption [irʌ́pʃən] n 폭발
volcano [vɑlkéinou] n 화산
impact [ímpækt] n 충돌
asteroid [ǽstərɔ̀id] n 소행성

보기를 보면 모든 보기들이 등위접속사 or, and, nor로 시작하고 있음을 알 수 있다. 이럴 경우에는 등위상관접속사를 묻는 문제이므로 상관관계에 오는 어구를 찾아서 등위접속사를 선택하면 된다. 빈칸 앞에 보면 either가 있으므로 ②, ③은 자동 탈락되고, or로 시작하는 ①, ④가 적절하다. ①과 ④는 or를 사이에 두고 양쪽이 병치를 이루어야 한다. or 앞에 명사구(the eruption of volcanoes)가 있으므로 or 뒤에도 명사구가 나와야 한다. ④는 or뒤에 절이 있으므로 적절하지 않다. 따라서 정답은 ①이 된다.

PART 03 정답 및 해설

05 단원별 확인 문제 p. 139

| 01 | ③ | 02 | ② | 03 | ④ | 04 | ② | 05 | ③ | 06 | ③ | 07 | ③ | 08 | ④ | 09 | ② | 10 | ④ |
| 11 | ④ | 12 | ③ | | | | | | | | | | | | | | | | |

01

We didn't ① <u>realize</u> that ② <u>our</u> conversation was being ③ <u>record</u> by the small and ④ <u>hidden</u> machine.

③ 동사구 was being record 뒤에 목적어가 없고, 동사구가 was being으로 시작하는 것으로 보아 진행 수동태의 형태를 묻는 문제임을 알 수 있다. 진행 수동태는 'be + being + p.p.'가 되어야 하므로 record를 recorded로 고친다. ② 명사 앞자리는 인칭대명사의 소유격 자리이다. 따라서 소유격 our는 적절하다. ④ 등위접속사 and에 의해 형용사가 병치되고 있다.

출제포인트 진행 수동태 – be + being + p.p.
정답 ③ (record → recorded)
해석 우리는 우리의 대화가 숨겨진 작은(작고 숨겨진) 기계에 의해 녹음되고 있다는 것을 알아차리지 못했다.
어휘 realize [ríːəlàiz] vt 깨닫다, 알아차리다
conversation [kànvərséiʃən] n 대화
record [rékərd] vt 기록하다 n 기록
hidden [hídn] a 숨은, 비밀의

02

① <u>The Bible</u> has ② <u>being</u> translated ③ <u>into</u> most of the world's ④ <u>languages</u>.

② 완료 수동태의 형태를 묻는 문제이다. 완료 수동태는 'have + been + p.p.'가 되어야 하므로 being을 과거분사 been으로 고친다. ④ 'most of the + 가산 복수명사'는 '~의 대부분'이라는 뜻이다.

출제포인트 완료 수동태 – have + been + p.p.
정답 ② (being → been)
해석 기독교의 성경은 세계 언어의 대부분으로 번역되어 왔다.
어휘 The Bible 성경
translate [trænsléit] vt 번역하다, 옮기다

03

① <u>Over</u> the last twenty ② <u>years</u>, many Korean companies ③ <u>have been seen</u> ④ <u>enter</u> overseas market.

④ 지각동사나 사역동사는 목적보어 자리에 원형부정사(동사원형)를 쓰는 동사이다. 이러한 동사들을 수동태로 바꿀 때는 목적보어로 쓰였던 원형부정사(동사원형) 앞에 to를 넣어 원형부정사를 to R로 고친다. 따라서 enter 앞에 to를 넣어 to enter로 고친다. ① over는 '~ 동안'이라는 뜻의 전치사이다. ③ 주어가 복수(many Korean companies)이므로 동사도 복수가 되어야 한다.

출제포인트 지각동사의 수동태
정답 ④ (enter → to enter)
해석 지난 20년 동안, 많은 한국 회사들이 해외 시장으로 진출한 것으로 보였다.
어휘 over [óuvər] prep ~ 동안에; ~ 너머, ~ 위에; ~에 관해서 ad 초과, 넘게
overseas [óuvərsíːz] a 해외의

350 • Basic Grammar

04

Since ① the Korea Herald ② is writing in plain English, it is very useful ③ for students ④ to study English reading.

② 동사구 is writing 뒤에 목적어가 없으므로 동사는 수동태가 되어야 한다. 따라서 is writing을 is written 또는 is being written(진행수동)으로 고친다. ③ for students는 to R의 의미상의 주어이다. ④ to R의 부사적 용법으로 쓰였으며, 밑줄 뒤에 English reading이라는 목적어가 있으므로 to R의 형태는 능동으로 적절하다.

출제포인트 타동사의 수동형 + 전치사
정답 ② (is writing → is written)
해석 코리아 헤럴드지는 평이한 영어로 쓰여져 있어서, 그것은 학생들이 영어 독해를 공부하기에 매우 유용하다.
어휘 The Korea Herald 코리아 헤럴드지 (영자 신문)
useful [júːsfəl] a 유용한
English reading 영어 독해

05

She tries to ① tell her mother that both of ② her younger sisters ③ are drove by the wrong ④ dreams and a mistaken image of themselves.

③ 수동태의 형태는 'be 동사 + 과거분사'이다. drove는 과거분사가 아니라 drive의 과거 동사이므로 적절하지 않다. 따라서 과거 동사 drove를 과거분사인 driven으로 고친다.

출제포인트 수동태의 형태 – be + p.p.
정답 ③ (are drove → are driven)
해석 그녀는 그녀의 여동생 둘 다 잘못된 꿈과 자기 자신에 대한 그릇된 환상에 이끌려 다닌다는 것을 그녀의 어머니에게 말하려고 한다.
어휘 both [bouθ] pron 둘 다 a 둘 다의
drive [draiv] vt 운전하다; 주도하다, 몰다 (drive – drove – driven)
mistaken [mistéikən] a 잘못된, 잘못 알고 있는

06

① Maybe you will ② sometimes be ③ laughed but it will ④ do you good in the end.

③ laugh는 자동사로 수동태가 될 수 없지만, laugh at은 타동사 상당어구가 되어 수동태가 가능하다. laugh at의 수동태는 be laughed at이 되어야 한다. 따라서 laughed를 laughed at으로 고친다. ② sometimes와 같은 빈도 부사의 위치는 '조동사 뒤, be 동사 뒤, 일반동사 앞'이다.

출제포인트 자동사 + 전치사의 수동태
정답 ③ (laughed → laughed at)
해석 아마도 당신은 때때로 웃음거리가 될 수 있겠지만, 그것은 결국에는 당신에게 도움이 될 겁니다.
어휘 do someone good ~에게 이로움을 주다
laugh at 비웃다
in the end 결국에는, 마지막에

07

다음 중 어법상 틀린 문장은?
① Are you interested in seeing a movie?
② She is surprised at the news.
③ The top of the mountain is covered for snow.
④ She is known as a poet.

③ 동사 cover는 수동태가 되면 도구의 명사를 연결할 때 전치사 with를 쓴다. 따라서 is covered for를 is covered with로 고친다. ① be interested in은 '~에 관심이 있다'라는 뜻이다. ② be surprised at은 '~에 놀라다'라는 뜻이다. ④ be known as는 '~로서 알려지다'라는 뜻으로, 전치사 as의 목적어로 '자격'을 나타내는 명사가 나온다.

출제포인트 by 이외의 전치사를 쓰는 수동태
정답 ③ (is covered for → is covered with)
해석 ① 영화 보는 것에 관심이 있나요?
② 그녀는 그 소식에 놀랐다.
③ 산꼭대기가 눈으로 덮여 있다.
④ 그녀는 시인으로 알려져 있다.
어휘 be interested in ~에 관심이 있다
be surprised at ~에 놀라다
be covered with ~으로 덮여 있다
be known as ~로서 알려지다

08

If a GPS system is not _____ in your car, it is hard for you to locate the exact place.

① install
② installing
③ installed
④ installs

빈칸 뒤에 목적어가 없으므로 동사의 형태는 수동형이 되어야 한다. 빈칸 앞에 is가 있으므로 빈칸에는 수동태를 만드는 과거분사인 installed가 적절하다.

출제포인트 수동태 – be + p.p.
정답 ③
해석 만약 당신의 차에 GPS 장치가 설치되어 있지 않다면, 당신이 정확한 장소를 찾는 것은 힘들 것이다.
어휘 install [instɔ́ːl] vt 설치하다
locate [lóukeit] vt 찾다; ~에 위치시키다
exact [igzǽkt] a 정확한

09

다음 중 어법상 옳은 것은?

① I was totally knock down by such a strenuous work.
② Surgical operations were performed in the famous hospital.
③ Newspapers often are stressed that they print the news straight.
④ The country's middle class was experienced significant work-related opportunities.

② 동사구 were performed의 목적어가 없으므로 수동태 were performed는 적절하게 쓰였다. ① knock down의 목적어가 없으므로 동사는 수동의 형태가 되어야 한다. 따라서 was (totally) knock down을 was (totally) knocked down으로 고쳐야 적절하다. ③ 동사 stress의 목적어가 있으므로 수동태 are stressed는 부적절하다. 따라서 수동태 are stressed를 능동태 stress로 고친다. ④ experience의 목적어가 있으므로 동사의 형태는 수동이 아니라 능동의 형태가 되어야 한다. 따라서 과거분사 experienced를 현재분사 experiencing으로 고쳐야 적절하다.

출제포인트 수동태
정답 ②
해석 ① 나는 그런 고된 일로 완전히 지쳤다.
② 외과 수술은 그 유명한 병원에서 이루어졌다.
③ 신문들은 종종 그들이 똑바로 된 뉴스만을 발행한다고 강조한다.
④ 그 나라의 중산층은 중요한 직업과 관련된 기회들을 경험하고 있었다.
어휘 knock down 때려눕히다
such [sʌtʃ] a 그러한
strenuous [strénjuəs] a 고된
surgical [sə́ːrdʒikəl] a 외과의
operation [ὰpəréiʃən] n 수술
perform [pərfɔ́ːrm] vt 실행하다, 수행하다
stress [stres] vt 강조하다
print [print] vt 인쇄하다, 발행하다
significant [signífikənt] a 중요한; 의미 있는; 상당한

10

I _____ return these three books to the municipal library by next Monday.

① am supposed
② supposed
③ am to suppose
④ am supposed to

be supposed to R는 '~해야만 한다; ~하기로 되어있다'라는 의미의 관용어구이다. 따라서 가장 적절한 것은 ④이다.

출제포인트 불완전타동사의 수동태
정답 ④
해석 나는 다음 주 월요일까지 시립 도서관에 이 세 권의 책을 반납해야 한다.
어휘 be supposed to R ~해야만 한다; ~하기로 되어있다
return A to B A를 B에 반납하다 [돌려주다]
cf return [ritə́ːrn] v 돌려주다, 반납하다; 보답하다; 대답하다 vi 돌아가다
municipal [mjuːnísəpəl] a 시의, 도시의
by [bai] prep ~옆에서; ~에 의해서; ~정도로; ~까지

11

다음 중 어법상 옳은 것은?

① He was made set up the stereo in the living room.
② She was wanted delivering newsletters to our members.
③ They were found struggle to survive the financial crisis.
④ She was heard to sing a strange song.

④ 자각동사와 같이 목적보어에 동사원형을 쓰는 동사는 수동태로 만들면, 목적보어인 동사원형 앞에 to를 넣어야 한다. 따라서 이 문장은 옳은 문장이다. ① 사역동사 make도 지각동사와 마찬가지로 목적보어에 동사원형을 쓰는 동사이다. 따라서 수동태로 만들 때 목적보어인 동사원형 앞에 to를 넣어야 한다. 따라서 set up을 to set up으로 고친다. ② 동사 want는 5형식 구문에서 'want + 목적어 + to R'의 어법을 취하며, 이를 수동태로 고치면 be wanted to R가 된다. 따라서 delivering을 to deliver로 고친다. ③ 불완전타동사 find는 목적보어에 분사를 사용하는 동사로, 수동태가 되어도 분사는 그대로 남는다. 따라서 원형부정사 struggle을 struggling로 고쳐야 옳은 문장이 된다.

출제포인트 지각동사의 수동태

정답 ④

해석 ① 그는 거실에 스테레오를 설치했다.
② 그녀는 우리 회원들에게 소식지를 전달하기를 원했다.
③ 그들은 금융위기에서 살아남기 위해 고군분투하는 것으로 밝혀졌다.
④ 그녀는 이상한 노래를 부르는 것을 들었다.

어휘 set up 설치하다
struggle [strʌ́gəl] vi 애쓰다, 노력[분투]하다
financial crisis 금융 위기
strange [streindʒ] a 이상한

12

다음 중 어법상 맞는 문장은?

① I was become sentimental after reading the book.
② The people are being laughed by you.
③ Appointments can be made by arrangement.
④ He is relied on us.

③ 조동사의 수동태는 '조동사 + be + p.p.'의 형태가 된다. 따라서 can be made는 적절하다. ① become은 불완전자동사로서 수동태가 될 수 없다. 따라서 was become을 became으로 고친다. ② '~을 비웃다'라는 뜻의 동사구는 laugh at이다. 이를 수동태로 바꾸면 be laughed at이 되어야 한다. 또한 진행수동의 형태는 'be being p.p.'이다. 따라서 laugh at을 진행수동으로 바꾸면 are being laughed at이 되어야 적절하다. ④ rely on은 '~를 믿다'라는 의미의 타동사구이다. 이를 수동태로 바꾸면 be relied on이 된다. 뒤에 따라오는 행위자 us를 연결하는 전치사는 on이 아니므로 on 뒤에 전치사 by를 삽입한다.

출제포인트 조동사의 수동태 – 조동사 + be + p.p.

정답 ③

해석 ① 나는 책을 읽은 후에 감상에 젖어버렸다.
② 사람들은 당신의 비웃음을 샀다.
③ 약속은 협의에 의해 만들어질 수 있다.
④ 그는 우리의 신뢰를 얻었다.

어휘 sentimental [sèntəméntl] a 감정적인, 정서적인
laugh at ~을 비웃다
appointment [əpɔ́intmənt] n 약속
arrangement [əréindʒmənt] n 합의, 협의; 배열, 정렬
rely on ~에게 의존하다, ~를 신뢰하다

06 단원별 확인 문제   p. 170

| 01 | ④ | 02 | ① | 03 | ④ | 04 | ③ | 05 | ① | 06 | ④ | 07 | ④ | 08 | ② | 09 | ③ | 10 | ③ |
| 11 | ① | 12 | ④ | 13 | ① | 14 | ④ | 15 | ④ | 16 | ③ | 17 | ④ | 18 | ② | 19 | ② | 20 | ④ |

01 다음 중 어법상 맞는 문장은?
① He had moved to this building a month ago.
② Since last week, we had been tired.
③ I have bought a book yesterday.
④ My grandmother passed away last year.

④ 시간부사 last year는 과거의 명백한 시점을 가리키므로 과거 시제와 일치시켜야 한다. 따라서 ④ passed away는 적절하다. ① 과거를 나타내는 시간부사 a month ago가 있으므로 과거완료 시제 동사 had moved를 과거 시제를 나타내는 동사 moved로 고친다. ② 현재완료와 함께 쓰는 시간부사 'since + 과거 시점'이 있으므로 had been tired를 have been tired로 고친다. ③ 과거를 나타내는 시간부사 yesterday가 있으므로 현재완료 시제 동사 have bought를 bought로 고친다.

출제포인트 시간부사와 동사의 시제 일치
정답 ④
해석 ① 그는 한 달 전에 이 건물로 이사했다.
② 지난주 이래로, 우리는 피곤했다.
③ 나는 어제 책 한 권을 샀다.
④ 나의 할머니는 작년에 돌아가셨다.
어휘 pass away 사망하다, 돌아가시다

02 Jennifer ① has worked for JW Corporation Ltd. ② as a researcher ③ for five years, before ④ she became an instructor.

① 시간부사절에 있는 동사구 became an instructor의 시제를 보면, 제니퍼가 강사가 된 시점이 과거이고, 시간부사절(before ~)을 보아 그녀가 연구원으로 일한 5년은 강사가 되기 이전의 일이므로 주절의 시제는 과거완료가 되어야 한다. 따라서 has worked를 had worked로 고친다.

출제포인트 과거완료 시제
정답 ① (has worked → had worked)
해석 제니퍼는 강사가 되기 전에 5년 동안 JW 주식회사에서 연구원으로 일했었다.
어휘 researcher [risə́:rtʃər] n 연구원
instructor [instrʌ́ktər] n 교사, 강사, 지도자

03 By the time she ① descends from the airplane ② at the Heathrow international airport near London, some ③ of her friends and family ④ will arrive there.

④ 시간부사절(By the time she descends ~)에서는 ① 미래 시제를 쓸 수 없으므로 현재 시제가 미래를 대신한다. 따라서 이 문장에서 쓰인 시간부사절은 미래의 시간을 의미함을 알 수 있다. 또한 문맥상 미래 시점까지 '친구들과 가족들이 도착이 (완료)될 것이다.'라는 의미가 되므로 주절의 동사 시제는 미래완료가 적절하다. 따라서 will arrive를 will have arrived로 고친다.

출제포인트 미래완료 시제
정답 ④ (will arrive → will have arrived)
해석 그녀가 런던 근처에 있는 히드로 국제공항에 비행기가 착륙할 때쯤, 그녀의 몇몇 친구들과 가족들은 그곳에 도착했을 것이다.
어휘 by the time (when/that) (시간 접속사) ~즈음에, ~까지
descend [disénd] vi 내리다, 내려가다
near [niər] prep ~ 가까이에
ad 가깝게 a 가까운, 가까이의

354 • Basic Grammar

04

① That ② huge department store ③ has ④ established here in 2003.

출제포인트 과거 부사 – 과거 시제일치
정답 ③ (has → was)
해석 저 큰 백화점이 2003년에 여기에 지어졌다.
어휘 department store 백화점
establish [istǽbliʃ] vt 설립하다

③ 'in 2003'은 명백한 과거의 시점을 나타내는 시간부사이다. 따라서 본동사의 시제는 현재완료가 아니라 과거 시제가 되어야 한다. 또한 동사구 has established 뒤에 목적어(명사 상당어구)가 없으므로, 동사의 태는 수동의 형태가 되어야 한다. 따라서 has established를 과거 수동의 형태인 was established로 고치는 것이 적절하다. 따라서 ③ has를 was로 고친다.

05

Unless we ① will care for the ② children, it will ③ bring about much bigger ④ problems.

출제포인트 시제 일치의 예외
정답 ① (will care for → care for)
해석 우리가 그 아이들을 돌보지 않는다면, 더 큰 문제가 발생할 수 있어.
어휘 unless [ənlés] conj ~하지 않는다면
care for ~ ~을 돌보다; ~을 좋아하다
bring about 야기하다, 초래하다

① 조건의 부사절에는 미래 시제가 없으므로 현재 시제가 미래 시제를 대신한다. 따라서 미래 시제인 will care for는 옳지 않으므로 현재 시제 care for로 고친다.

06

She _____ here for a week by tomorrow.

① stays ② has stayed
③ will stay ④ will have stayed

출제포인트 미래완료 시제
정답 ④
해석 그녀는 내일이면 여기에 일주일째 머무르게 된다.

시간부사 for a week와 by tomorrow를 통해(내일까지 일주일 동안) 동사의 시제는 현재를 포함하는 미래 시제, 즉 미래완료가 적절하다. 따라서 미래완료인 ④가 가장 적절하다.

07

I recognized him at once because I _____ him before.

① met ② meet
③ have met ④ had met

출제포인트 과거완료 시제
정답 ④
해석 나는 예전에 그를 만났었기 때문에 한 번에 그를 알아보았다.
어휘 recognize [rékəgnàiz] vt 알아보다
at once 한 번에; 즉시

주절의 동사 recognized를 통해 내가 그를 알아봤던 시점은 과거임을 알 수 있다. 주절이 과거이므로 종속절의 시제는 과거 또는 과거완료가 적절하다. 그를 알아본 시점이 과거이고(recognized), 시간부사 before를 통해 그를 만났던 시점은 그 이전이므로 과거완료 시제가 들어가야 한다. 따라서 정답은 ④가 된다.

08 Lots of government officials suggested that they _____ together with companies and consumers so as to save energy.

① works 　　　　② work
③ worked 　　　④ working

출제포인트 시제 일치의 예외
정답 ②
해석 많은 공무원들은 에너지를 절약하기 위해서 그들이 기업과 소비자들과 함께 협력해야 한다고 주장했다.
어휘 government [gʌ́vərnmənt] n 정부
official [əfíʃəl] n 관리자; 공무원
so as to R ~하기 위해서
save [seiv] vt 절약하다; 구하다

suggest는 제안 동사이므로, 목적절(that ~)에 당위적인 내용이 나오면, that절이 'S + (should) R'의 구조가 되어야 한다. 따라서 빈칸에는 should work가 들어가야 하는데, should는 생략 가능하므로, 빈칸에 들어갈 말은 ② work가 된다.

09 I _____ in a town beside the sea before I moved this area.

① have not lived 　　② did not live
③ had not lived 　　④ had not been lived

출제포인트 과거완료 시제
정답 ③
해석 나는 이 지역으로 이사 오기 전에는 바닷가 근처 마을에 살지 않았다.
어휘 beside [bisáid] prep ~ 옆에

내가 이 지역으로 이사 온 시점은 과거(moved this area)이고, 바닷가 근처 마을에 살지 않은 것은 시간부사절 before I moved this area가 나타내는 과거 이전의 시간부사절(before ~)과 일치하는 시제는 과거완료이다. 이때 live는 자동사이기 때문에 수동태로 쓰일 수 없으므로 정답은 ③이 된다.

10 The researchers will monitor the animals when _____ _____ one week old.

① are they 　　　② they will be
③ they are 　　　④ they were

출제포인트 시제 일치의 예외
정답 ③
해석 연구원들은 이 동물들이 태어난 지 일주일 되었을 때부터 관찰할 것이다.
어휘 monitor [mɑ́nitər] vt 관찰하다, 감시하다

주절의 동사가 미래 시제이고, 접속사 when은 양절에 시제가 모두 같아야 하므로 when절에 들어갈 동사도 미래 시제가 되어야 한다. 하지만 시간의 부사절에서는 미래 시제를 쓰지 않기 때문에 현재 시제가 미래를 대신하므로 빈칸에는 현재 시제의 동사가 들어가야 한다. 또한 접속사 when 뒤에는 S + V의 어순이 되어야 하므로 ③이 정답이다.

11 The abandoned animals _____ by hikers two weeks ago.

① were found 　　② was found
③ are found 　　　④ have been found

출제포인트 시간부사와 동사의 시제 일치
정답 ①
해석 버려진 동물들은 2주 전 도보 여행자들에 의해 발견되었다.
어휘 abandon [əbǽndən] vt 버리다, 포기하다
hiker [háikiər] n 도보 여행자

과거 시제와 함께 쓰는 시간부사 two weeks ago가 있으므로 동사의 시제는 과거가 되어야 한다. 주어가 3인칭 복수이므로 ①이 정답이다.

12
People suspected that a secret deal _____ between them.
① will make ② has been made
③ make ④ had been made

주절의 시제가 과거이면 종속절의 시제는 과거나 과거완료가 되어야 한다. 이 문제에서 주절의 시제가 suspected로 과거이므로, that이 이끄는 절 내의 시제는 과거나 과거완료 시제가 되어야 한다. 따라서 정답은 ④가 된다.

출제포인트 주절과 종속절의 시제 일치
정답 ④
해석 사람들은 그들 사이에 비밀 거래가 이루어 졌을 거라고 생각했다(의심했다).
어휘 suspect [səspékt] vt ~라고 의심하다 (~라고 생각하다)
secret [síːkrit] a 비밀의, 은밀한
deal [díːl] n 거래

13
We _____ record highs three times for the last fifteen days.
① have had ② had had
③ had ④ have

현재완료 시제와 함께 쓰는 시간부사 for the last fifteen days가 있으므로, 주절의 시제는 현재완료가 되어야 한다. 따라서 정답은 ①이 된다.

출제포인트 현재완료 시제
정답 ①
해석 지난 보름 사이에 최고 기온이 3번이나 갱신되었다.
어휘 record high n 최고 기록
last [læst] a 지난

14
She _____ away 10 kilometers from the accident spot, before she discovered an old house with lighting on the front of the building.
① has run ② ran
③ runs ④ had run

그녀가 집을 발견한 시점이 과거(discovered)이고 달아난 것은, 시간부사절(before ~ - 과거 이전을 나타냄)을 보아 주절 동사의 시제는 과거완료가 되어야 한다. 따라서 had run이 정답이다.

출제포인트 과거완료 시제
정답 ④
해석 그녀는 건물 앞쪽에 조명이 있는 오래된 집을 발견하기 전에, 사고 지점으로부터 10킬로를 도망쳤다.
어휘 run away 달아나다, 도망가다
accident [æksidənt] n 사고, 재난
spot [spɑt] n 점; 얼룩; 장소, 지점

15 다음 중 어법상 옳지 것은?

① We have a good and fun time last night.
② Playing the cello was my good hobby since I was eight years old.
③ I will hear the story five times if you say it once again.
④ I will have completed this report by this Wednesday.

출제포인트 시제 종합 문제

정답 ④

해석
① 우리는 지난밤에 좋고 재미있는 시간을 보냈다.
② 내가 여덟 살이 된 이후부터 첼로를 연주하는 것은 나의 좋은 취미가 되었다.
③ 당신이 그것을 한 번 더 말하게 된다면, 나는 그것을 다섯 번 듣게 될 것이다.
④ 나는 이번 주 수요일까지 이 보고서를 완성할 것이다.

④ 어떤 일을 미래 시점(this Wednesday)까지 완료하는 것이므로 미래완료 시제는 적절하다. ① 시간부사 last night이 과거를 가리키고 있으므로 동사의 시제는 과거가 되어야 적절하다. 따라서 현재동사 have를 과거형 had로 고친다. ② 'since + 과거시점'이 있으므로, 주절동사의 시제는 현재완료형이 되어야 한다. 따라서 was를 has been으로 고친다. ③ 당신이 미래에 그 이야기를 한번만 더 말하면, 미래까지 총 다섯 번 듣게 되는 것이다. 즉, 총 횟수는 지금까지 네 번 들은 것을 포함해서 미래까지 전체 다섯 번을 의미하는 것이므로 동사의 시제는 미래가 아니라 미래완료가 되어야 한다. 따라서 will hear를 will have heard로 고친다.

16 It is high time that we _____ our foreign policy in the Middle East.

① have reviewed
② review
③ reviewed
④ are reviewed

출제포인트 it's time 가정법

정답 ③

해석 중동지역에 대한 우리의 외교 정책을 검토해야 할 시간이다.

어휘 review [rivjúː] vt 검토하다
foreign policy n 외교 정책
Middle East 중동

It's time 가정법은 가정법 과거밖에 없으므로, 동사 자리에 과거형을 넣어야 한다. 따라서 ③이 정답이다.

17 다음 빈칸에 들어갈 수 없는 것은?

_____ your attention, our project could not have been accomplished well.

① If it had not been for
② Had it not been for
③ Without
④ If it were not for

출제포인트 가정법 과거완료

정답 ④

해석 당신의 관심이 없었다면, 우리 계획이 잘 이루어 지지 않았을 것이다.

주절의 동사 could not have been accomplished를 보니 이 문장은 가정법 과거완료 구문임을 알 수 있다. 따라서 빈칸에는 가정법 과거완료의 종속절이 되어야 하는데, 'If it were not for ~'는 가정법 과거의 종속절이므로 정답은 ④이다.

18

He behaves as if he _____ everything about her.
① knows   ② knew
③ will not know   ④ has know

출제포인트 as if 가정법
정답 ②
해석 그는 마치 그녀에 대해서 모든 것을 알고 있는 것처럼 행동한다.
어휘 behave [bihéiv] vi 행동하다, 행하다

as if 가정법을 묻는 문제이다. 주절의 동사 behaves가 현재 시제이고 문맥상 행동하는 것과 그녀를 알고 있는 것은 같은 시점이므로, as if절 내의 동사는 현재 사실의 반대를 나타내는 과거형이 되어야 한다. 따라서 빈칸에는 과거 동사 knew가 옳다. 따라서 정답은 ②이다.

19 다음 중 어법상 옳은 것은?
① It's about time that you go.
② I wish I knew how to use the new equipment.
③ If I was you, I would not do that.
④ If she had been rich, she would feel freer financially.

출제포인트 가정법
정답 ②
해석 ① 당신이 가야 할 시간이다.
② 나는 새로운 장비를 사용하는 방법을 안다면 좋겠어.
③ 내가 너라면, 나는 그러지 않을 텐데.
④ 그녀가 부유했다면, 경제적으로 더 자유로웠을 텐데.

② I wish 가정법은 가정법 과거와 가정법 과거완료 모두 가능하다. ① It's time 가정법은 가정법 과거밖에 없으므로 go를 went로 고친다. 혹은 should go로 해도 좋다. ③ 가정법 과거에서는 인칭에 상관없이 be 동사는 무조건 were가 되어야 한다. ④ if절은 가정법 과거완료이고, 주절은 가정법 과거로 문법적으로 맞지 않다. 따라서 If she had been rich, she would have felt freer financially로 고친다.

20 다음 중 어법상 옳은 것은?
① If it had not been for air, we would die.
② If I had known the fact, I would not made mistakes more than this.
③ I wish I marry that pianist.
④ She speaks Chinese fluently as if she were a chinese.

출제포인트 가정법
정답 ④
해석 ① 만약 공기가 없다면, 우리는 죽을 거야.
② 내가 그 사실을 알았다면, 나는 이보다 더 많이 실수하지 않았을 텐데.
③ 나는 그 피아니스트와 결혼하면 좋겠어.
④ 그녀는 마치 중국 사람인 것처럼 중국어를 유창하게 말한다.
어휘 fluently [flú:əntli] ad 유창하게, 거침없이
Chinese [tʃainí:z] n 중국어; 중국인
a 중국의

④ '그녀가 마치 중국 사람인 것처럼 유창하게 말한다'고 하였으므로 현재 사실의 반대를 가정하는 가정법 과거이다. 따라서 종속절에 과거 동사가 와야 하므로 as if she were a chinese는 적절하다. ① if절은 가정법 과거완료이고, 주절은 가정법 과거로 문법적으로 맞지 않다. 따라서 If it had not been for air, we would die를 If it were not for air, we would die로 고친다. ② 과거 사실의 반대를 가정하는 가정법 과거완료 구문이다. 가정법 과거완료의 주절 동사는 '조동사의 과거형 + have p.p.'가 되어야 하므로, would not made를 would not have made로 고친다. ③ I wish 가정법은 가정법 과거와 가정법 과거완료 모두 가능하다. 현재 시제인 marry는 문법적으로 맞지 않으므로, marry를 married 또는 had married로 고친다.

03 Actual Test
p. 174

01	③	02	②	03	④	04	④	05	④	06	①	07	③	08	③	09	②	10	④
11	②	12	③	13	①	14	①	15	②	16	③	17	①	18	③	19	②	20	①

01 ① In the mid ② late 1990s, Brazil ③ has been one of Latin America's fastest ④ growing economies.

출제포인트 과거시제
정답 ③ (has been → was)
해석 1990년대 후반에, 브라질은 라틴아메리카의 가장 빠르게 성장하는 경제권 중 하나였다.

③ 시간 부사 in the mid late 1990s가 과거를 가리키고 있으므로 동사의 시제는 과거가 되어야한다. 따라서 현재완료형 has been을 과거형 was로 고친다. ② late는 형용사로 '늦은', 부사로 '늦게'의 의미로 쓰인다. 여기서는 시간 명사 1990s를 수식하는 형용사로 적절하게 쓰였다. ④ growing은 현재분사로(형용사) 명사 economies를 수식하고 있다.

02 In 1993, Munseon _____ Daejeon Expo as a volunteer.

① serving ② served
③ was served ④ to serve

출제포인트 동사 자리
정답 ②
해석 1993년도에 문선이는 자원봉사자로서 대전 엑스포에서 일했다.
어휘 serve [səːrv] vt 봉사하다, 일하다
volunteer [vàləntíər] n 자원봉사자, 지원자

Munseon이 주어이고 그 뒤는 동사 자리이다. 빈칸 뒤에 Daejeon Expo라는 목적어가 있으므로, 동사의 태는 능동형이 되어야 하고 'In 1993'이라는 시간부사가 있으므로 동사의 시제는 과거가 되어야 한다. 따라서 빈칸에는 과거(능동)의 동사가 들어가야 하므로 ② served가 정답이 된다.

03 My heart has been beating ever since _____.

① I had met him first ② I meet him first
③ I have met him first ④ I met him first

출제포인트 과거 시제(since + 과거 시점)
정답 ④
해석 그를 처음 본 이후로 지금까지 내 심장은 두근거리고 있다.
어휘 beat [biːt] vt 두근거리다; 때리다, 치다

주절의 본동사의 시제가 현재완료(진행)이므로 시간부사절은 'since + 과거 시점'의 형태가 되어야 한다. 과거 시제의 절을 찾으면 정답은 ④가 된다. 또한 since는 전치사로도 쓰이므로 과거 시점의 명사가 오면(예를 들어, since 1999) 시간의 부사구가 된다.

04

다음 빈칸에 들어갈 말로 알맞지 않은 것은?

We _____ him to meet her.

① expect
② allow
③ force
④ make

동사의 어법을 묻는 문제이다. 빈칸 뒤 목적보어 자리에 to R가 있는 것으로 보아, 목적보어에 to R를 쓰지 않는 동사를 찾는 문제이다. ①, ②, ③은 모두 to R를 취하지만, make는 목적보어에 동사원형을 쓰는 동사이다. 따라서 정답은 ④가 된다.

[출제포인트] 목적보어에 to R를 취하는 동사

[정답] ④

[해석] 우리는 그가 그녀를 만나도록 기대한다 (허락한다/강요한다).

05

I don't know which ① activity is the ② better one of the two – going to the fitness center ③ or ④ to attend dinner party at Susie's house.

④ 등위접속사 or를 사이에 두고 한쪽은 동명사(going)인데, 다른 한쪽은 to R의 형태이므로 병치가 적절하지 않다. 따라서 to attend를 attending으로 고쳐야 양 어구는 올바른 병치구조가 성립된다. ② of the two가 있으므로 'the + 비교'는 적절하다.

[출제포인트] 등위접속사의 병치

[정답] ④ (to attend → attending)

[해석] 나는 피트니스 센터(헬스클럽)에 가는 것 혹은 수지의 집에서 열리는 디너파티에 참석하는 것 중에 어떤 활동이 더 나은지 모르겠다.

06

We ① had cleared the land ② of all the ③ trees in order to ④ make farms for the last ten days.

① 현재완료 시제와 함께 쓰는 시간부사 for the last ten days가 있으므로 동사의 시제는 현재완료가 되어야 한다. 따라서 had cleared를 have cleared로 고친다. ④ in order to R는 '~하기 위하여'라는 뜻의 관용어구이다.

[출제포인트] 시간부사와 동사의 시제 일치

[정답] ① (had cleared → have cleared)

[해석] 우리는 지난 10일 동안 농장을 만들기 위해 그 땅의 모든 나무들을 치웠다.

[어휘] clear A of B A에게서 B를 치우다

07

Jinhae ① is very famous ② for ③ it's cherry blossoms ④ in April.

③ it's는 it is의 준말이다. 그런데 밑줄은 명사 앞자리로 소유격 자리이므로 its가 되어야 한다.

[출제포인트] it's와 its의 구분

[정답] ③ (it's → its)

[해석] 진해는 4월에 벚꽃으로 매우 유명하다.

[어휘] cherry blossom n 벚꽃
April [éiprəl] n 4월

08 The ① number of ② students ③ are close to six ④ hundred this year.

③ 'the number of + 복수명사'는 '~의 숫자'라는 뜻이다. 이 문장에서 주어의 핵심어 the number는 단수이므로, 동사도 단수동사가 되어야 한다. 따라서 복수동사 are를 is로 고친다. 참고로 'a number of + 복수명사'는 '많은 ~들'이라는 뜻이다. ④ 구체적인 숫자는 단위가 되는 수사에 -s를 붙이지 못한다. 따라서 six hundred가 맞는 표현이다.

출제포인트 The number of + 복수명사 + 단수동사
정답 ③ (are → is)
해석 학생 수가 올해는 600에 가깝다.
어휘 close [klous] a 가까운

09 If the ① pizza is ② dividing into 10 equal ③ parts, everybody can ④ be happy.

② 동사구 is dividing 뒤에 목적어가 없으므로 동사의 태는 수동의 형태가 되어야 한다. 따라서 be 동사 뒤에 있는 dividing이 divided가 되어야 한다. ④ 화법 조동사 can의 뒷자리에는 본동사인 원형부정사(R)가 적절하다.

출제포인트 수동태의 형태(be + p.p.)
정답 ② (dividing → divided)
해석 만약에 그 피자가 10개의 똑같은 부분으로 나눠진다면, 모든 사람이 행복할 수 있다.
어휘 divide [diváid] vt 나누다
equal [íːkwəl] a 똑같은, 동일한

10 Most ① fairy tales are for ② children and ③ deal with themes of good, evil and ④ lovely.

④ 전치사 of에 걸리는 명사 세 개가 열거되는 구조이다. good은 '이로운, 좋은'이라는 형용사도 있지만 '선'이라는 명사로도 쓰이며, evil도 마찬가지로 '나쁜, 악한'이라는 형용사뿐만 아니라 '악'이라는 명사로도 쓰인다. 따라서 전치사 뒤에 있는 good과 evil은 '선'과 '악'이라는 명사이고 그 뒤에도 대등한 명사 상당어구가 와야 하므로 형용사 lovely(사랑스러운)를 명사 love로 바꿔 주면 열거 구문의 병치가 된다. ① most가 형용사로 쓰일 경우 가산 복수명사와 결합한다. ③ and를 사이에 두고 복수동사구가 병치되고 있다.

출제포인트 열거 구문의 병치
정답 ④ (lovely → love)
해석 대부분의 동화는 아이들을 위한 것이고, 선과 악 그리고 사랑에 관한 주제들을 다룬다.
어휘 fairy tale n 동화
deal with ~ ~을 다루다
theme [θiːm] n 주제
good [gud] n 이로움 a 좋은
evil [íːvəl] n 악 a 사악한

11 ① They would rather ② waiting a moment ③ than leave ④ immediately.

② would rather A than B는 'B하느니 차라리 A하겠다'라는 의미의 관용어구이다. 이때 비교대상 A와 B는 병치를 이루어야 한다. 조동사 would rather 뒤에 있는 A는 동사원형이 되어야 하고, than 뒤에 있는 B 역시 동사원형으로 두 어구가 병치를 이루어야 한다. 따라서 waiting을 wait로 고친다. ④ immediately는 '즉시'라는 뜻의 부사로 동사를 수식한다.

출제포인트 조동사 + 동사원형의 형태
정답 ② (waiting → wait)
해석 그들은 즉시 떠나는 것보다 잠시 기다릴 것이다.
어휘 would rather A than B B하느니 차라리 A하겠다
moment [móumənt] n 잠깐, 순간
immediately [imíːdiətli] ad 즉시, 바로

12 ① In 2002, a lot of ② people ③ gather in front of city hall ④ to cheer Korean team on.

・ ③ 'In 2002'는 과거 2002년이라는 특정 시점을 언급하는 부사구이다. 따라서 시간부사구와 동사 간의 시제 일치를 묻는 문제이다. 과거의 시간부사구 'In 2002'가 있으므로 gather를 gathered로 고친다. ① 연도 앞에는 전치사 in을 쓴다. ② a lot of는 '많은'이라는 뜻으로 가산 복수명사와 결합한다.

출제포인트 과거 부사 – 과거 시제
정답 ③ (gather → gathered)
해석 2002년, 많은 사람들이 한국 팀을 응원하기 위해 시청 앞에 모였다.
어휘 gather [gǽðər] vi 모이다
city hall n 시청
cheer on ~을 환호[응원]하다

13 I have ① study English ② for the last 15 ③ years, but I can't speak ④ it fluently.

① 시간부사 'for the last 15 years(지난 15년 동안에)'가 있으므로 이 시간부사는 현재완료 동사와 일치해야 한다. 현재완료 시제의 동사는 have p.p.의 형태이므로 study를 studied로 고친다. ② for는 전치사로 '~ 동안에'라는 뜻이다. ④ 대명사 it은 English를 받는다.

출제포인트 현재완료 시제
정답 ① (study → studied)
해석 나는 영어를 15년 동안이나 공부해 왔지만, 유창하게 말할 수는 없다.
어휘 fluently [flúːəntli] ad 유창하게

14 Han river is ① knew to ② the world ③ as ④ the motive of Seoul.

① 동사구의 목적어가 없으므로 동사는 수동태가 되어야 한다. 수동태의 형태는 'be 동사 + p.p.'이므로 knew를 known으로 고친다. ③ be known as는 '(자격)~로서 알려지다'라는 뜻이다.

출제포인트 수동태의 형태(be + p.p.)
정답 ① (knew → known)
해석 한강은 서울의 원동력으로서 세계에 알려져 있다.
어휘 be known to ~ ~에게 알려지다
motive [móutiv] n 원동력, 자극

15 Estimates of ① illegal immigrants ② ranges ③ from two million ④ to ten million.

② 주어의 핵심어가 Estimates로 복수이므로 동사 또한 복수형이 되어야 한다. 따라서 단수동사 ranges를 복수동사 range로 고친다.

출제포인트 주어 – 동사의 수일치
정답 ② (ranges → range)
해석 불법 이민자의 수가 이백만에서 천만에 이른다.
어휘 estimate [éstəmit] n 견적; 평가; 추정
illegal [ilíːɡəl] a 불법의
immigrant [íməɡrənt] n 이민자
range [reindʒ] vi ~의 범위에 이르다
from A to B A에서 B까지

16 ① In the year of 2000, one of the ② worst computer ③ virus in history was ④ released on the Internet.

③ 'one of the + 복수명사'구문을 묻는 문제이다. 따라서 virus를 복수인 viruses로 고쳐야 옳은 문장이 된다. ② worst는 bad의 최상급으로 '가장 나쁜'이라는 뜻이다. 뒤에 있는 명사를 꾸며 주고 있다. ④ 동사구 was released 뒤에 목적어가 없으므로 동사의 형태는 수동태가 맞다.

출제포인트 one of the + 복수명사
정답 ③ (virus → viruses)
해석 2000년 한 해 동안, 역사상 가장 악성의 컴퓨터 바이러스가 인터넷에 유포되었다.
어휘 release [rilíːs] vt 풀어 주다, 놓아 주다

17

Cloning technologies can ① be using for other ② purposes ③ besides producing the genetic twin of ④ another organism.

① 동사구 can be using의 목적어가 없으므로 동사는 수동의 형태가 되어야 한다. 조동사의 수동태는 '조동사 + be + p.p.'의 형태이므로, be using을 be used로 고친다. ② other는 '다른'이라는 뜻의 형용사로 가산 복수명사와 결합한다. 따라서 복수명사 purposes는 적절하다. ③ besides는 '~외에도'라는 뜻의 전치사로 명사 상당어구를 목적어로 가진다. 참고로 besides는 '게다가'라는 뜻의 부사도 된다. ④ 형용사 another는 단수명사와 수일치한다. 밑줄 뒤에 단수명사 organism이 있으므로, 형용사 another는 적절하다.

출제포인트 감정분사
정답 ① (be using → be used)
해석 복제 기술들은 다른 생물체의 유전적 쌍둥이를 생산하는 것 외에도 다른 목적에 이용될 수 있다.
어휘
cloning [klóuniŋ] n 복제
purpose [pə́ːrpəs] n 목적; 용도
besides [bisáidz] prep ~외에
　　　　　　　　　　ad 게다가, 덧붙여
cf beside [bisáid] prep ~의 옆에
genetic [dʒənétik] a 발생[유전, 기원]의
organism [ɔ́ːrɡənizəm] n 유기체[물], 생물(체)

18

① On the last night of ② 1999, there ③ is a very big and ④ fantastic festival in Gwanghwamun, Seoul.

③ 'On the last night of 1999'라는 명백한 과거 시점의 부사구가 있으므로 주절의 시제는 과거 시제가 되어야 한다. 따라서 현재동사 is를 과거동사 was로 고친다. ④ 등위접속사 and를 사이에 두고 형용사 big과 fantastic이 병치되고 있다.

출제포인트 과거 부사 – 과거 시제
정답 ③ (is → was)
해석 1999년의 마지막 날 밤, 서울의 광화문에서는 엄청나게 크고 멋진 축제가 있었다.
어휘
fantastic [fæntǽstik] a 환상적인
festival [féstəvəl] n 축제

19

We ① have had ② a little problems ③ with the new computer ④ since we installed it.

② 밑줄 뒤에 복수명사가 있는데 a little은 불가산명사와 수일치하므로 a little을 가산 복수명사와 결합할 수 있는 수량형용사 a few로 고친다. ① 시간부사절에 'since + 과거 시점'이 있으므로 주절의 시제는 현재완료가 적절하다.

출제포인트 a few + 복수명사
정답 ② (a little → a few)
해석 우리가 그것을 설치한 이래로, 컴퓨터에 몇 가지 문제들이 발생했다.
어휘 install [instɔ́ːl] vt 설치하다

20

I have ① clean the ② whole house ③ since my husband and children ④ left in the morning.

① 'since + 과거 시점(S + V-ed)'의 부사절이 있으므로 주절의 본동사의 시제는 현재완료가 되어야 한다. 현재완료는 have p.p.의 형태를 취하므로 clean을 cleaned로 고쳐야 적절하다. ② whole은 형용사로 명사를 꾸며 주고 있다.

출제포인트 시제 일치 (since + 과거 시점)
정답 ① (clean → cleaned)
해석 내 남편과 아이들이 아침에 떠난 후에 나는 온 집안을 청소하고 있다.
어휘
clean [kliːn] vt 청소하다, 치우다
whole [houl] a 전체의

PART 04 정답 및 해설

07 단원별 확인 문제
p. 224

| 01 | ③ | 02 | ③ | 03 | ② | 04 | ① | 05 | ① | 06 | ② | 07 | ② | 08 | ① | 09 | ④ | 10 | ③ |
| 11 | ② | 12 | ③ | 13 | ③ | 14 | ② | 15 | ③ | 16 | ① | 17 | ④ | 18 | ② | | | | |

01

다음 중 어법상 틀린 문장은?
① We enjoyed singing and dancing.
② I hope to see you again.
③ Don't give up try to do it.
④ He promised to help us.

출제포인트 동명사를 목적어로 취하는 동사 give up

정답 ③ (try → trying)

해석 ① 우리는 노래하고 춤추는 것을 즐겼다.
② 나는 너를 다시 보기를 희망한다.
③ 그것을 시도하는 것을 포기하지 마.
④ 그는 우리를 도와줄 것을 약속했다.

③ 동사구 give up 다음에 동사원형인 try가 왔는데 give up은 동명사를 목적어로 취하는 동사이므로 원형부정사 try를 동명사 trying으로 고친다. ① enjoy는 동명사를 목적어로 취하는 동사이므로 이 문장은 옳다. ② hope는 to R를 목적어로 취하는 동사이므로 이 문장은 옳다. ④ promise는 to R를 목적어로 취하는 동사이므로 이 문장은 옳다.

02

다음 중 어법상 옳은 것은?
① She planned going shopping with me.
② We cannot postpone to see a doctor.
③ She agreed to extend our contract.
④ He suggested to have some snacks and drinks.

출제포인트 to R와 Ring를 목적어로 취하는 동사 구분

정답 ③

해석 ① 그녀는 나와 함께 쇼핑하러 가기를 계획했다.
② 우리는 병원 가는 것을 미룰 수 없다.
③ 그녀는 계약을 연장하는 것에 동의했다.
④ 그는 약간의 간식과 음료를 들기를 제안했다.

어휘 extend [iksténd] vt 연장하다, 늘리다
contract [kάntrækt] n 계약서

③ agree는 to R를 목적어로 취하는 동사이므로 to help는 적절하게 쓰였다. help는 목적보어에 (to) R를 취하므로, clean the house는 적절하게 쓰였다. ① plan은 목적어 자리에 to R를 취하는 동사이므로 going을 to go로 고쳐야 적절하다. ② postpone은 목적어자리에 동명사를 취하는 동사이므로 to see를 seeing으로 고쳐야 적절하다. ④ suggest는 목적어 자리에 동명사를 취하는 동사이므로 to have를 having으로 고쳐야 적절하다.

03 My husband helped me _____ better with washing dishes.

① cleaned the house
② to clean the house
③ cleaning the house
④ cleans the house

출제포인트 help + 목적어 + (to) R
정답 ②
해석 나의 남편은 내가 설거지와 집 청소를 더 잘하도록 도와주었다.

불완전타동사 help는 'help + 목적어 + (to) R'의 어법을 취하는 동사이다. 따라서 빈칸 목적보어 자리에는 (to) R의 형태가 들어가야 하므로 정답은 ②이다.

04 The _____ information would be sent to the main office and then delivered to every branch.

① stored
② storing
③ stores
④ to store

출제포인트 전치 수식하는 과거분사
정답 ①
해석 저장된 정보는 본사로 보내지고, 그러고 난 후 모든 지사로 보내진다.
어휘 store [stɔːr] vt 저장하다
send [send] vt 보내다
deliver [dilívər] vt 배달하다; 전달하다
branch [bræntʃ] n 지점, 지사

전치 수식하는 분사를 찾는 문제이다. 정보는 저장되는 것이므로 빈칸에는 수동의 과거분사 ① stored가 적절하다.

05 Good music ① playing in the office ② inspires the ③ workers and changes ④ the whole atmosphere.

출제포인트 후치 수식하는 과거분사
정답 ① (playing → played)
해석 사무실에서 틀어 놓는 좋은 음악은 직원들을 고무시키고, 전체 분위기를 바꿔 준다.
어휘 inspire [inspáiər] vt 고무시키다, 격려하다, 고취시키다
atmosphere [ǽtməsfiər] n 대기, 공기; 분위기

① playing은 앞에 있는 명사 music을 후치 수식하는 분사인데 현재분사 playing 뒤에 목적어가 없으므로 playing은 과거분사가 되어야 적절하다. 따라서 현재분사 playing을 과거분사 played로 고친다. ② 주어인 Good music은 단수이므로 단수동사가 맞다.

06 Jack asked ① me ② getting him ③ off the hook ④ by participating in the meeting for him.

출제포인트 ask + 목적어 + to R
정답 ② (getting → to get)
해석 잭은 나더러 그 회의에 대신 참석하여 자기를 구해 달라고 하였다.
어휘 get + 목 + off the hook ~를 자유롭게 해주다
off the hook 문제나 어려운 정황에서 벗어난
participate in ~에 참가하다

② 'ask + 목적어 + to R' 구문을 묻는 문제이다. ask는 불완전타동사로 to R을 목적보어로 취한다. 따라서 getting을 to get으로 고친다. ① 목적어 자리에 인칭대명사의 목적격 me가 왔으므로 맞다. ④ by + Ring는 '~함으로써'라는 뜻이다.

07

① Cheerfully ② sung students in the music class ③ are ④ really cute.

② 이 문장에서 본동사는 are이고, are 앞 전부 주어이다. 과거분사 sung은 주어 students를 수식하고 있다. 그런데 학생들이 노래를 능동적으로 부르고 있으므로 수동의 의미를 나타내는 과거분사 sung은 옳지 않다. 따라서 sung을 singing으로 고친다. ① cheerfully는 부사로서 뒤에 있는 분사를 꾸며 주고 있다. ③ 주어가 students(복수)이므로 동사도 복수동사가 적절하다.

출제포인트 전치 수식하는 현재분사
정답 ② (sung → singing)
해석 음악 시간에 즐겁게 노래 부르는 학생들이 정말 귀엽다.
어휘 cheerfully [tʃíərfəli] ad 즐겁게, 기분 좋게
cute [kju:t] a 귀여운

08

An ① interested study ② on the reality of the ③ private education in the nation was ④ revealed by the University of Michigan recently.

① 감정분사는 사람의 감정 상태를 나타낼 때에는 과거분사, 사물의 상태를 나타낼 때에는 현재분사를 쓴다. 이 문장에서 과거분사 interested가 study(사물)의 상태를 나타내고 있으므로 과거분사 interested는 옳지 않다. 따라서 과거분사 interested를 현재분사 interesting으로 고친다. ③ 형용사 private은 명사 education을 수식한다. ④ 동사구 was revealed의 목적어가 없으므로 동사의 형태는 수동태가 적절하다.

출제포인트 감정분사 interesting
정답 ① (interested → interesting)
해석 국내의 사교육의 실태에 대한 흥미로운 조사가 최근에 미시간 대학에 의해 밝혀졌다.
어휘 interesting [íntəristiŋ] a 흥미 있는
reality [riælətí] n 실태, 현실
private education n 사교육
reveal [riví:l] vt 밝히다
recently [rí:sntli] ad 최근에

09

① I've ② been looking ③ forward to ④ see you.

④ look forward to Ring는 '~하기를 학수고대하다'라는 뜻의 동명사 관용 표현이다. 따라서 원형부정사 see를 동명사 seeing으로 고친다.

출제포인트 동명사의 관용 표현 – look forward to Ring
정답 ④ (see → seeing)
해석 그동안 뵙고 싶었어요.
어휘 look forward to Ring ~을 학수고대하다

10

My mom ① always ② advises me ③ to not be ④ so impatient.

③ to R의 부정은 not to R이므로, to not be는 옳지 않다. 따라서 to not을 not to로 고친다. ① always는 '항상'이라는 뜻의 빈도 부사로 일반동사 앞에 위치한다. ④ so는 부사로 형용사 impatient를 꾸며 준다.

출제포인트 to R의 부정 – not to R
정답 ③ (to not → not to)
해석 우리 엄마는 나에게 항상 서두르지 말라고 항상 충고하신다.
어휘 impatient [impéiʃənt] a 성급한, 조급한, 참을성 없는

11 I called Bob ① in order ② to knowing ③ how he ④ dealt with it.

출제포인트 to R의 관용 표현 – in order to R
정답 ② (to knowing → to know)
해석 나는 밥이 그것을 어떻게 처리했는지를 알기 위해서 밥에게 전화를 걸었다.

② '~하기 위해서'라는 뜻의 in order to R는 to R의 관용표현이므로 to knowing은 옳지 않다. 따라서 to knowing을 to know로 고친다. ③ how he dealt with it은 간접의문문으로서 to know의 목적어인 명사절로 쓰였다.

12 I spent ① a lot ② of time ③ to watch TV ④ during the vacation.

출제포인트 동명사의 관용 표현 – spend + 시간 + Ring
정답 ③ (to watch → watching)
해석 나는 방학 동안 TV를 보는 데 많은 시간을 보냈다.
어휘 spend 시간 Ring ~을 하느라 …의 시간을 보내다

③ '~을 하느라 …의 시간을 보내다'라는 뜻의 spend + 시간 + Ring는 동명사의 관용표현이므로, to watch는 옳지 않다. 따라서 to watch를 watching으로 고친다. ① a lot of는 '많은'이라는 뜻의 수량형용사로 가산/불가산명사와 모두 결합할 수 있다. ④ during은 '~ 동안에'라는 뜻의 전치사로 정확한[정해진] 시간을 나타낼 때 쓴다.

13 As _____ an essay in English, Terry had an difficulty in expressing her opinion.
① write ② written
③ writing ④ to write

출제포인트 분사구문
정답 ③
해석 영어로 에세이를 쓸 때, 테리는 그녀의 의견을 표현하는데 어려움을 겪는다.

콤마 뒤에 주절이 있으므로 콤마를 기준으로 콤마 앞에 오는 어구는 수식어구가 되어야 한다. 빈칸 앞에 접속사가 있는데 주어가 없으므로 동사의 형태는 들어갈 수 없다. 보기를 보니 분사의 형태가 적절하다는 것을 알 수 있으며, 빈칸 뒤 목적어가 있으므로 빈칸에는 현재분사인 ③ writing이 적절하다.

14 Things _____ with a little effort are easily lost.
① acquire ② acquired
③ acquiring ④ acquires

출제포인트 후치 수식하는 과거분사
정답 ②
해석 적은 노력으로 얻은 것들은 쉽게 사라진다 (잃어버린다).
어휘 acquire [əkwáiər] vt 얻다, 획득하다
effort [éfərt] n 노력

우선 빈칸 뒤에 동사 are가 있으므로 빈칸에는 동사가 들어갈 수 없다. 따라서 ①과 ④는 자동 탈락이며, 빈칸에는 명사 things를 후치 수식하는 과거분사나 현재분사와 같은 수식어가 들어가야 한다. 빈칸 뒤에 목적어가 없으므로 과거분사 ② acquired가 정답이다.

368 • Basic Grammar

15

_____ from a long distance, the Earth appears as a blue marble with white spots.

① See   ② Seeing
③ Seen   ④ Saw

콤마 뒤에 주절이 있으므로 콤마를 기준으로 콤마 앞에 오는 어구는 수식어구가 되어야 한다. 빈칸이 있는 어구에 접속사도 주어도 없으므로, 동사의 형태인 ①, ④는 부적절하다. 따라서 빈칸에는 준동사의 형태, 여기서는 보기를 보아 분사의 형태가 적절하다는 것을 알 수 있다. 현재분사와 과거분사 중, 빈칸 뒤에 목적어가 없고 전치사구가 있으므로 빈칸에는 과거분사인 ③ seen이 정답이 된다.

출제포인트 분사구문

정답 ③

해석 멀리서 볼 때, 지구는 하얀 무늬의 파란 대리석처럼 보인다.

어휘 distance [dístəns] n 거리
appear [əpíər] vi 나타나다, 출현하다
marble [máːrbəl] n 대리석
spot [spɑt] n 점, 얼룩

16 다음 중 어법상 옳지 않은 것은?

① Tommy decided to purchase a second-hand car.
② He preferred surfing on the sea to climbing a mountain.
③ She strongly denied to eat raw fish.
④ My mom promised to bring us to the amusement park.

③ 완전타동사 deny는 동명사를 목적어로 취하는 동사이다. 따라서 to eat을 eating으로 고친다. ① 완전타동사 decide는 to R를 목적어로 취하는 동사이다. ② 완전타동사 prefer는 to R와 동명사를 모두 목적어로 취하는 동사이다. 다만, prefer A to B 구문에서는 비교대상 A와 B가 병치를 이루어야 하므로 A와 B에 모두 동명사가 적절하다.(전치사의 목적어 자리에는 to R를 쓸 수 없음) ④ 완전타동사 promise는 to R를 목적어로 취하는 동사이다.

출제포인트 to R를 목적어로 취하는 동사 VS Ring를 목적어로 취하는 동사

정답 ③ (to eat → eating)

해석 ① 타미는 중고차 사는 것을 결심했다.
② 그는 산을 오르는 것보다 바다에서 서핑하는 것을 더 좋아했다.
③ 그녀는 날 생선회를 먹는 것을 강하게 거부했다.
④ 엄마는 우리를 놀이동산에 데려고 갈 것을 약속했다.

어휘 purchase [pə́ːrtʃəs] vt 구입하다
second-hand [sékəndhænd]
a 간접적인; 중고의
prefer [prifə́ːr] vt ~을 더 좋아하다
climb [klaim] vt 오르다, 등반하다
raw [rɔː] a 생[날] 것의; 가공하지 않은; 미숙한
amusement park n 놀이동산

17

The employee called for an extra pay when _____ overtime work.

① do   ② did
③ done   ④ doing

출제포인트 분사구문
정답 ④
해석 그 직원은 초과근무를 했을 때 추가 임금을 요구했다.
어휘 call for ~ ~을 요구하다

빈칸 앞에 접속사가 있고, 빈칸 뒤에 주어, 동사가 없으므로 분사구문을 묻는 문제이다. 빈칸 뒤 overtime work라는 목적어가 있으므로 빈칸에는 현재분사가 들어가야 한다. 따라서 정답은 ④이다.

18

The fish market _____ near the harbor is always bustling with life.

① location   ② located
③ locating   ④ locates

출제포인트 후치 수식하는 과거분사
정답 ②
해석 항구 근처에 위치한 어시장은 늘 활기차게 북적거린다.
어휘 harbor [háːrbər] n 항구
bustle [básl] vi 부산떨다; 북적거리다

빈칸 뒤에 동사 is가 있으므로 빈칸에는 동사가 들어갈 수 없다. 따라서 분사인 located와 locating이 들어갈 수 있는데, 빈칸 뒤 전명구 수식어구가 있으므로 빈칸에는 과거분사 located가 적절하다.

08 단원별 확인 문제   p. 244

01	①	02	④	03	③	04	②	05	①	06	②	07	③	08	②	09	③	10	④
11	①	12	③	13	②	14	③	15	②										

01
She's a woman _____ can be depended on by us.
① who   ② whose
③ which   ④ whom

선행사가 사람(a woman)이고 관계절 내에 주어가 없으므로 빈칸에는 주격 관계대명사 who가 들어가는 것이 적절하다.

출제포인트 관계대명사 선택
정답 ①
해석 그녀는 우리가 의지할 수 있는 여자이다.
어휘 depend on ~ ~을 믿다[신뢰하다], ~에 의존하다, ~에 의지하다

02
Children usually like books _____ have many pictures.
① what   ② who
③ whose   ④ which

선행사가 사물(books)이고, 관계절 내에 주어가 없으므로 빈칸에는 주격 관계대명사 which가 들어가야 한다.

출제포인트 관계대명사 선택
정답 ④
해석 아이들은 보통 그림이 많이 있는 책을 좋아한다.

03
The plane, _____ uses solar energy, is already a record breaker.
① that   ② what
③ which   ④ who

선행사가 사물(The plane)이고, 관계절 내에 주어가 비어 있으므로 빈칸에는 주격 관계대명사가 들어가야 한다. 그런데 빈칸 앞에 콤마가 있으므로 계속적 용법으로 쓰일 수 없는 관계대명사 that은 적절하지 않다. 따라서 which가 정답이다.

출제포인트 관계대명사 선택
정답 ③
해석 태양 에너지를 사용하는 그 비행기는 이미 기록을 깼다.
어휘 plane [plein] n 비행기
solar energy n 태양 에너지
record breaker n 기록을 깨뜨린 사람[것]

04 The definition of 'turn' ① casts the digital turn as an analytical strategy ② who enables us ③ to focus on the role of digitalization ④ within social reality.

② 선행사가 an analytical strategy로 사물이므로 관계대명사 who는 적절하지 못하다. 따라서 관계대명사 who를 which나 that으로 고친다. ③ 불완전타동사 enable은 목적보어에 to R를 취하는 동사이다.

출제포인트 관계대명사 선택
정답 ② (who → which/that)
해석 '전환'의 정의는 우리가 사회적 현실에서 디지털화를 역할에 주목하게 할 수 있는 분석적 전략으로서의 디지털 전환을 제시한다.
어휘 definition [dèfəníʃən] n 한정; 명확; 정의
cast [kæst] vt 내던지다; [빛 등을] 발하다; [~의 역을] 맡기다; ~을 묘사하다 [제시하다]
analytical [ænəlítikəl] a 분석적인

05 Ms. Lee's grammar book ① what ② explains the main points of the questions in the examinations ③ is very easy and ④ informative.

① 관계대명사 what은 선행사 the thing을 포함하고 있으므로 관계대명사 what은 선행사와 나란히 쓸 수 없다. 따라서 관계대명사 what을 grammar book을 선행사로 취할 수 있는 관계대명사 which나 that으로 고친다. ② 선행사가 단수(grammar book)이므로 관계대명사도 단수이고 관계절 내 동사도 단수가 되어야 한다. ③ 관계절을 괄호로 묶으면 주어가 보인다. 주어가 단수(Ms. Lee's grammar book)이므로 단수동사 is는 적절하다. ④ 등위접속사 and를 사이에 두고 형용사가 병치되고 있다.

출제포인트 관계대명사 what
정답 ① (what → which / that)
해석 시험에 출제된 문제의 중요한 포인트를 설명하고 있는 이 선생님의 문법책은 매우 쉽고 유익하다.
어휘 examination [igzæmənéiʃən] n 시험
informative [infɔ́ːrmətiv] a 유익한

06 I think that ① they are the people ② who we should ③ respect as ④ examples.

② 선행사가 사람(the people)이고, 관계대명사 뒤에 타동사 respect의 목적어가 없으므로, 주격 관계대명사 who는 적절하지 않다. 따라서 주격관계대명사 who를 목적격 관계대명사 whom으로 고친다.

출제포인트 관계대명사의 격
정답 ② (who → whom)
해석 나는 그들이 우리가 본보기로 삼아 존경해야 할 사람들이라고 생각한다.
어휘 respect [rispékt] n 존경하다, 존중하다
example [igzǽmpəl] n 보기, 본보기, 귀감

07 In the school, ① most students ② sit on the small chairs which ③ is very uncomfortable and don't ④ fit them well.

③ 선행사가 small chairs로 복수이므로 관계대명사 which도 복수이다. 따라서 관계절 내 동사도 복수가 되어야 하므로 단수동사 is를 복수동사 are로 고친다. ① most는 '대부분의'라는 뜻의 형용사로 가산 복수명사와 결합한다. ② 주어 most students가 복수이므로 복수동사 sit은 적절하다.

출제포인트 주격 관계대명사와 동사의 수일치
정답 ③ (is → are)
해석 학교에서, 대부분의 학생들은 매우 불편하고 그들에게 맞지 않는 작은 의자에 앉는다.
어휘 uncomfortable [ʌnkʌ́mfərtəbəl] a 불편한
fit [fit] vt (모양·크기가 어떤 사물·사람에) 맞다

08
My younger brother ① <u>asked</u> me ② <u>the way how</u> I ③ <u>had</u> ④ <u>solved</u> the exercise.

출제포인트 관계부사 how의 주의할 점
정답 ② (the way how → the way / how / the way in which / the way that)
해석 내 남동생은 나에게 내가 그 문제를 푼 방법을 물었다.
어휘 solve [salv] vt 풀다, 해결하다
exercise [éksərsàiz] n 연습 문제; 운동

② 관계부사 how는 선행사 the way와 나란히 쓸 수 없다. 둘 중에 하나는 반드시 생략해야 한다. the way만 쓰거나 how만 쓰도록 고치거나 the way how를 the way that이나 the way in which로 고쳐야 적절하다. ③ had solved는 과거완료 시제로 문맥상 주절의 시제보다 한 시점 앞선 시제를 나타내고 있으므로, 과거완료 시제 동사 had solved는 적절하다(물어본 시점이 과거이고 문제를 푼 시점은 그보다 한 시점 앞선 것이라고 볼 수 있다). ④ 밑줄 뒤에 목적어(the exercise)가 있으므로 동사의 형태는 능동태가 맞다.

09
Increasingly, people require working conditions under _____ concentration could be enhanced.
① who ② whom
③ which ④ that

출제포인트 관계대명사 선택
정답 ③
해석 점점 사람들은 집중력이 향상될 수 있는 근무 환경을 요구한다.
어휘 increasingly [inkríːsiŋli] ad 점점
condition [kəndíʃən] n 조건; 상황; 상태
concentration [kànsəntréiʃən] n 집중
enhance [enhǽns] vt 향상시키다

선행사가 conditions로 사물이며, 빈칸은 전치사 under의 목적어 자리이다. 따라서 빈칸에는 전치사의 목적어 역할을 하는 목적격 관계대명사가 적절하다. 목적격 관계대명사 which와 that 중에서 관계대명사 that은 전치사의 목적어로 쓸 수 없으므로 ③ which가 정답이다.

10
She caught a severe cold _____ symptoms are perhaps stronger than those of flu.
① who ② which
③ what ④ whose

출제포인트 관계대명사 선택
정답 ④
해석 그녀는 증상이 유행성 독감의 증상보다 더 심한 감기에 걸렸다.
어휘 catch a cold 감기에 걸리다
severe [sivíər] a 엄한; 심한
flu [fluː] [influenza의 단축형] n 유행성 독감
symptom [símptəm] n 증상

선행사가 사물(a severe cold)이고, 관계절 내의 구조는 명사 symptoms로 시작하는 완전한 구조이므로, 빈칸에는 소유격 관계대명사 whose가 가장 적절하다.

11
Hannah is the smartest student in the class _____ I have ever seen.
① that ② what
③ who ④ whom

출제포인트 형용사의 최상급 + 관계대명사 that
정답 ①
해석 한나는 내가 지금까지 보았던 학생들 중에 학급에서 가장 영리한 학생이다.

빈칸 앞의 the smartest student가 선행사이고, 관계절 내 목적어가 없으므로 빈칸에는 목적격 관계대명사가 들어가야 한다. 그런데 선행사에 최상급과 같은 표현이 있을 경우에는 무조건 관계대명사 that을 써야 한다. 따라서 정답은 ①이다.

12

We reached the top of Mt. Halla, _____ we took a deep breath, and felt very fresh air.

① which ② what
③ where ④ that

보기를 보니, 관계대명사와 관계부사를 구분하는 문제임을 알 수 있다. 빈칸 뒤가 완전한 구조이고, 선행사 the top of Mt. Halla로 장소를 나타내고 있으므로, 빈칸에는 관계부사 where가 적절하다.

출제포인트 관계대명사 vs 관계부사
정답 ③
해석 우리는 한라산 정상에 도착했고, 그곳에서 우리는 심호흡을 하였고, 매우 신선한 공기를 느꼈다.
어휘 reach [riːtʃ] vt ~에 도달하다
take a deep breath 깊은 심호흡을 하다

13

Kindness is the language _____ the deaf can hear and the blind can see.

① what ② which
③ whose ④ whom

선행사가 the language로 사물이고 관계절 내에 동사 hear와 see의 목적어가 없으므로 빈칸에는 목적격 관계대명사가 들어가야 한다. 따라서 정답은 ② which이다.

출제포인트 목적격 관계대명사 자리
정답 ②
해석 친절함은 청각 장애인들이 들을 수 있고, 시각 장애인들이 볼 수 있는 언어이다.
어휘 kindness [káindnis] n 친절함, 다정함
deaf [def] a 귀가 들리지 않는, 귀가 먹은
cf the deaf n 귀머거리, 청각 장애인
blind [blaind] a 눈이 먼, 맹인인
cf the blind n 맹인, 시각 장애인

cf the + 형용사
① ~하는 사람들
② ~하는 것(추상명사)
③ ~하는 사람

14

There are times _____ one wants to be alone.

① where ② why
③ when ④ how

빈칸 뒤가 완전한 구조이고 빈칸 앞 선행사가 times이므로 시간의 관계부사 ③ when이 정답이 된다.

출제포인트 관계부사 when
정답 ③
해석 사람은 혼자 있기를 원하는 때가 있다.
어휘 time [taim] n 시간; 때; 배(수)
alone [əlóun] ad 홀로, 혼자서

15

I don't know the reason _____ we always end up hurting each other.

① how ② why
③ which ④ what

빈칸 뒤가 완전한 구조이고 빈칸 앞 선행사가 the reason이므로 빈칸에는 관계부사 why가 적절하다.

출제포인트 관계부사 why vs 관계대명사 which
정답 ②
해석 나는 우리가 항상 결국에는 서로를 상처 주는 이유를 모르겠다.
어휘 end up Ring ~으로 끝나다, 결국 ~하게 되다
hurt [həːrt] vt 다치게 하다
each other (둘 사이에서) 서로서로 (상호대명사)

04 Actual Test   p. 247

| 01 | ① | 02 | ② | 03 | ① | 04 | ③ | 05 | ③ | 06 | ③ | 07 | ① | 08 | ④ | 09 | ① | 10 | ② |
| 11 | ① | 12 | ① | 13 | ② | 14 | ② | 15 | ③ | 16 | ① | 17 | ② | 18 | ② | 19 | ④ | 20 | ④ |

01
He ① was laughed by his ② friends ③ because of his foolish ④ questions.

① laugh는 자동사로 수동태가 불가능하지만, laugh at은 타동사구가 되어서 수동태가 가능하다. 따라서 was laughed를 was laughed at으로 고친다. ③ because of는 '~ 때문에'라는 뜻의 전치사로 명사(상당어구)를 목적어로 취한다.

출제포인트 '자동사 + 전치사'의 수동태
정답 ① (was laughed → was laughed at)
해석 그는 바보 같은 질문 때문에 그의 친구들로부터 비웃음을 받았다.
어휘 foolish [fúːliʃ] a 바보 같은, 어리석은

02
A teacher ① cannot force his pupils ② like ③ what he likes ④ when he has them read books.

② 밑줄 앞에 동사 force가 보인다. force는 to R를 목적보어로 취하는 불완전타동사이다. 따라서 원형부정사 like를 to like로 고친다. ③ what he likes는 관계대명사절로, 동사 like의 목적어절로 쓰였으며 관계대명사 what은 관계절 내의 동사 likes의 목적어 역할을 하는 목적격 관계대명사이다.

출제포인트 force + 목적어 + to R
정답 ② (like → to like)
해석 선생님은 학생들에게 책을 읽힐 때 자신이 좋아하는 것을 좋아하도록 강요해서는 안 된다.
어휘 force [fɔːrs] vt 강요하다
pupil [pjúːpəl] n 학생

03
Studying abroad ① provide students ② with ample opportunities to ③ drastically improve their abilities to communicate ④ in English.

① 주어, 동사 수일치 문제이다. 주어가 Studying abroad(해외에서 공부하는 것)로 동명사구이다. 동명사는 단수 취급하므로 동사 또한 단수동사가 되어야 한다. 따라서 provide를 provides로 고친다. ② provide A with B는 'A에게 B를 제공하다'는 의미의 타동사 관용어구이다. ③ drastically는 뒤의 동사 improve를 꾸며 주는 부사이다.

출제포인트 동명사(단수주어) – 단수동사
정답 ① (provide → provides)
해석 해외에서 공부하는 것은 학생들에게 영어로 대화할 수 있는 능력을 급격하게 향상시켜 줄 충분한 기회를 제공해 준다.
어휘 abroad [əbrɔ́ːd] ad 해외에, 해외로
ample [ǽmpl] a 충분한, 많은(=abundant)
opportunity [ɑ̀pərtjúːnəti] n 기회
drastically [drǽstikəli] ad 과감하게, 철저하게
improve [imprúːv] vt 향상하다, 개선하다
ability [əbíləti] n 능력
communicate [kəmjúːnəkèit] vt 의사소통하다, 대화하다

04 ① In fact, you'll get less ② stress if you ③ will admit that someone else can do it just ④ as well as you can.

③ 조건의 부사절에는 미래 시제가 없으므로 현재 시제가 미래 시제를 대신한다. 따라서 if절에 있는 동사 will admit을 현재 시제 admit으로 고친다. ② less는 불가산명사 앞에 쓰는 형용사이므로 stress와 함께 쓰는 것은 적절하다. ④ as well as는 '~뿐만 아니라'라는 뜻의 연결어구이다.

출제포인트 시간과 조건의 부사절 (시제 일치 예외)

정답 ③ (will admit → admit)

해석 사실, 만약 당신이 다른 누군가가 당신이 할 수 있는 것과 꼭 마찬가지로 그것을 할 수 있다는 것을 인정한다면, 당신은 스트레스를 덜 받게 될 것이다.

어휘 less [les] a 더 적은[형용사 little의 비교급]
admit [ædmít] vt 인정하다
else [els] ad 그 밖에
just [dʒʌst] ad 단지, 겨우, 바로
as well as ~뿐만 아니라

05 Teachers need to be ① retrained ② so that they can get learners ③ active to interact and to communicate with ④ each other in class.

③ to R를 수식하는 것은 형용사가 아니라 부사이다. 따라서 active를 actively로 고친다. ① 동사구 need to be retrained 뒤에 목적어가 없으므로 동사의 형태는 수동태가 맞다. ② so that은 '~하기 위해서'라는 뜻의 부사절 접속사이다. ④ each other는 '서로서로'라는 뜻으로 2명일 경우 사용한다. 반면에 one another는 셋 이상일 때 쓰인다. 여기서는 교사와 학생 간의 관계를 말하는 것이므로 each other가 적절하다.

출제포인트 to R를 꾸며 주는 부사

정답 ③ (active → actively)

해석 교사들은 수업 중에 학습자와 교사가 서로 서로 적극적으로 의사소통하도록 재교육을 받아야 한다.

어휘 need to R ~해야만 한다
retrain [riːtréin] vt 재교육을 받다
so that (이유) ~하기 위해서
actively [ǽktivli] ad 활발히, 적극적으로
interact vi 소통하다, 상호 작용하다
communicate [kəmjúːnəkèit] vi 의사소통하다
each other 서로서로

06 ① At first, the World did not ② know Dolly, the ③ cloning sheep, which was a very ④ healthy animal.

③ 명사를 전치 수식하는 분사 판별의 문제이다. 전치 수식하는 분사는 능동·진행의 의미일 경우에는 현재분사, 수동·완료의 의미일 경우에는 과거분사를 써야 한다. 양은 복제된 것이므로 수동의 과거분사가 적절하다. 따라서 cloning을 cloned로 고친다. ④ 형용사 healthy는 명사를 수식한다.

출제포인트 분사 판별

정답 ③ (cloning → cloned)

해석 처음에 전 세계는 복제 양 돌리에 대해서 알지 못했다. 그리고 그것은 아주 건강한 동물이었다(복제된 동물이었음에도 불구하고).

어휘 clone [kloun] vt 복제하다
healthy [hélθi] a 건강한

07 I ① kept the door ② open since it began ③ to stop raining and ④ be clear.

① 'since + 과거 시점'(~ 이래로)이 들어가면 주절 동사의 시제는 현재완료가 된다. 따라서 과거 시제인 kept를 현재완료인 have kept로 고친다. ② open은 형용사로 keep의 목적보어로 사용되었다. ③ 동사 begin은 to R와 동명사를 모두 목적어로 사용하는 동사이므로 목적어 자리에 있는 to stop은 적절하다. ④ 등위접속사 and에 의해 원형부정사(R) stop과 be가 병치된 구조이다.

출제포인트 since + 과거 시점 – 현재완료 시제

정답 ① (kept → have kept)

해석 비가 그치고 날이 개인 후부터 나는 문을 열어 두었다.

어휘 keep [kiːp] vt ~을 …한 상태로 두다

08 There ① is a way ② to fill a balloon ③ with air without ④ blow it up.

출제포인트 전치사 + 명사 상당어구
(명사, 동명사, 대명사 등)
정답 ④ (blow → blowing)
해석 불지 않고서 풍선을 공기로 채울 수 있는 방법이 있다.
어휘 fill A with B A를 B로 채우다
blow [blou] vt 불다

④ 밑줄은 전치사 without의 목적어 자리이므로, 명사 상당어구가 와야 한다. 그리고 blow 뒤에 목적어 it이 있으므로 blow 자리에는 동사 blow를 명사이면서 목적어를 취할 수 있는 형태, 즉 동명사 형태가 들어가야 적절하다. 따라서 blow를 동명사 blowing으로 고친다. ① 'There is/are ~'는 유도부사 구문으로 주어와 동사의 도치가 일어난 구문이다. 주어가 a way로 단수명사이므로 단수동사 is는 적절하다. ② 명사 way는 to R의 수식을 받는다.

09 People avoided ① to discuss ② contemporary problems ③ with him ④ because of his disputatious manner.

출제포인트 동명사를 목적어로 취하는 동사 avoid
정답 ① (to discuss → discussing)
해석 그의 논쟁적인 태도 때문에, 사람들은 그와 함께 현안에 대해서 논의하는 것을 피했다.
어휘 avoid [əvɔ́id] vt 피하다
contemporary [kəntémpərèri] a 현대의, 동시대의
disputatious [dìspjutéiʃəs] a 논쟁의, 논쟁을 좋아하는
manner [mǽnər] n 태도, 방식

① '~하는 것을 피하다'라는 의미를 가진 avoid는 동명사를 목적어로 취하는 동사이다. 따라서 to discuss를 discussing으로 고친다. ② 형용사는 명사를 꾸며 준다. ④ because of는 전치사로 명사를 연결시켜 준다.

10 African Americans ① are likely ② to offend if a person ③ moves back or tries to increase the distance ④ between them.

출제포인트 to부정사의 수동형
정답 ② (to offend → to be offended)
해석 아프리카계 미국 사람들은 어떤 사람이 뒤로 물러나거나 그들 사이의 간격을 더 벌리려고 한다면 불쾌감을 느끼게 될 것이다.
어휘 offend [əfénd] vi 기분을 상하게 하다; 위반하다
between [bitwíːn] prep ~사이에

② to offend의 목적어가 없으므로 to R는 수동의 형태가 되어야 한다. 따라서 to offend를 to be offended로 고쳐야 적절하다. ① 주어가 3인칭 복수이므로 복수동사 형태인 are는 적절하다. ③ 주어가 3인칭 단수이므로 단수동사 moves는 적절하다.

11 The department store _____ items are always various with new ones is very big.

① whose   ② who's
③ what   ④ who

출제포인트 관계대명사 선택
정답 ①
해석 아이템들이 늘 새로운 물건들로 다양한 그 백화점은 매우 크다.
어휘 item [áitəm] n 물건
various [vɛ́əriəs] a 다양한

선행사가 백화점(사물)이고 빈칸 뒤에 명사로 시작하는 완전한 구조가 나와 있으므로 정답은 소유격 관계대명사 ① whose가 된다. ②의 who's는 who is와 같은 표현이다.

12 This is the only travel guidebook _____ I read before.
① that   ② which
③ who   ④ what

> 보기를 보니 관계대명사 문제임을 알 수 있다. 빈칸 앞에 선행사 the only travel guidebook(사물)이 있으므로 우선 ③ who와 ④ what은 자동 탈락이다. that과 which는 둘 다 목적격에 사용 가능하며, 이 두 관계대명사 모두 사물을 선행사로 취할 수 있다. 그런데 선행사에 the only가 있으므로 이 경우에는 관계대명사 that이 가장 적절하다. 따라서 정답은 ①이 된다.

출제포인트 관계대명사 that의 성질
정답 ①
해석 이것은 내가 예전에 읽었던 유일한 여행 안내서이다.
어휘 travel guidebook n 여행 안내서

---

13 The number of ① visitors who ② is coming ③ to Korea ④ is increasing.

> ② 선행사가 visitors로 복수이다. 따라서 관계대명사 who도 복수가 되기 때문에 관계절 내의 동사도 복수동사가 되어야 한다. 따라서 단수동사 is를 복수동사 are로 고친다. 수일치하여 is를 are로 고친다. ①, ④ 'the number of + 복수명사'는 '~의 숫자'라는 의미로 쓰이며, 주어의 핵심어가 the number로 단수이므로 the number of + 복수명사는 단수동사와 수일치한다.

출제포인트 주격 관계대명사와 동사의 수일치
정답 ② (is → are)
해석 한국에 오는 관광객들의 숫자가 증가하고 있다.
어휘 visitor [vízitər] n 관광객
the number of ~의 숫자
cf a number of 많은 (= many)
increase [inkríːs] vi 증가하다

---

14 Nowadays most ① teens aren't able ② for sitting on ③ these small school ④ chairs.

> ② be able to R는 '~할 수 있다'는 의미의 to R 관용표현이다. 같은 표현으로 be capable of Ring도 있는데, 이것은 동명사 관용표현이다. ① most는 '대부분의'라는 뜻으로 가산 복수명사와 결합한다. ③ these는 복수명사와 결합하는 형용사이다. 따라서 ④ chairs도 복수명사가 된 것이다.

출제포인트 관용어구 be able to R
정답 ② (for sitting → to sit)
해석 오늘날 대부분의 십대들은 이런 작은 학교 의자에 앉을 수가 없다.
어휘 be able to R ~할 수 있다
= be capable of Ring
= can R

---

15 One of ① the most important ② things that he thinks ③ are that every one ④ should be punctual.

> ③ 주어, 동사의 수일치 문제이다. 'one of the + 복수명사'는 주어의 핵심어가 단수 대명사 one이므로 단수동사와 결합한다. that he thinks는 선행사(things)를 꾸며 주는 관계절로 수식어이다. that he thinks를 괄호 속에 넣으면 are가 이 문장의 본동사임을 알 수 있다. 주어의 핵심어 one이 단수이므로 동사도 단수동사가 되어야 한다. 따라서 복수동사 are를 단수동사 is로 고친다. ② 'one of the + 복수명사'이므로 things가 맞다.

출제포인트 one of the + 복수명사 + 단수동사-주어, 동사 수일치
정답 ③ (are → is)
해석 그가 생각하는 가장 중요한 것들 중에 한 가지는 모든 사람들이 시간을 잘 지켜야만 한다는 것이다.
어휘 punctual [pʌ́ŋktʃuəl] a 시간을 잘 지키는; 꼼꼼한

16 ① Ordered Bulgogi Pizza, Lily wanted ② to have ③ a green salad ④ with French dressing and mushroom soup.

① 콤마(,) 뒤에 주절이 있으므로, Ordered Bulgogi Pizza는 분사구문임을 알 수 있다. 과거분사 ordered 뒤에 목적어가 있으므로 구조적으로 적절하지 않다. 따라서 과거분사 ordered를 현재분사 ordering으로 고친다. ② want는 to R를 목적어로 가지는 동사이다.

출제포인트 분사구문의 판별
정답 ① (Ordered → Ordering)
해석 불고기 피자를 주문한 후에 릴리는 프렌치 드레싱이 곁들여진 야채샐러드와 버섯 수프를 먹기를 원했다.
어휘 order [ɔ́ːrdər] vt 주문하다
mushroom [mʌ́ʃruː(ː)m] n 버섯

17 After ① much discussion, the members decided not ② dispatching the people until ③ they ④ looked over the conditions.

② 타동사 decide는 to R를 목적어로 취하는 동사이다. 따라서 dispatching을 to dispatch로 고친다. ① much는 불가산명사와 함께 쓰이는 형용사이다. ④ look over는 '~을 검토하다'라는 뜻의 동사구이다.

출제포인트 to R를 목적어로 취하는 동사 decide
정답 ② (dispatching → to dispatch)
해석 많은 토론 후에, 회원들은 그 조건들을 검토하기 전까지는 그들을 파견하지 않을 것을 결정했다.
어휘 discussion [diskʌ́ʃən] n 논의, 상의
dispatch [dispǽtʃ] vt 파견하다, 파송하다
look over ~을 검토하다
condition [kəndíʃən] n 조건

18 ① Because there has been ② few rain ③ in last 2 weeks, ④ watermelon is not sweet.

② few와 little 혹은 many와 much에는 항상 밑줄이 그어져 있다. 이러한 형용사와 뒤에 있는 명사는 항상 수일치의 관점에서 생각해 보아야 한다. few는 가산 복수명사와 쓰는 형용사이고, little은 불가산명사와 함께 쓰는 형용사이다. few 뒤에 있는 rain은 불가산명사이므로 few를 little로 고친다. ① because는 접속사(~ 때문에)로 절을 이끈다.

출제포인트 형용사 few vs little
정답 ② (few → little)
해석 지난 2주간 비가 거의 안 왔기 때문에 수박이 달지 않다.
어휘 watermelon n 수박

19 ① The bread in ② the bakery ③ is very fresh, ④ taste and nutty.

④ 동사 is 뒤에서 주어보어가 열거되고 있는 구조이다. fresh와 nutty가 형용사인데, taste만 명사로 병치가 이루어지지 않고 있다. 따라서 명사 taste를 형용사 tasty로 고친다.

출제포인트 열거 구문의 병치
정답 ④ (taste → tasty)
해석 그 빵집의 빵은 매우 신선하고, 맛있고, 고소하다.
어휘 bakery [béikəri] n 빵집
taste [teist] n 맛, 풍미
nutty [nʌ́ti] a 고소한

20 The ① magician in dinner show ② performed ③ some ④ amazed magic last night.

④ 감정분사는 사물의 상태를 나타낼 때에는 현재분사, 사람의 감정 상태를 나타낼 때에는 과거분사를 쓴다. 과거분사 amazed는 magics(사물)의 상태를 나타내고 있으므로 현재분사가 되어야 한다. 따라서 amazed를 amazing으로 고친다. ② 뒤에 명백한 과거를 나타내는 시간부사 last night이 있으므로 과거 시제가 적절하다. ③ some은 가산/불가산명사와 결합한다.

출제포인트 감정분사
정답 ④ (amazed → amazing)
해석 어젯밤 디너쇼에서 그 마술사는 깜짝 놀라게 하는 마술을 보여 주었다.
어휘 magician [mədʒíʃən] n 마술사
dinner show n 밥을 먹으면서 보는 쇼
amaze [əméiz] vt 깜짝 놀라게 하다
amazing [əméiziŋ] a 깜짝 놀라게 만드는
amazed [əméizd] a 깜짝 놀란

PART 05 정답 및 해설

09 단원별 확인 문제   p. 271

| 01 | ③ | 02 | ③ | 03 | ② | 04 | ③ | 05 | ④ | 06 | ① | 07 | ③ | 08 | ③ | 09 | ③ | 10 | ② |
| 11 | ③ | 12 | ③ | 13 | ① | 14 | ② | 15 | ② | | | | | | | | | | |

01
① These new findings will ② help scientists ③ very better ④ understand animal behavior.

출제포인트 비교급을 강조하는 부사
정답 ③ (very → even/much/far/still/a lot)
해석 이러한 새로운 발견은 과학자들이 동물의 행동을 훨씬 더 잘 이해하도록 도울 것이다.
어휘 finding [fáindiŋ] n 발견, 결과(물)

③ very는 비교급을 수식하지 못한다. 비교급을 강조하는 부사는 even, much, far, still, a lot 등이다. 따라서 very를 비교급 강조 부사로 고친다. ① these는 복수명사와 수일치한다. ④ help는 불완전타동사 구문에서 목적보어로 동사원형과 to R 모두 쓸 수 있으므로, understand는 적절하다.

02
① Generally speaking, ② people are much ③ related to social life than ④ individual one.

출제포인트 비교 구문 맞추기 (-er than)
정답 ③ (related → more related)
해석 일반적으로 말해서, 인간들은 개인적인 것보다는 사회적인 삶에 훨씬 더 많이 관련되어 있다.
어휘 generally speaking 일반적으로 말해서
related [riléitid] a 관련된
individual [ìndəvídʒuəl] a 개인의

③ 뒤에 than이 있는 것으로 보아 문장 내에 형용사나 부사의 비교급이 있어야 함을 알 수 있다. 따라서 원급 형용사 related를 비교급 more related로 고친다. much는 비교급을 강조하는 부사이다.

03
The weather of England is ① much better than ② Japan ③ whose climate in summer is hot and ④ humid.

출제포인트 비교 대상의 병치
정답 ② (Japan → that of Japan)
해석 영국의 날씨는 여름철 기후가 덥고 습한 일본의 날씨보다 훨씬 더 좋다.
어휘 climate [kláimit] n 기후
humid [hjúːmid] a 습한

② 비교 대상 The weather of England(영국의 날씨)와 Japan(일본이라는 국가)은 대등하지 않다. 따라서 Japan을 that of Japan(일본의 날씨)으로 고친다. ① much는 비교급을 강조하는 부사이다. ③ 선행사가 Japan(사물)이고 뒤에 명사로 시작하는 완전한 구조가 나오고 있으므로 소유격 관계대명사는 적절하다. ④ 등위접속사 and를 사이에 두고 형용사가 병치된 구조이다.

04 I wanted ① to finish my homework ② as ③ faster as ④ possible.

출제포인트 as 원급 as
정답 ③ (faster → fast)
해석 나는 숙제를 가능한 한 빨리 끝내고 싶었다.

③ as ~ as 원급 비교 구문이므로 부사의 비교급인 faster를 원급인 fast로 고친다. ① 동사 want는 to R를 목적어로 가진다. ②, ④ as ~ as possible은 '가능한 한 ~하게'라는 뜻의 비교급 관용어구이다.

05 ① Everybody knows ② that the ears of rabbits ③ are longer than ④ cats.

출제포인트 비교 대상의 병치
정답 ④ (cats → those of cats)
해석 모든 사람들은 토끼의 귀가 고양이의 귀보다 더 길다는 것을 알고 있다.
어휘 rabbit [rǽbit] n 토끼

④ 비교 대상 the ears of rabbits(토끼의 귀)와 cats(고양이)는 대등하지 않다. 따라서 cats를 those of cats(고양이의 귀)로 고친다. ② 타동사 knows의 목적어로 명사절(that절)이 나왔다. ③ 종속절 내의 주어가 the ears로 복수명사이므로 복수동사가 적절하다.

06 She is ① getting heavy than she was before, ② so her husband ③ wants her to get ④ after-sales service from her father.

출제포인트 비교 구문 맞추기 (-er than)
정답 ① (getting heavy → getting heavier)
해석 그녀가 예전보다 뚱뚱해지고 있어서, 그녀의 남편은 그녀가 그녀의 아버지께 애프터 서비스를 받길 원한다.
어휘 after-sale service n 사후 서비스

① getting heavy 뒤에 than이라는 비교급의 접속사가 있으므로 이 문장은 비교급 비교 구문이 되어야한다. 따라서 getting heavy의 원급 형용사 heavy를 비교급 heavier로 고친다 ② so는 접속사로 '그래서'라는 뜻이다.

07 ① Although they had finished the work ② sooner than ③ me, I did my best ④ until the end.

출제포인트 비교 대상의 병치
정답 ③ (me → I)
해석 그들이 그 일을 나보다 더 빨리 끝냈을지라도, 나는 끝까지 최선을 다했다.
어휘 do one's best 최선을 다하다

③ 부사절에서 그들(they)과 나(me)를 비교하고 있다. 인칭대명사 they는 주격인데, 인칭대명사 me 는 목적격이므로 병치가 적절하지 않다. 따라서 목적격 대명사 me를 I로 고친다. ① although는 '비록 ~일지라도'라는 뜻의 양보의 접속사로 절을 이끈다. ④ until은 '~까지'라는 뜻의 전치사로 쓰였다.

08 ① Renting a beautiful seaside ② pension is as expensive ③ than ④ staying at a room in a hotel.

출제포인트 동등 비교의 형태(as ~ as)
정답 ③ (than → as)
해석 아름다운 해변의 펜션을 하나 빌리는 것은 호텔에서 머무르는 것만큼 비싸다.
어휘 rent [rent] vt 빌리다
seaside [síːsàid] n 해변
expensive [ikspénsiv] a 값비싼

③ 동등 비교는 'as 원급 as'이고, 우등 비교는 '비교급 ~ than'이다. 하지만 위의 문장은 이도 저도 아닌 어정쩡한 형태이므로 이를 알맞은 형태로 바꿔 주어야 한다. 비교 구문 연결어 than을 as로 바꿔 주면 동등 비교의 올바른 형태가 성립된다. ①, ④ 비교 대상 A가 동명사구이고, 비교 대상 B도 동명사구이므로 비교 대상의 병치가 적절하다.

09 ① Now that she arrived at the place ② faster than ③ me, she ④ waited for me by thirty minutes.

③ 비교 구문에서 비교 대상이 인칭대명사일 때에는 인칭대명사의 격까지 맞춰 주어야 하는데, 비교 대상 she와 me는 격이 대등하지 않다. she가 주격이므로 목적격 대명사 me도 주격 인칭대명사 I로 고친다. ① now that은 '~이기 때문에'라는 뜻의 접속사로 절을 이끈다. ④ wait는 자동사이므로, 전치사 for와 함께 타동사구를 이룬다.

출제포인트 비교 대상의 병치
정답 ③ (me → I)
해석 그녀가 그 장소에 나보다 일찍 도착했으므로 그녀는 나를 30분 정도 기다렸다.
어휘 now that ~이기 때문에
wait for ~ ~을 기다리다

---

10 His invention is superior _____ conventional equipment.
① of   ② to
③ in   ④ than

라틴어 비교급은 비교 대상 B를 연결할 때 접속사 than을 쓰지 않고 전치사 to를 쓴다. 따라서 정답은 ②가 된다.

출제포인트 라틴어의 비교급
정답 ②
해석 그의 발명품은 종래의 장비보다 뛰어나다.
어휘 invention [invénʃən] n 발명; 발명품
superior [səpíəriər] a 우수한, 뛰어난
conventional [kənvénʃənəl] a 전통적인, 틀에 박힌
equipment [ikwípmənt] n 준비; 기구; 장치

---

11 _____ you take exercise, the healthier you become.
① More   ② The most
③ The more   ④ Mostly

콤마(,) 뒤에 the healthier you become이 나온 것으로 보아, 'the 비교 ~, the 비교 ~' 구문임을 알 수 있다. 따라서 빈칸에는 the 비교의 형태가 들어가야 적절하므로, 정답은 ③이다.

출제포인트 the 비교 ~, the 비교 ~ 구문
정답 ③
해석 더 많이 운동을 하면 할수록, 당신은 더욱 더 건강해진다.
어휘 take exercise 운동하다

---

12 The new attendance record system became more effective _____ managers expected.
① while   ② whether
③ than   ④ as

빈칸 앞에 형용사의 비교급 more effective가 있으므로, 비교급 비교 구문을 연결하는 접속사는 ③ than이 가장 적절하다.

출제포인트 비교급 접속사
정답 ③
해석 새로운 출근 기록 시스템은 관리자들이 예상했던 것보다 더 효과적이었다.
어휘 attendance [əténdəns] n 출석(자)
effective [iféktiv] a 효과적인, 효율적인

13

We shall be pleased if you send us replacement _____ as possible, or if it should take a long time, let us know what you would do to adjust the matter.

① as soon
② very soon
③ much soon
④ more soon

보기를 보면 부사 soon의 원급, 비교급의 형태가 있으므로, 비교 구문 문제임을 알 수 있다. 빈칸 뒤에 비교 구문 연결어 as가 보이므로 빈칸에는 원급 비교 구문의 형태인 ① as soon이 들어가는 것이 가장 적절하다.

출제포인트 원급 비교 as ~ as

정답 ①

해석 교체품을 가능한 빨리 보내 주세요. 혹 그것이 시간이 많이 걸린다면, 그 문제를 조정하기 위해 무엇을 할 것인지를 저희에게 알려 주시면 감사하겠습니다.

어휘 replacement [ripléismənt] n 대체(품), 교체(품)
as soon as possible 가능한 한 빨리
adjust [ədʒʌ́st] vt 조정하다

14

If you want to terminate the contract, please notify me as _____ as possible.

① rapidness
② rapidly
③ most rapidly
④ more rapid

as ~ as 원급 비교 구문을 묻는 문제이다. as ~ as 구문 사이에 들어갈 수 있는 것은 형용사 혹은 부사의 원급이다. 따라서 ②가 정답이다.

출제포인트 as ~ as 사이에 들어갈 수 있는 품사 구분 문제

정답 ②

해석 만약 당신이 계약을 종료하고 싶다면, 가능한 한 빨리 저에게 알려 주세요.

어휘 terminate [tə́ːrmənèit] vt 끝내다, 종결시키다
contract [kɑ́ntrækt] n 계약서
notify [nóutəfài] vt 통지하다, 알리다

15

다음 중 어법상 틀린 문장은?

① This game is more exciting than that one.
② The climate of Korea is hotter than Britain in summer.
③ That's still better.
④ The harder we study, the smarter we become.

② The climate of Korea is hotter than Britain in summer에서 비교대상 A는 '한국의 날씨'인데 비해, 비교 대상 B는 영국(국가)을 말하고 있으므로 비교 대상 A와 B의 병치가 이루어지고 있지 않다. 따라서 Britain을 영국의 날씨를 받는 that of Britain으로 고친다. ① This game is more exciting than that one에서 exciting의 비교급은 more exciting이다. ③ That's still better에서 still은 비교급을 강조하는 부사이므로 적절하다. ④ 'The 비교 ~, the 비교 ~' 구문으로, 'The 비교 + 주어 + 동사, the 비교 + 주어 + 동사'의 완벽한 대구 구조를 보이고 있으므로 이 문장은 적절하다.

출제포인트 비교급 구문의 종합

정답 ② (Britain → that of Britain)

해석 ① 이 게임은 저것보다 더 흥미롭다.
② 여름철 한국의 기후는 영국의 기후보다 더 덥다.
③ 저것이 훨씬 더 좋다.
④ 우리가 열심히 공부하면 할수록 우리는 더욱 똑똑해진다.

어휘 smart [smɑːrt] a 똑똑한

10 단원별 확인 문제

01	③	02	①	03	②	04	②	05	③	06	④	07	②	08	②	09	②	10	①
11	③	12	②	13	③	14	②	15	④										

01 Never before _____ in an attempt to resolve their differences.

① the couple have tried
② have tried the couple
③ have the couple tried
④ have the couple try

부정부사 never가 문두로 나왔기 때문에 주어와 동사가 도치되어야 한다. 현재완료 시제를 나타내는 have p.p.가 있으므로 조동사 have가 주어 앞으로 도치되고, 주어 뒤에는 본동사 p.p.가 남는 것이 적절하다. 따라서 ③이 정답이다. ④는 정답이 되려면 try를 tried로 고쳐야 옳은 문장이 된다.

출제포인트 도치 구문
정답 ③
해석 그 부부는 한 번도 자신들의 차이점을 해결하기 위해 노력해 본 적이 없었다.
어휘 in attempt to R ~하려는 노력으로
resolve [rizálv] vt 해결하다
difference [dífərəns] n 차이점

02 _____ has the mathematical theory of games been of practical use in playing real games.

① Seldom
② Yet
③ Already
④ Again

부사 어휘의 문제이다. 빈칸 뒤에 주어(the mathematical theory of games)와 동사(has)가 도치된 것으로 보아 빈칸에는 부정부사가 들어가는 것이 적절하다. 따라서 정답은 ①이 된다.

출제포인트 도치 구문
정답 ①
해석 게임에 관한 수학적 이론이, 실제적인 게임을 하는 데 있어서 실용적으로 유용한 경우는 거의 없었다.
어휘 mathematical [mæ̀θəmǽtikəl] a 수학의
practical [prǽktikəl] a 실용적인

03 다음 우리말을 영어로 가장 잘 옮긴 것은?

> 그가 핸드폰을 집어 들자마자, 전화기가 울렸다.

① No sooner he picked the mobile phone up, the phone rang.
② No sooner had he picked up the mobile phone than the phone rang.
③ Scarcely had he picked the mobile phone up than the phone rang.
④ No sooner had he pick up the mobile phone than the phone rang.

출제포인트 no sooner A than B 구문
정답 ②
어휘 no sooner A than B A하자마자 B하다
= hardly[scarcely] A when [before] B
pice up 집어 들다; ~에서 ~을[를] 찾다[찾아오다]
ring [riŋ] vi 울리다

'A하자마자 B하다'라는 뜻의 종속상관접속사 구문은 no sooner A than B로 표현한다. 이때 주절의 동사는 과거완료(had p.p.)가 되고, 종속절의 시제는 과거 동사가 되며, 부정부사 no sooner가 문두에 있으므로 주어와 동사는 도치되어야 한다. 우선 도치가 일어나지 않은 ①은 정답이 될 수 없다. 같은 표현으로는 'Scarcely[Hardly] had + S + p.p. ~ when[before] + S + 과거 동사 ~'인데, ③은 상관접속사 than이 올바르지 못하다. ④는 조동사 had가 주어와 도치되면 본동사의 형태는 과거분사(p.p.)가 되어야 한다. 따라서 정답은 ②가 된다.

04 ① There are some words ② enough hard to look up the dictionary in that material, so I ③ have to check them up ④ on the web.

출제포인트 부사 enough의 위치
정답 ② (enough → hard 뒤로)
해석 그 자료에는 사전을 찾아보아야 할 정도로 아주 어려운 몇몇 단어들이 있어서, 나는 인터넷에서 그것들이 맞는지 확인해야 한다.
어휘 look up ~을 찾아보다
dictionary [díkʃənèri] n 사전
material [mətíəriəl] n 물질; 재료; 자료
check up ~가 맞는지 확인하다

② enough는 후치 수식하는 부사이다. 따라서 enough의 위치를 hard 뒤로 옮긴다. ① There are/is ~는 유도부사 구문으로, 주어와 동사가 도치가 일어난 구문이다. 주어가 some words로 복수명사이므로, 복수동사 are는 적절하다.

05 ① When I go to ② the shopping mall, I bring ③ always my ④ own bags.

출제포인트 빈도 부사의 위치
정답 ③ (always를 bring 앞으로)
해석 나는 쇼핑몰에 갈 때, 항상 나의 가방을 들고 다닌다.

③ always와 같은 빈도 부사의 위치는 '조동사 뒤, be 동사 뒤, 일반동사 앞'이다. bring이 일반동사이므로 always를 bring 앞으로 옮긴다. ① when은 '~할 때'라는 의미의 접속사로 시간의 부사절을 이끈다.

06

① It is true that not ② until she came back ③ home ④ it stopped raining.

출제포인트 도치 구문
정답 ④ (it stopped → did it stop)
해석 그녀가 집으로 돌아오고 나서야 비가 그쳤다는 것은 사실이다.

④ 문두에 부정부사어구(not until ~)가 나왔으므로, 주어와 동사의 도치가 일어나야 한다. 이 문장에서는 not until ~이 that절 내에서 문두로 나온 구조이므로, that절 내의 주어와 동사의 도치가 일어나야 한다. 동사가 stopped로 일반동사이므로 도치가 될 수 없다. 따라서 조동사 did의 도움을 받아 조동사 did가 that절의 맨 앞자리로 도치되고, 본동사는 동사원형인 stop이 적절하다. 따라서 it stopped를 did it stop으로 고친다. ① It 가주어 ~ that절 진주어 구문이다. ③ home은 이 문장에서 '집으로'라는 뜻의 부사로 쓰였다.

07

Many ① people don't realize how much ② can soap strip the good oils ③ from your skin, ④ as well as the bad ones.

출제포인트 간접의문문의 어순
정답 ② (can soap → soap can)
해석 많은 사람들은 비누가 피부의 나쁜 기름뿐만 아니라 좋은 기름도 얼마나 많이 제거할 수 있는지를 알지 못한다.
어휘 strip [strip] vt 벗기다; 빼앗다
as well as ~ ~뿐만 아니라

② 간접의문문의 어순은 '의문사(덩어리) + 주어 + 동사 ~'의 형태이다. 따라서 how much 뒤에는 주어인 soap이 오고 그 뒤에 동사 can strip이 들어가야 하므로 can soap을 soap can으로 고친다.

08

The Baileys ① on the rocks is ② such good ③ that I couldn't stop ④ drinking.

출제포인트 so ~ that vs such ~ that
정답 ② (such → so)
해석 베일리스 온 더 록스가 너무나도 좋아서 나는 그만 마실 수가 없었다.
어휘 on the rocks 얼음을 넣은; 파탄 직전의
so/such ~ that … 아주[너무나도] ~해서 그 결과 …하다

② 결과의 부사절을 이끄는 so ~ that vs such ~ that의 구문 파악 문제이다. so ~ that의 so는 부사이기 때문에 수식을 받는 형용사(구)나 부사(구)가 뒤따라오며, such ~ that의 such는 형용사이기 때문에 수식을 받는 명사(구)가 따라오게 된다. 위의 문장에서 such ~ that 구문에서 형용사 such 뒤에 good이라는 형용사가 쓰였으므로 구조적으로 적절하지 않다. 따라서 형용사 such를 부사 so로 고친다. ④ stop은 동명사를 목적어로 취하는 동사이므로 옳게 쓰였다.

09

He ① felt ② empty something ③ because she ④ wasn't present at the party.

출제포인트 –thing으로 끝나는 말은 후치 수식
정답 ② (empty를 something 뒤로)
해석 그녀가 그 파티에 오지 않았기 때문에 그는 텅 빈 무언가를 느꼈다.
어휘 empty [émpti] a 텅 빈
present [prézənt] a 참석한, 출석한

② –thing으로 끝나는 말은 후치수식을 받는다. 따라서 empty를 something 뒤로 옮긴다. ③ because는 '~ 때문에'라는 뜻의 접속사로 이유의 부사절을 이끈다.

10

No sooner he ① had ② entered the building ③ than it rained ④ heavily.

출제포인트 no sooner A than B 구문
정답 ① (had를 he 앞으로 이동)
해석 그가 그 건물에 들어가자마자, 비가 세차게 내리기 시작했다.
어휘 no sooner A than B A하자마자 B하다
= scarcely[hardly] A when[before] B
heavily [hévili] ad 심하게

① 부정부사 no sooner가 문두에 있으므로 주어와 동사가 도치되어야 한다. 동사구 had entered에서 had가 조동사이므로 주어 앞으로 도치되어야 한다. 따라서 had를 he 앞으로 도치시킨다. ② 과거완료 시제를 나타내는 had p.p.에서 본동사로 쓰인 과거분사(p.p.)는 적절하다. ③ 'A하자마자 B하다'라는 뜻의 no sooner A than B 구문이다.

11

A : I like meatball spaghetti and lasagna.

B : I _____, too.

① can   ② am
③ do   ④ don't

앞에 나온 동사(구)를 대신하여 쓰는 대동사를 물어보는 문제이다. 앞에 나온 동사가 일반동사(like)이므로, 대동사 do가 가장 적절하다. ③, ④ 중에서 빈칸 뒤에 긍정문에서 사용하는 '또한'이라는 뜻의 부사 too가 있으므로, 정답은 ③이 된다. 부정문에서는 부사 too를 쓸 수 없으므로, 부사 either를 사용한다.

출제포인트 대동사

정답 ③

해석 A : 나는 미트볼 스파게티와 라자냐를 좋아해.
B : 나 또한 그래.

12

A : I heard your younger brother was sick. Is he fine now?

B : _____ He is still in the hospital.

① I think so.   ② I think not.
③ I am afraid so. ④ I am not afraid.

A가 남동생이 괜찮냐고 물었고, B가 병원에 있다고 했으므로 빈칸에는 '괜찮지 않다'는 의미가 들어가야 한다. 따라서 'I think not(나는 그렇지 않다고 생각해)'이 가장 적절하다. ① 나는 그렇다고 생각해. ③ 그런 것 같아서 유감스러워. ④ 나는 유감스럽지 않아.

출제포인트 대행태 so vs not

정답 ②

해석 A : 나는 너의 남동생이 아프다고 들었어. 지금은 괜찮지?
B : 안 그런 것 같아. 그는 여전히 입원 중이야.

어휘 afraid [əfréid] ⓐ 유감스러운; 두려운

13 다음 우리말을 영어로 가장 잘 옮긴 것은?

우리는 건강을 잃고 나서야, 그 소중함을 깨달았다.

① Not until did we lose our health, we realized the importance of it.
② Not until we lost our health, did we realized the importance of it.
③ Not until we lost our health, did we realize the importance of it.
④ We did not realized the importance of it until we lost our health.

'B 이후에야 비로소 A하다'라는 뜻의 not A until B 구문을 묻는 문제이다. 이때 부정부사 구문 Not until ~이 문두로 오면 동사가 주어 앞으로 도치된다. 따라서 ③이 정답이 된다. ② 조동사 did 뒤에 있는 본동사의 형태는 동사원형(R)이 적절하다. ① until이 부사가 아니라 접속사로 쓰였으므로 until 부사절에서 도치가 되면 안 되고, 주절의 주어와 동사가 도치되어야 한다. ④ 주절의 조동사 did가 과거 시제를 나타내고 있으므로 본동사(realized)는 동사원형(R)이 되어야 한다.

출제포인트 Not A until B 구문

정답 ③

어휘 not A until B B하고 나서야 비로소 A하다

14 다음 문장 중 어법상 옳지 않은 것은?

① So great was the man that everybody applauded frantically.
② I wonder how old are you.
③ She has enough time to collect data.
④ Often she talks about her grandmother.

② 간접의문문의 어순은 '의문사(덩어리) + 주어 + 동사 ~'의 형태이다. 따라서 how old 뒤에 주어 + 동사의 형태가 되어야 하므로 how old are you를 how old you are로 고친다. ① 형용사 주어보어(great)를 강조하기 위해서 주어와 동사의 도치가 일어난 문장이다. 원래 문장은 The man was so great that everybody applauded frantically이다. ③ 부사 enough는 후치 수식만 가능하지만, 형용사 enough는 전치 수식과 후치 수식 모두 가능하다. 이 문장에서 enough는 형용사로 명사 time을 전치 수식하고 있다. ④ often은 빈도 부사로 일반동사 앞에 위치한다.

출제포인트 도치구문의 종합
정답 ②
해석
① 그 남자는 너무나도 대단해서 모든 사람들이 미친 듯이 박수를 쳤다.
② 나는 당신이 몇 살인지 궁금하다.
③ 그녀는 자료를 모을 충분한 시간이 있다.
④ 종종 그녀는 자신의 할머니에 대해 이야기 한다.
어휘 applaud [əplɔ́ːd] vi 박수갈채하다
frantically [frǽntikəli] ad 미친 듯이, 광포하게

15 다음 우리말을 영어로 옮긴 것 중 가장 적절한 것은?

그는 매우 훌륭한 작가이기 때문에, 그에게는 수많은 팬들이 있다.

① He is a such great writer that he has lots of fans.
② He is so a great writer, he has lots of fans.
③ He is such a great writer, he has lots of fans.
④ He is so great a writer that he has lots of fans.

so ~ that과 such ~ that을 묻는 문제이다. so ~ that에서 so는 부사이기 때문에 수식을 받는 형용사(구)나 부사(구)가 뒤따라오며, such ~ that에서 such는 형용사이기 때문에 수식을 받는 명사(구)가 따라오게 된다. 우선 접속사 that이 없는 ②, ③은 정답이 될 수 없다. ①은 a such great writer를 such a great writer로 고쳐야 정답이 된다. 부사 so는 'so + 형용사 + a + 명사'의 어순을 취하므로 정답은 ④이다.

출제포인트 so ~ that vs such ~ that
정답 ④

05 Actual Test
p. 290

01	①	02	③	03	①	04	①	05	②	06	②	07	④	08	③	09	②	10	③
11	②	12	④	13	②	14	③	15	④	16	③	17	④	18	③	19	②	20	③

01
Children ① enter school are usually ② expected to be ③ socialized and smart ④ together with peer groups.

① 이 문장은 are expected가 동사이므로 그 앞까지는 다 주어라고 보면 된다. 이때 한 문장에 동사는 하나이므로 enter는 동사가 될 수 없다. 따라서 enter를 동사가 아닌 준동사의 형태로 고쳐야 하므로 enter를 앞에 있는 명사 children을 수식하고, 뒤에 오는 명사 school을 목적어로 취하는 분사 entering으로 고친다. ② 동사구 are expected to R은 'expect + 목적어 + to R'의 수동태 구조이다. ③ 과거분사 socialized는 형용사로 쓰이므로 and 뒤에 있는 smart와 병치를 이룬다.

출제포인트 동사 vs 준동사 구분
정답 ① (enter → entering)
해석 학교에 들어가는 아이들은 또래 집단과 어울려 대개 사회화되고 똑똑해질 것으로 기대된다.
어휘 peer group n 동료 집단
socialized [sóuʃəlàizt] a 사회화된
peer [piər] n 또래

02
① Professor Choi will ② depend on his assistants while he ③ will take a leave ④ next month.

③ 시간과 조건의 부사절에서는 미래 시제가 없으므로 현재 시제가 이를 대신한다. while ~ month는 시간의 부사절로, 부사절 내 미래 시제로 쓰인 동사 will take는 현재 시제로 바꿔 주어야 하므로 will take를 takes로 고친다. ② depend on은 '~에 의지하다, 의존하다'라는 뜻의 동사구이다.

출제포인트 시제 일치의 예외(시간 부사절의 시제)
정답 ③ (will take → takes)
해석 최 교수님은 다음 달 휴가 가시는 동안 그의 조교에게 의지하실 것이다.
어휘 depend on ~에 의존하다, ~에 의지하다 (= rely on)
assistant [əsístənt] n 조교
leave [liːv] n 휴가

03
① Because heavy traffic, every morning it ② takes ③ Nari one hour ④ to get to the work.

① Because는 접속사이므로 절을 이끌어야 하는데, 이 문장에서 Because 뒤에 명사구가 있으므로 접속사 Because는 구조적으로 적절하지 않다. 따라서 접속사 Because를 명사(상당어구)를 목적어로 취하는 전치사 Because of로 고친다. ②, ③, ④ 'it takes + 사람 + 시간 + to R'는 '~가 …하는 데 시간이 걸리다'라는 뜻의 to R 관용어구이다. 따라서 ④의 to get은 맞는 표현이다.

출제포인트 종속접속사와 전치사의 구분
정답 ① (Because → Because of)
해석 극심한 교통 체증 때문에, 매일 아침 나리는 직장에 가는 데 한 시간씩 걸린다.
어휘 heavy [hévi] a 극심한, 격렬한
traffic [trǽfik] n 교통
It takes + 사람 + 시간 + to R ~가 …하는 데 시간이 걸리다

04

Never anywhere ① there has been ② matter ③ without motion nor ④ can there be.

① 부정부사가 문두에 왔으므로 조동사 has가 부정부사 Never anywhere 뒤로 도치된다. 따라서 there has를 has there로 고친다. ④ nor 역시 부정어 not을 포함하고 있는 접속사이므로 nor 뒤에서 동사가 도치된다.

출제포인트 부정부사의 도치

정답 ① (there has → has there)

해석 어디에도 움직임이 없는 물질은 없었으며, 있을 수도 없다.

어휘 matter [mǽtər] n 물질
motion [móuʃən] n 움직임
nor [nɔːr] conj ~도 또한 아니다

05

The competition for ① jobs is ② too keen that people ③ often take the first one offered, if the salary is ④ thought to be sufficient.

② 접속사 that과 상관관계에 있는 부사는 so이다. so ~ that …은 '아주[너무나도] ~해서 그 결과 …하다'이다. 따라서 부사 too를 so로 고친다(부사 too는 to R와 상관관계에 있다). ③ 빈도부사 often은 일반동사 앞에 위치하므로, often의 위치는 적절하다. ④ is thought의 목적어가 없으므로 동사의 형태는 수동태가 적절하다.

출제포인트 so ~ that 구문

정답 ② (too → so)

해석 일자리에 대한 경쟁이 너무나도 치열해서, 급여가 충분하다고 생각되면, 사람들은 처음 제의받은 일자리를 종종 선택하게 된다.

어휘 competition [kàmpətíʃən] n 경쟁
keen [kiːn] a 날카로운, 첨예한; 치열한
salary [sǽləri] n 급여
sufficient [səfíʃənt] a 충분한

06

① Neither of them ② have met Minho for the last two ③ years, so they are ④ planning to see him.

② 이 문장에서 주어는 Neither of them이다. 그중에서도 전치사구를 빼면 주어의 핵심어는 대명사 neither가 되는데, 대명사 neither는 단수 취급하므로 복수동사 have를 단수동사 has로 고친다. ④ 동사 plan은 to R를 목적어로 취하는 동사이다.

출제포인트 주어 – 동사 수일치

정답 ② (have met → has met)

해석 그들 중에 어떤 사람도 최근 2년 동안 민호를 만나지 못했다. 그래서 그들은 그를 만날 계획을 하고 있다.

07

The silver necklace ① is very ② refined and gorgeous now, but it is hard ③ to protect it from ④ corrode.

④ 전치사 뒤에는 명사를 써야 하므로 동사 corrode를 명사 corrosion으로 고친다. ② 등위접속사 and를 사이에 두고 형용사가 병치되고 있다. ③ 등위접속사 but 뒤에 있는 it이 가주어이고, to protect it from corrosion이 진주어이다.

출제포인트 전치사 + 명사

정답 ④ (corrode → corrosion)

해석 그 은목걸이는 매우 세련되고 멋지지만, 그것이 부식되는 것을 막는 것은 어렵다.

어휘 refined [rifáind] a 세련된
gorgeous [gɔ́ːrdʒəs] a 아름다운
protect [prətékt] vt 보호하다, 지키다
corrode [kəróud] vt 부식하다
corrosion [kəróuʒən] n 부식

08

My teacher ① always says that students can be ② divided into two major ③ category: ④ those who want to be successful and those who are afraid of being successful.

③ two major category에서 형용사 two는 두 개를 의미하는 복수의 수량형용사이므로 복수명사와 수일치한다. 따라서 단수명사 category를 복수명사 categories로 고친다. ① 빈도 부사는 일반동사 앞에 위치한다. ④ those who는 '~하는 사람들'이라는 뜻이다.

출제포인트 형용사와 명사의 수일치

정답 ③ (category → categories)

해석 나의 선생님은 '학생들은 두 개의 범주로 나뉠 수 있다 - 성공하기를 원하는 학생들과 성공할까 봐 두려워하는 학생들'이라고 늘 말씀하신다.

어휘 divide [diváid] vt 나누다
category [kǽtəgɔ̀ːri] n 범주
successful [səksésfəl] a 성공적인
be afraid of ~ ~을 두려워하다

09

① The Alps is the huge mountain chain ② where borders ③ eight countries ④ such as France, Italy, Swiss, Austria and so on.

② 문장을 분석해 보면 다음과 같다.
The Alps is the huge mountain chain (where Φ borders eight countries
　　　　　　　　　　　　　　　　　　　　　동사　　　　목적어
such as France, Italy, Swiss, Austria and so on).
문장을 보면 관계절 내에 주어가 없는 형태이므로 관계부사 where은 부적절하다. 따라서 관계부사를 주어의 역할을 하는 주격 관계대명사로 바꿔야 하므로 where을 which나 that으로 고친다.

출제포인트 관계대명사의 기본 개념

정답 ② (where → which 혹은 that)

해석 알프스는 프랑스, 이탈리아, 스위스, 오스트리아 등의 8개국과 접하고 있는 거대한 산맥이다.

어휘 huge [hjuːdʒ] a 거대한
mountain chain n 산맥
border [bɔ́ːrdər] vt 접하다 n 국경
such as ~와 같은
and so on 기타 등등

10

다음 중 어법상 옳지 않은 것은?
① Many a tired employee often dozes during working hours.
② If I had had enough money, I would have bought a wonderful sports car.
③ One of the exciting games I saw were the World Cup final in 2010.
④ He has worked for an American company as accountant for the last seven years.

③ 주어의 핵심어가 one이고, of the exciting games와 I saw는 모두 수식어이다. 주어의 핵심어가 단수이므로 동사 또한 단수가 되어야 하므로 복수동사 were를 was로 고쳐야 적절하다. ① 'many a + 단수명사'는 단수동사와 수일치 하므로 이 문장은 적절하다. ② if절에 had p.p가 있고, 주절에 조동사 과거형 + have p.p가 있으므로, 이 문장은 가정법 과거 완료의 시제가 적절하게 쓰였다. ④ 시간부사 for the last seven years가 있으므로 술어동사의 시제는 현재완료가 되어야 한다. 따라서 has worked는 적절하다.

출제포인트 단수주어 - 단수동사

정답 ③

해석 ① 피곤한 많은 직원들은 종종 근무 시간에 존다.
② 만약 내가 충분한 돈을 가지고 있었다면, 나는 멋진 스포츠카를 샀을 텐데.
③ 내가 보았던 흥미로운 경기 중 하나는 2010년 월드컵 결승전이었다.
④ 그는 지난 7년 동안 회계사로 미국 회사에서 일 해왔다.

어휘 doze [douz] vi 졸다
accountant [əkáuntənt] n 회계사, 회계원

11 다음 중 어법상 맞는 문장은?
① I was listening the tape carefully.
② I advised them not to be lazy.
③ She married with the TV entertainer.
④ He did not speak loud and clear.

출제포인트 동사의 어법
정답 ②
해석 ① 나는 그 테이프를 주의 깊게 들었다.
② 나는 그들이 게으르지 않도록 충고했다.
③ 그녀는 TV에 나오는 연예인과 결혼했다.
④ 그는 크고 명확하게 말하지 않았다.

② advise는 'advise + 목적어 + to R'의 구조를 가지는 불완전타동사이며, to R의 부정은 not to R이므로 옳은 문장이다. ① listen은 자동사이므로 전치사 to를 동반해야지만 목적어를 가질 수 있다. 따라서 listening 뒤에 전치사 to를 삽입한다. ③ marry는 타동사이므로 전치사 없이 바로 목적어를 가진다. 따라서 전치사 with를 삭제해야 한다. ④ speak는 완전자동사이므로 부사의 수식을 받을 수 있다. loud와 clear는 형용사로 동사를 수식할 수 없으므로 부적절하다. 따라서 형용사 loud와 clear를 부사 loudly와 clearly로 고친다.

12 Never in my life _____ such a fantastic event.
① had seen   ② I have been
③ I seen   ④ have I seen

출제포인트 도치(부정부사 + V + S 구조)
정답 ④
해석 내 인생에 있어서 그런 환상적인 행사를 본 적이 없다.
어휘 fantastic [fæntǽstik] **a** 환상적인

Never in my life라는 부정부사구가 문두에 보인다. 따라서 보기 중에서 주어와 동사가 도치된 구조를 먼저 찾아야 한다. ①은 주어도 없고 도치도 일어나지 않았으므로 부적절하고, ② 역시 도치되지 않았으므로 부적절하다. ③은 도치되어야 할 조동사가 빠져있어서 옳지 않다. 조동사 have가 주어 앞으로 도치되고 본동사 seen의 형태도 적절한 ④가 정답이다.

13 I have lots of friends. _____ is a novelist who is famous for his wit.
① A my friend   ② A friend of mine
③ My a friend   ④ The my friend

출제포인트 이중소유격의 형태
정답 ②
해석 나는 많은 친구들이 있다. 내 친구들 중 한 명은 재치로 유명한 소설가이다.
어휘 novelist [nάvəlist] **n** 소설가, 작가
be famous for ~ ~으로 유명하다
wit [wit] **n** 재치, 기지

관사와 소유격은 같은 부류의 한정사(중심한정사)이므로 나란히 쓰지 못한다. 따라서 이를 이중소유격으로 표현해야 한다. '내 친구들 중의 한 명'이라는 표현은 A friend of mine이다.

14
Many superstitions _____ numbers have been passed down through the generations and still exist today.
① surround   ② surrounded
③ surrounding   ④ to be surrounded

동사와 준동사의 구분 문제이다. 빈칸 뒤에 동사구 have been passed down이 있으므로 빈칸에 동사는 들어갈 수 없다. 분사와 to R 중, 빈칸 뒤에 목적어 numbers가 있으므로 능동의 형태인 현재분사 surrounding이 가장 적절하다.

[출제포인트] 동사 vs 준동사
[정답] ③
[해석] 숫자를 둘러싼 많은 미신들이 세대를 전해 내려오고 있고 지금도 여전히 존재하고 있다.
[어휘] superstition [sùːpərstíʃən] n 미신
pass down (흔히 수동태로) ~을 물려주다[전승하다]
through [θruː] prep ~을 통하여; ~ 동안 내내
generation [dʒènəréiʃən] n 세대

15
Never _____ she deceive us.
① have   ② do
③ has   ④ did

부정부사 never가 문두로 나와 있으므로 조동사 주어 She 앞으로 도치되어 있는 구조이다. 본동사의 형태가 동사원형이므로 조동사 do나, did가 적절한데 주어가 3인칭 단수이므로 do는 수일치가 적절하지 않다. 따라서 ④ did가 정답이다.

[출제포인트] 도치구문
[정답] ④
[해석] 그녀는 절대 우리를 속이지 않았다.
[어휘] deceive [disíːv] v 속이다

16
You ① will ② succeed, if you ③ raise at 5 a.m. and then think of ④ what you are going to do today.

③ 혼동동사인 rise와 raise를 구분하는 문제이다. rise는 '오르다; 일어나다'라는 의미의 자동사로 목적어를 필요로 하지 않고, raise는 '올리다; 기르다'라는 의미의 타동사로 목적어를 필요로 한다. raise 뒤에 목적어가 없고, 문맥상 '네가 일어난다면'이라는 의미가 되어야 하므로 타동사 raise를 자동사 rise로 고친다. ④ 전치사(of)의 목적절로 간접의문문이 왔다. 간접의문문의 어순은 '의문사 + 주어 + 동사 ~' 순이다.

[출제포인트] 혼동동사 rise와 raise
[정답] ③ (raise → rise)
[해석] 새벽 5시에 일어나서 오늘 해야 할 일을 생각해 본다면, 당신은 성공할 것이다.
[어휘] succeed [səksíːd] vi 성공하다
rise [raiz] vi 일어나다

17 Inhwa, my ① sister-in-law, is a vegetarian who ② always explains the role of vegetable fibers, ③ vitamins, minerals and ④ another essential nutrients they have.

④ another는 단수명사와 함께 쓰는 수량형용사인데, 뒤에 복수명사 (essential nutrients)가 나와 있으므로 수일치가 적절하지 않다. 따라서 another를 복수명사와 쓸 수 있는 형용사 other로 고친다. ② always와 같은 빈도 부사의 위치는 '조동사 뒤, be 동사 뒤, 일반동사 앞'이다.

출제포인트 형용사와 명사의 수일치
정답 ④ (another → other)
해석 나의 시누이인 인화는 식이섬유와 비타민, 무기질, 그리고 그런 것들이 가지고 있는 다른 필수 영양소의 역할에 대해서 늘 설명하는 채식주의자이다.
어휘 sister-in-law n 시누이, 올케
vegetarian [vèdʒətéəriən] n 채식주의자
vegetable fibers n 식이 섬유
mineral [mínərəl] n 무기질
essential [isénʃəl] a 필수적인
nutrient [njúːtriənt] n 영양분

18 ① Everyone in ② our office except you and ③ I got an ④ invitation.

③ 전치사 뒤는 목적어 자리이므로 전치사 except 뒤에는 인칭대명사의 목적격을 써야 한다. 따라서 주격 인칭대명사 I를 목적격 me로 고친다.

출제포인트 인칭대명사의 격
정답 ③ (I → me)
해석 너와 나를 제외한 우리 사무실의 모든 사람들은 초대를 받았다.
어휘 except [iksépt] prep ~를 제외한
invitation [ìnvətéiʃən] n 초대, 초대장

19 The number ① of over-the-counter sleep aids ② give an idea of ③ how widespread insomnia ④ is today.

② 주어의 핵심어가 The number로 단수이므로 동사도 단수형이 되어야 한다. 따라서 give를 gives로 고친다. ③ 전치사 of의 목적어로 간접의문문이 나왔으며 의문부사 how가 형용사 widespread를 꾸며 주며 간접의문문을 이끌고 있다. ④ 간접의문문의 어순은 '의문사(덩어리) + 주어 + 동사'이므로 적절하다.

출제포인트 주어-동사 수일치
정답 ② (give → gives)
해석 처방전 없이 살 수 있는 수면 보조제의 개수는 오늘날 불면증이 얼마나 널리 퍼져 있는지에 대한 생각을 알려 준다.
어휘 over-the-counter a 처방전 없이 살 수 있는
aid [eid] n 보조(제)
widespread [wáidspréd] a 널리 퍼져 있는, 광범위한
insomnia [insάmniə] n 불면(증)

20 We ① have had a few ② serious ③ problem with the ④ new equipment.

③ a few는 '약간의'라는 뜻으로 복수명사와 수일치한다. 따라서 단수명사 problem을 복수명사 problems로 고쳐야 옳은 문장이 된다.

출제포인트 형용사와 명사의 수일치
정답 ③ (problem → problems)
해석 우리는 새로운 장비에 몇 가지 심각한 문제들을 가지고 있다.
어휘 serious [síəriəs] a 심각한
equipment [ikwípmənt] n 기구, 도구

PART 06 정답 및 해설

01 Final Test
p. 296

| 01 | ① | 02 | ① | 03 | ② | 04 | ③ | 05 | ② | 06 | ③ | 07 | ② | 08 | ③ | 09 | ② | 10 | ③ |
| 11 | ② | 12 | ① | 13 | ③ | 14 | ② | 15 | ② | 16 | ④ | 17 | ③ | 18 | ② | 19 | ④ | 20 | ③ |

01
In 1999, Nuno ① come ② to California ③ because he wanted ④ to find a new job.

출제포인트 시제 일치(과거 부사 - 과거 시제)

정답 ① (come → came)

해석 누노는 새로운 일자리를 찾고 싶었기 때문에 1999년에 캘리포니아로 왔다.

① 'in 1999'라는 명백한 과거의 시점을 나타내는 부사구가 있으므로 본동사의 시제는 과거가 되어야 한다. 따라서 come을 came으로 고친다. ③ because는 '~ 때문에'라는 뜻의 접속사로 이유의 부사절을 이끈다. ④ want는 to R를 목적어로 취하는 완전타동사이다.

02
There are ① too many ② books she has in her room that she ③ doesn't need to buy ④ new one.

출제포인트 so ~ that 구문

정답 ① (too → so)

해석 그녀의 방에는 그녀가 가진 책이 너무 많아서 그녀는 새것을 살 필요가 없다.

어휘 need to R ~해야만 한다

① 부사 too는 접속사 that과 상관관계를 이루지 못하므로 이는 부적절하다. 접속사 that과 상관관계에 있는 부사는 so이므로 too를 so로 고친다. ② books 앞에 형용사 many가 보인다. many는 복수명사와 수일치하므로 books는 적절하다.

03
① After hard work from the job, she ② laid down and ③ fell asleep ④ in no time.

출제포인트 혼동동사 lay vs lie

정답 ② (laid → lay)

해석 직장에서 열심히 일한 후에, 그녀는 드러누웠고 곧 잠들었다.

어휘 lie down 드러눕다
fall asleep 곯아떨어지다
in no time 곧

② lie와 lay가 보이면 혼동동사 문제이다. laid는 lay의 과거형으로, lay '~을 놓다; ~을 눕히다'라는 뜻의 타동사로 목적어를 필요로 한다. 하지만 이 문장에서는 laid 뒤에 목적어가 없고 '드러누워 있었다'라는 의미가 되어야 하므로 laid 자리에는 자동사 lie가 들어가야 한다. lie의 3단 변화는 lie – lay – lain이므로, laid를 lie의 과거형인 lay로 고친다. ③ 등위접속사 and에 의해 동사구가 병치되고 있다.

정답 및 해설_Final Test ❶ • 395

04 You ① need special ② authorization to ③ enter into ④ this building.

③ enter는 '~에 들어가다'는 의미로 쓸 때 타동사이므로 전치사 없이 바로 목적어를 가진다. 따라서 enter into에서 전치사 into를 삭제해야 한다 (enter가 '시작하다'라는 의미일 때는 자동사로 사용한다).

출제포인트 타동사
정답 ③ (enter into → enter)
해석 이 건물 안으로 들어가려면 당신은 특별한 인가가 필요합니다.
어휘 authorization [ɔːθərizéiʃən] n 인가, 허가
enter [éntər] vt ~로 들어가다

05 His present for my birthday ① was so ② surprised ③ that I ④ was moved a lot.

② 감정분사 문제이다. 감정분사는 사물의 상태를 나타낼 때는 현재분사이고, 사람의 감정 상태를 나타낼 때는 과거분사를 쓴다. 여기서 surprised는 his present(사물)의 상태를 나타내고 있으므로 surprised를 surprising으로 고친다. ③ 밑줄 앞에 so가 보인다. so ~ that 구문임을 알 수 있다. ④ 감정동사는 사람이 감정을 느낄 때는 수동태로 표현한다.

출제포인트 감정분사
정답 ② (surprised → surprising)
해석 나의 생일을 위한 그의 선물이 너무 놀라워서 나는 매우 감동받았다.
어휘 present [prézənt] n 선물
surprised [sərpráizd] a 놀란
surprising [sərpráiziŋ] a 놀라운
surprise [sərpráiz] vt 놀라게 하다
be moved 감동하다
cf move [muːv] vt 감동시키다

06 ① Since ② the Korean-Japan World Cup, I ③ was so much ④ interested in soccer.

③ 'since + 과거 시점'이 시간부사로 나와 있으므로 주절의 동사는 현재완료가 되어야 한다. 따라서 was를 have been으로 고친다. ④ be interested in은 '~에 관심이 있다'라는 뜻이다.

출제포인트 시제 일치(since + 과거 시점 → 현재완료)
정답 ③ (was → have been)
해석 한일 월드컵 이후로, 나는 축구에 많은 관심을 가지게 되었다.
어휘 be interested in ~에 관심이 있다

07 Taekwondo ① not only teaches people how to defend themselves, ② and also helps ③ to develop a sense of ④ morality.

② 등위상관접속사가 문장 중에 보이면 늘 상관관계에 오는 어구에 유념해야 한다. not only가 있으므로 not only A but also B 구문임을 알 수 있다. 따라서 and를 but으로 고친다. ③ 타동사 help의 목적어로 to R은 적절하다.

출제포인트 등위상관접속사의 짝짓기
정답 ② (and → but)
해석 태권도는 자신을 방어하는 방법을 사람들에게 가르칠 뿐만 아니라 도덕심을 계발하도록 돕는다.
어휘 not only A but also B A뿐만 아니라 B도 또한
defend [difénd] vt 방어하다
a sense of morality n 도덕심

08

Puppies, ① <u>pretty</u> and ② <u>faithful</u> animals, ③ <u>requires</u> ④ <u>constant</u> interest.

③ 문장 중간에 들어 있는 삽입어구는 괄호 속에 묶어 버리면, 문장 전체 뼈대가 보인다. 여기서 주어의 핵심어가 복수명사 puppies이므로 단수동사 requires는 적절하지 않다. 따라서 단수동사 requires를 복수동사 require로 고친다. ①, ②는 등위접속사 and에 의해 형용사가 병치되고 있다.

출제포인트 주어 – 동사 수일치

정답 ③ (requires → require)

해석 귀엽고 충직한 동물인 강아지는 지속적인 관심을 요구한다.

어휘 puppy [pʌ́pi] n 강아지
faithful [féiθfəl] a 충직한
require [rikwáiər] vt 요구하다
constant [kánstənt] a 지속적인
interest [íntərist] n 관심

09

He ① <u>comments</u> ② <u>often</u> on ③ <u>the rumor</u> of ④ <u>others'</u> private lives.

② often과 같은 빈도 부사의 위치는 조동사 뒤, be 동사 뒤, 일반동사 앞에(tip : 조 뒤, be 뒤, 일 앞)에 위치한다. 여기서 often이 일반동사 comments 뒤로 왔으므로, 이는 적절하지 않다. 따라서 often을 comments 앞으로 옮긴다.

출제포인트 빈도 부사의 위치

정답 ② (often을 comments 앞으로 옮김)

해석 그는 남의 사생활에 대한 소문에 관해 종종 언급 한다.

어휘 comment [kάment] vi ~에 관해서 언급하다
rumor [rúːmər] n 소문
private [práivit] a 개인적인, 사적인

10

In 1999 Olivia ① <u>wrote</u> the ② <u>best-selling</u> essay about herself, ③ <u>win</u> a lottery and traveled ④ <u>abroad</u> with her mother.

③ 이 문장은 세 개의 동사구가 열거되고 있는 구조이다. 'in 1999'이라는 과거 부사구 때문에 동사가 모두 과거 시제가 되어야 한다. wrote와 traveled는 모두 과거 시제로 적절한데, win만 현재 시제로 부적절하다. 따라서 win을 won으로 고친다. ② best-selling은 분사복합어로 쓰이는 관용표현이다. ④ abroad는 '해외에서, 해외로'라는 뜻의 부사이다.

출제포인트 등위접속사 and에 의한 병치

정답 ③ (win · won)

해석 올리비아는 1999년에 자신에 관한 베스트셀러의 수필을 썼고, 복권에 당첨되었으며, 그녀의 엄마와 함께 해외로 여행을 갔다.

어휘 best-selling a 베스트셀러의
win a lottery 복권에 당첨되다

11

① <u>Nobody</u> was ② <u>able</u> explain ③ <u>how we should correct</u> the error or ④ <u>what</u> we have to do.

② be able to R는 '~할 수 있다'는 의미의 to R 관용표현이다. ① nobody는 '아무도 ~ 않다'라는 뜻으로 대명사로 쓰였고, 단수 취급하기 때문에 단수동사 was는 적절하다. ③ 타동사 explain의 목적어로 쓰인 간접의문문으로, 간접의문문의 어순은 '의문사 + 주어 + 동사'의 형태이므로 간접의문문은 적절하게 쓰였다. ④ what we have to do 또한 간접의문문으로, 등위접속사 or를 사이에 두고 앞에 있는 간접의문문과 병치를 이루고 있다.

출제포인트 to R의 관용적 용법
(be able to R)

정답 ② (able → able to)

해석 아무도 우리가 어떻게 그 오류를 수정할지 혹은 우리가 무엇을 해야 할지를 설명할 수 없었다.

어휘 be able to R ~을 할 수 있다
correct [kərékt] vt 고치다

12

Not only Bona's artwork ① is technically ② proficient ③ but also it explores psychological ④ questions.

① 부정부사구 Not only가 문두에 나와 있으므로 be 동사 is가 주어 Bona's artwork 앞으로 도치되어야 한다. ② proficient는 be 동사의 주어보어이다. ③ 'A뿐만 아니라 B도'라는 뜻의 not only A but also B 구문이다.

출제포인트 부정부사구에 의한 도치 구문
정답 ① (is를 not only 다음으로 도치)
해석 보나의 미술 작품은 기술적으로 능숙할 뿐만 아니라 그것은 또한 심리적인 문제를 탐구하고 있다.
어휘 technically [téknikəli] ad 기술적으로
proficient [prəfíʃənt] a 능숙한, 능란한
explore [iksplɔ́ːr] vt 탐험하다, 탐구하다
psychological [sàikəládʒikəl] a 심리적인

13

The Public Prosecutors' Office ① celebrates its 60th anniversary on Friday, ② despite a history ③ tarnishing by some ④ disgraceful incidents.

③ 분사구(tarnishing ~ incidents)가 뒤에서 앞에 있는 명사 a history를 수식하는 구조이다. 후치 수식하는 분사 tarnishing 뒤에 목적어가 없고 '전치사 + 명사'구가 나와 있으므로 현재분사 tarnishing은 수동의 형태가 되어야 적절하다. 따라서 tarnishing을 과거분사 tarnished로 고친다. ① 주어가 3인칭 단수이고, 동사의 시제가 현재이므로 celebrates는 적절하다. ② 전치사 despite의 목적어로 명사구가 제시되었다. ④ 형용사 disgraceful은 명사 incident를 수식한다.

출제포인트 분사 판별
정답 ③ (tarnishing → tarnished)
해석 비록 불미스러운 사건들에 의해서 더렵혀진 역사일지라도, 검찰청은 금요일에 60주년 기념일을 축하한다.
어휘 Public Prosecutors' Office 검찰청
celebrate [séləbrèit] vt 축하하다, 기념하다
anniversary [æ̀nəvə́ːrsəri] n 기념일
despite [dispáit] prep 비록 ~일지라도
tarnish [táːrniʃ] vt 더럽히다
disgraceful [disgréisfəl] a 불명예스러운
incident [ínsədənt] n 사건, 생긴 일

14

The standards ① on which our community ② are based ③ are related with ④ our culture.

② 주어와 동사 사이에 관계절이 삽입된 구조이다. The standards (on which / our community / are based) / are related with our culture. 이 문장에서 주어의 핵심어는 The standards로 복수이므로 복수동사인 are가 적절하게 쓰였다. 관계절 내의 주어는 our community로 단수인데, 동사는 are based로 복수동사가 와 있다. 따라서 이를 단수동사인 is based로 바꿔주어야 하므로 are를 is로 고친다. ① 전치사 + 관계대명사 뒤에 완전한 구조의 관계절이 제시되어 있고, 관계절 내의 동사구 are based를 통해 전치사 on의 적합성 판별이 가능하므로, on which는 적절하다. ④ 명사 앞자리는 인칭대명사의 소유격 자리이므로 our는 적절하다.

출제포인트 주어-동사 수일치
정답 ② (are → is)
해석 우리 사회가 기반을 두고 있는 기준들은 우리의 문화와 관련되어 있다.
어휘 be based on ~에 기반[근거]을 두다
be related to ~와 관련되어 있다

15 However, attached to ① this electronic mail ② were a ③ destructive program that copied ④ itself.

출제포인트 도치 구문에서의 주어와 동사의 수일치

정답 ② (were → was)

해석 그러나 자체적으로 복사되는 파괴적인 프로그램이 이 전자 편지에 첨부되었습니다.

② 이 문장은 주어보어를 강조하기 위해 주어보어를 문두에 보내고 주어와 동사가 도치된 구조이다. 동사 뒤를 보니 주어 a destructive program이 있다. 주어가 단수이므로 동사 또한 단수동사가 되어야 한다. 따라서 were를 was로 고친다.

어휘 attach [ətǽtʃ] vt 첨부하다
destructive [distrʌ́ktiv] a 파괴적인, 해로운
copy [kápi] vt 복사하다, 복제하다

---

16 ① This booklet tells ② you ③ about our various ④ service.

출제포인트 한정사와 명사의 수일치

정답 ④ (service → services)

해석 이 소책자에 우리의 다양한 서비스가 나와 있습니다.

④ various은 '다양한, 여러 가지의'라는 뜻으로 복수명사와 함께 쓰인다. 따라서 service를 services로 고쳐야 옳은 문장이 된다. ③ tell은 'tell A about B'의 어법을 취한다.

어휘 booklet [búklit] n 소책자, 팸플릿
various [vέəriəs] a 다양한

---

17 Conflict ① is always difficult, but it ② sometimes leads to ③ growing and change ④ in organization.

출제포인트 동명사 vs 명사 구분

정답 ③ (growing → growth)

해석 갈등은 항상 어렵지만 때때로 그것은 조직의 성장과 변화를 가져온다.

③ lead to 다음에는 전치사 to의 목적어로 명사 상당어구로 동명사 growing이 제시되었는데, 이는 뒤에 있는 명사 change와 병치가 되지 않는다. 따라서 growing을 명사 growth로 고친다. ② sometimes와 같은 빈도 부사의 위치는 '조동사 뒤, be 동사 뒤, 일반동사 앞'이다.

어휘 conflict [kánflikt] n 충돌, 갈등
difficult [dífikʌlt] a 어려운
lead to ~ ~를 야기하다, ~를 이끌다
organization [ɔ̀ːrgənəzéiʃən] n 조직, 단체

---

18 ① Success is a ladder ② what cannot be ③ climbed with your hands in ④ your pockets.

출제포인트 관계대명사 what의 특징

정답 ② (what → which 또는 that)

해석 성공은 당신이 손을 호주머니에 넣고 오를 수 없는 사다리이다.

② 관계대명사 what 앞에 선행사 a ladder가 보이는데, 관계대명사 what은 선행사를 포함하고 있으므로 절대 선행사와 함께 쓸 수 없으므로 관계대명사 what은 옳지 않다. 따라서 관계대명사 what을 that이나 which로 고친다. ③ 동사구 cannot be climbed 뒤에 목적어가 없으므로 동사의 형태는 수동태가 맞다. ④ 명사 앞자리는 인칭대명사의 소유격 자리이므로 your는 적절하다.

어휘 ladder [lǽdər] n 사다리
climb [klaim] vt 오르다, 올라가다
pocket [pákit] n 주머니

19

Once _____, the last scene of the movie cannot be forgotten at all.

① see   ② seeing
③ saw   ④ seen

접속사 once 뒤에 주어가 없으므로 빈칸에는 동사가 들어갈 수 없고, 따라서 분사구문의 형태가 들어가는 것이 적절하다. 빈칸 뒤에 목적어가 없으므로 과거분사인 ④ seen이 정답이 된다.

출제포인트 분사구문

정답 ④

해석 일단 한 번 보면, 그 영화의 마지막 장면은 전혀 잊을 수가 없다.

어휘 once [wʌns] conj 일단 ~하기만 한다면; ~하자마자
scene [siːn] n 장면
forget [fərgét] vt 잊다
at all 전혀

20

다음 중 어법상 틀린 문장은?

① I enjoy playing the violin.
② I feel like having Soju tonight.
③ She could not but laughing at him.
④ There is no knowing when she will come back.

③ cannot but R 구문은 '~하지 않을 수 없다'라는 의미의 원형부정사 관용표현이다. 여기서 동명사 laughing을 원형부정사 laugh로 고쳐야 올바른 문장이 된다. ① enjoy는 목적어로 동명사를 취하는 타동사이다. ② feel like Ring는 '~하고 싶다'라는 뜻의 관용어구이다. ④ There is no Ring는 '~하는 것은 불가능하다'라는 뜻의 관용어구이다.

출제포인트 원형부정사의 관용 표현 (cannot but R)

정답 ③ (laughing → laugh)

해석 ① 나는 바이올린을 연주하는 것을 즐긴다.
② 나는 오늘 밤 소주를 마시고 싶다.
③ 그녀는 그를 보고 웃지 않을 수 없었다.
④ 그녀가 언제 돌아올지는 알 수 없다.

어휘 cannot but R ~하지 않을 수 없다
= cannot help Ring
= have no choice but to R
There is no Ring ~하는 것은 불가능하다

02 Final Test   p. 299

01	④	02	②	03	②	04	①	05	①	06	①	07	④	08	③	09	③	10	④
11	③	12	④	13	②	14	①	15	②	16	②	17	②	18	④	19	③	20	④

01

Not until graduation _____ from their parents.

① did they feel enough free
② they feel free enough
③ did they felt free enough
④ did they feel free enough

출제포인트 부정부사에 의한 도치 구문
정답 ④
해석 졸업한 후에야 그들은 비로소 부모님들로부터 충분히 자유로워짐을 느꼈다.
어휘 graduation [græ̀dʒuéiʃən] n 졸업

부정부사 not until ~ 구문이 문두에 위치해 있기 때문에, 주절의 주어와 동사가 도치되어야 한다. 주절의 동사가 일반동사이므로 조동사 do/does/did를 사용해야 한다. 우선 도치가 되지 않은 ②는 답에서 제외하고, ①, ③, ④ 중에서 답을 찾아야 한다. ③은 조동사가 과거 시제를 나타내고 있음에도 불구하고 본동사 feel이 과거형(felt)으로 나왔기 때문에 답이 될 수 없다. ①과 ④를 비교해 보면 enough의 위치를 묻고 있음을 알 수 있는데, 부사 enough는 100퍼센트 후치 수식을 해야 하므로 enough를 형용사 free 뒤로 옮겨야 적절하다. 따라서 정답은 ④가 된다.

02

We've ① received a number of ② application from ③ the ads we ④ put in the paper.

출제포인트 a number of + 복수명사
정답 ② (application → applications)
해석 신문에 낸 광고로 우리는 많은 지원서를 받았다.
어휘 receive [risíːv] vt 받다
application [æ̀plikéiʃən] n 응모, 지원(서)
ad(= advertisement) n 광고

② a number of는 many와 같은 뜻으로 '많은'이라는 의미의 수량형용사이므로 복수명사와 수일치한다. 따라서 application을 applications로 고친다. ① 동사구 have received 뒤에 목적어가 있으므로 동사의 형태는 능동태가 맞다. ④ we put in the paper는 the ads를 선행사로 하며, 목적격 관계대명사 that 혹은 which가 생략된 관계절이다.

03

Two of ① us ② has a lot ③ in common ④ in hobbies.

출제포인트 주어-동사 수일치
정답 ② (has → have)
해석 우리 두 사람은 취미에 있어 공통점이 많다.
어휘 have ~ in common ~을 공통으로 지니다

② Two (of us)에서 주어 Two는 복수이기 때문에 동사도 복수동사가 되어야 한다. 따라서 단수동사 has를 복수동사 have로 고친다.

04 Yeongju ① introduces ② her sister ③ to us ④ at the party last night.

① 과거 시점을 나타내는 시간부사 last night이 명시되어 있으므로 주절동사는 과거 시제가 되어야 한다. 따라서 introduces를 introduced로 고친다.

출제포인트 시제 일치
정답 ① (introduces → introduced)
해석 영주는 지난밤 파티에서 우리에게 그녀의 여동생을 소개시켜 주었다.
어휘 introduce [intrədjúːs] vt 소개하다
cf introduce A to B A를 B에게 소개하다

05 The person finally ① was accused of ② having created the destructive computer viruses was a ③ young man in the ④ Philippines.

① 접속사로 연결되지 않은 하나의 절로 이루어진 하나의 문장 속에 동사가 2개(was accused, was)가 제시되었다. 따라서 하나는 동사가 아닌 준동사로 바꿔 주어야 하는데, was에는 밑줄이 없으므로 was를 본동사로 잡고, was accused를 앞의 명사 the person을 후치 수식하는 분사로 고쳐야 한다. was accused 뒤에 목적어가 없으므로 과거분사 accused로 고치면 옳은 문장이 된다. ② 동명사 having created은 전치사 of의 목적어 자리이다. 동명사 having created 뒤에 목적어가 있으므로 동명사 having created는 적절하다.

출제포인트 동사와 준동사의 구분
정답 ① (was accused → accused)
해석 파괴적인 컴퓨터 바이러스를 만들었던 것에 대해서 마침내 기소된 사람은 필리핀에 사는 청년이었다.
어휘 finally [fáinəli] ad 마침내, 마지막으로
accuse [əkjúːz] vt ~을 고소[기소]하다
cf accuse A of B A를 B에 대해서 고소[기소]하다
create [kriːéit] vt 만들다, 창작하다

06 We have a few ① radio left ② in stock ③ but can't sell them ④ at the price.

① a few는 셀 수 있는 복수명사와 수일치한다. 따라서 단수명사 radio를 복수형인 radios로 고친다. ④ 비율, 가격, 속도 앞에는 전치사 at을 쓴다.

출제포인트 형용사(한정사)와 명사의 수일치
정답 ① (radio → radios)
해석 라디오 재고가 소량 남아 있지만, 그 가격에는 팔 수가 없습니다.
어휘 in stock 재고의, 재고로

07 My ① one-year-old nephew Ray ② uses crying ③ not only in expressing his sorrow but also ④ to inform his needs.

④ 등위상관접속사의 양쪽의 병치를 묻는 문제이다. not only 다음에 전치사 + 동명사구가 제시되었지만 but also 다음에는 to R가 나왔으므로 병치가 올바르지 않다. 따라서 but also 뒤에 오는 어구도 앞 어구처럼 전치사 + 동명사구의 형태로 고친다. 즉, to inform을 in informing으로 고친다. ① one-year-old는 뒤에 있는 명사 nephew Ray를 꾸며 주고 있는 형용사이다. ③ 'A뿐만 아니라 B도'라는 의미의 not only A but also B구문이다.

출제포인트 등위상관접속사 구문의 병치
정답 ④ (to inform → in informing)
해석 내 한 살짜리 조카 레이는 슬픔을 표현하는 것뿐만 아니라 그의 욕구를 알리는 데에도 울어 버린다.
어휘 nephew [néfjuː] n 조카
in + Ring ~하는 데 있어서
express [iksprés] vt 표현하다
sorrow [sárou] n 슬픔
inform [infɔ́ːrm] vt 알리다
need [niːd] n 욕구

08 I ① got ② scored ③ enough high ④ to attend Yale University.

출제포인트 부사 enough의 수식
정답 ③ (enough high → high enough)
해석 나는 예일 대학에 입학할 만큼 충분히 높은 점수를 받았다.
어휘 score [skɔːr] vt 점수를 받다
attend [əténd] vt ~에 다니다, 출석하다

③ 부사 enough는 후치 수식을 하기 때문에 수식하는 품사 뒤에 위치한다. 위의 문장에서 enough가 high를 수식하기 때문에 enough high를 high enough로 고친다. ② get p.p.는 동작 수동을 나타낸다. ④ enough to R는 '~할 만큼 충분히'라는 뜻이다.

09 I ① gave you ② a pencil ③ who ④ had been bought in New York.

출제포인트 관계대명사의 선택
정답 ③ (who → which)
해석 나는 너에게 뉴욕에서 샀던 연필을 주었다.

③ 관계대명사가 수식하는 선행사 a pencil은 사물이기 때문에 사람을 선행사로 받는 관계대명사 who는 적절하지 않다. 따라서 who를 사물을 선행사로 받는 관계대명사 which로 고친다. ② 가산명사 pencil 앞에 부정관사 a가 왔으므로 수일치는 적절하다. ④ had been bought 뒤에 목적어가 없으므로 동사의 태는 수동형이 적절하다.

10 His stories ① are ② boring but we have ③ to listen to ④ it carefully.

출제포인트 인칭대명사의 격과 수일치
정답 ④ (it → them)
해석 그의 이야기는 지루하지만 우리는 주의 깊게 들어야만 한다.
어휘 bore [bɔːr] vt 지루하게 만들다
carefully [kɛ́ərfəli] ad 주의 깊게

④ 인칭대명사는 격과 수를 확인해야 한다. 여기서 it은 전치사의 목적어로 쓰였으며 stories를 받고 있다. 그런데 stories는 복수명사이므로 it이 아니라 them으로 받아야 적절하다. ② boring은 감정분사로 his stories(사물)의 상태를 나타내므로 현재분사가 적절하다. ③ listen은 자동사이므로 목적어를 가지기 위해서는 전치사 to와 함께 쓴다.

11 ① The pine tree, ② always ever green, ③ has planted last year ④ in the backyard by my father.

출제포인트 시제일치 + 수동태
정답 ③ (has planted → was planted)
해석 늘 푸른 소나무가 아빠에 의해서 뒷마당에 작년에 심어졌다.
어휘 pine tree n 소나무
plant [plænt] vt 심다
backyard n 뒷마당

③ 명백한 과거 시점을 나타내는 시간부사 last year가 있으므로 동사의 시제는 과거가 되어야 한다. 또한 has planted 뒤에 목적어가 없으므로 동사는 수동태가 적절하다. 따라서 has planted를 was planted로 고친다.

12 Japanese is ① learned very easily by ② Koreans, ③ but not by other ④ nation.

출제포인트 other + 가산 복수명사
정답 ④ (nation → nations)
해석 일본어는 한국 사람들에게 쉽게 익혀지지만, 다른 민족들에게는 그렇지 않다.

④ other는 가산 복수명사와 쓰이는 형용사이므로 단수명사인 nation을 복수명사 nations로 고친다. another에는 a(n)의 의미가 있으므로 단수명사와 수일치한다. ① 동사구 is learned 뒤에 목적어가 없으므로 동사의 형태는 수동태가 적절하다. ③ but 뒤의 구조는 등위접속사 but에 의해 중복되는 주어 + 동사(Japanese is learned very easily)가 모두 생략된 형태이다.

13
It is so ① common ② to used credit cards ③ without realizing ④ how much we spend.

② It 가주어 ~ to 진주어 구문이다. to R는 'to + 동사원형'이다. 따라서 to used를 to use로 고친다. ④ how much we spend는 realizing의 목적어로 쓰인 간접의문문이다. 간접의문문의 어순은 '의문사 + 주어 + 동사'이므로 ④는 적절하다.

출제포인트 to R의 형태
정답 ② (to used → to use)
해석 우리가 얼마나 많이 지출하는지 알지 못한 채 신용 카드를 사용하는 일은 너무나도 흔하다.
어휘 common [kάmən] a 흔한, 공통의
realize [ríːəlàiz] vt 인식하다, 알다
spend [spend] vt 소비하다

14
The man ① astonishing at her ② odd conduct was ③ at a loss ④ for words.

① astonishing ~ conduct는 분사구로 앞에 있는 명사 the man을 꾸며주고 있다. 현재분사 astonishing 뒤에 목적어가 없으므로 과거분사 astonished로 고친다.

출제포인트 분사 판별
정답 ① (astonishing → astonished)
해석 그녀의 이상한 행동에 놀란 그 남자는 말문이 막혔다.
어휘 astonish [əstániʃ] vt 놀라게 하다
odd [ad] a 이상한; 홀수의
conduct [kάndʌkt] n 행동, 행위
at a loss 당황한
be at a loss for words 말문이 막히다

15
① All men ② whom have achieved great ③ things ④ have been great dreamers.

② 관계절 내 주어가 없으므로 목적격 관계대명사 whom은 적절하지 않다. 목적격 관계대명사 whom을 주격 관계대명사 who나 that으로 고칠 수 있는데, 선행사에 all이 있으므로 관계대명사 that으로 쓰는 것이 더 적절하다. ④ 관계절(who ~ things)을 괄호로 묶으면 주어가 All men으로 복수이므로 동사 또한 have been으로 복수가 된다.

출제포인트 관계대명사의 격
정답 ② (whom → that)
해석 위대한 것들을 달성한 모든 사람들은 위대한 꿈을 꾸는 사람이었다.
어휘 achieve [ətʃíːv] vt 성취하다, 달성하다
dreamer [dríːmər] n 꿈을 꾸는 사람; 몽상가

16
We would ① appreciate your ② send us a ③ catalogue of your products ④ with terms of payments.

② '~을 고마워하다'라는 뜻의 appreciate는 동명사를 목적어로 취하는 동사이다. 따라서 send를 sending으로 고쳐야 한다. your(소유격)는 동명사의 의미상의 주어이다.

출제포인트 동명사를 목적어로 취하는 동사
정답 ② (send → sending)
해석 지불조건과 함께 상품에 대한 카탈로그를 보내 주시면 감사하겠습니다.
어휘 appreciate [əpríːʃièit] vt 평가하다; 감상하다; 감사하다
term [təːrm] n 기간; 임기; 학기; 조건; 용어
payment [péimənt] n 지불, 지급

17 The politician ① always avoids ② to be drawn into ③ discussion of ④ controversial issues.

출제포인트 동명사를 목적어로 가지는 동사 avoid
정답 ② (to be drawn → being drawn)
해석 정치인은 항상 논란이 많은 안건들의 토론에 말려드는 것을 피한다.
어휘 politician [pəlitíʃən] n 정치인
draw [drɔː] vt 끌어당기다; 그리다
discussion [diskʌ́ʃən] n 토론
controversial [kɑ̀ntrəvə́ːrʃəl] a 논쟁적인, 논란이 많은
issue [íʃuː] n 주제, 안건

② avoid는 동명사를 목적어로 취하는 타동사이므로 to be drawn은 적절하지 않다. 따라서 to R를 동명사로 바꿔 주어야 하는데 밑줄 뒤에 목적어가 없으므로 to be drawn을 수동의 동명사 being drawn으로 고친다. ① always와 같은 빈도 부사의 위치는 '조동사 뒤, be 동사 뒤, 일반동사 앞'이다. ② 전치사 into 뒤에 명사가 왔으므로 적절하다. ④ 형용사 controversial이 명사 issues를 수식한다.

18 The degree of the ① free expression of the press or ② opinion ③ in the country ④ are overrated.

출제포인트 주어–동사 수일치
정답 ④ (are overrated → is overrated)
해석 그 나라의 언론의 자유로운 표현이나 의견의 정도가 과대평가되어 있다.
어휘 degree [digríː] n 정도
expression [ikspréʃən] n 표현
press [pres] n 누름; 압박; 언론, 보도기관
overrate vt 과대평가하다

④ 주어의 핵심어가 The degree이므로 동사는 단수형이 되어야 한다. 따라서 are overrated를 is overrated로 고친다. ① 형용사 free가 명사 expression을 수식한다.

19 New York's Christmas is ① featured in many ② movies ③ while this time of year, ④ which means that this holiday is the most romantic and special in Big Apple.

출제포인트 접속사와 전치사의 구별
정답 ③ (while → during)
해석 뉴욕의 크리스마스는 매년 이맘때에 많은 영화들에서 다뤄지는데, 그것은 이 연휴(크리스마스)가 뉴욕에서 가장 낭만적이고 특별하기 때문이다.
어휘 feature [fíːtʃər] vt ~을 특징으로 하다; ~을 주인공으로 하다; 특색 짓다; ~의 특징을 이루다
Big Apple 뉴욕시의 애칭

③ 접속사 while 뒤에 명사구가 제시되어 있으므로 접속사 while을 명사(상당어구)를 목적어로 취하는 전치사 during으로 고친다. ① 동사구 is featured 뒤에 목적어가 없으므로 동사의 형태는 수동태가 적절하다. ② many는 복수명사와 수일치하는 수량형용사이다. ④ 선행사는 앞 절 전체이며, 관계절 내 주어가 없는 –1 결핍구조이므로 which는 주격 관계대명사로 쓰였다.

20 다음 중 어법상 틀린 문장은?
① This car belongs to him.
② This book is worth reading.
③ The result was disappointing.
④ Let's stay here until she will depart.

출제포인트 시제 일치의 예외(시간과 조건의 부사절)
정답 ④ (will depart → departs)
해석 ① 이 차는 그의 것입니다.
② 이 책은 읽을 가치가 있다.
③ 그 결과는 실망스러웠다.
④ 그녀가 떠날 때까지 여기서 머무르자.
어휘 be worth Ring ~에 대한 가치가 있다
depart [dipáːrt] vi 출발하다

④ 시간과 조건의 부사절에서는 미래 시제가 없으므로 현재 시제가 미래시제를 대신한다. 따라서 will depart를 departs로 고친다. ① belong은 자동사로, 목적어를 취하려면 전치사 to와 함께 써야 한다. ② be worth Ring는 '~할 가치가 있다'라는 뜻의 동명사 관용 표현이다. ③ disappointing은 '실망시키는'이라는 뜻의 감정분사로 사물(the result)의 상태를 나타내므로 현재분사가 적절하다.

03 Final Test   p. 302

01	③	02	②	03	④	04	④	05	④	06	④	07	①	08	②	09	①	10	④
11	②	12	③	13	③	14	④	15	③	16	②	17	②	18	④	19	④	20	②

01

① The error of ② one moment ③ become the sorrow of ④ whole life.

③ 주어의 핵심어가 The error로 단수이므로 동사 또한 단수가 되어야 한다. 따라서 become을 becomes로 고친다.

출제포인트 주어-동사 수일치
정답 ③ (become → becomes)
해석 한순간의 실수는 평생의 슬픔이 된다.
어휘 moment [móumənt] n 순간; 중요성
sorrow [sárou] n 슬픔, 비애

02

You ① walk ② such fast that I cannot ③ keep up ④ with you.

② such는 형용사로서 명사를 수식한다. 그런데 such 뒤에 부사 fast가 있으므로 such는 적절하지 않다. 따라서 such를 so로 고친다. ③ keep up with ~는 '~을 따라잡다'라는 뜻의 숙어이다.

출제포인트 so ~ that vs such ~ that
정답 ② (such → so)
해석 네가 그렇게 빨리 걸으면 나는 너를 따라잡을 수가 없다.
어휘 keep up with ~ ~을 따라잡다

03

More and more people are ① turning away from their doctors and, instead, going to individuals who ② have no medical training and ③ who sell ④ unproving treatments.

④ unproving은 뒤에 있는 명사 treatments를 전치 수식하는 분사이다. 분사가 전치 수식할 경우, 능동·진행의 의미이면 현재분사, 수동·완료의 의미이면 과거분사를 쓴다. 치료는 '입증되지 않은'것이므로 unproving을 과거분사 unproven으로 고친다. ① be turning은 진행 시제로 쓰였다. 여기서 turn은 자동사이다. ② 선행사가 individuals로 복수이므로 주격관계대명사도 복수가 되고, 따라서 복수동사 have는 적절하다. ③ 선행사가 individuals로 사람이고, 관계절 내에 주어가 없으므로 주격 관계대명사 who는 적절하다.

출제포인트 분사 판별
정답 ④ (unproving → unproven)
해석 점점 더 많은 사람들이 그들의 의사들로부터 등을 돌려, 대신에 어떤 의료 교육도 받지 않고, 입증되지 않은 치료약을 파는 사람들에게 향해가고 있다.
어휘 비교급 and 비교급 점점 더 ~한
turn away 외면하다
instead [instéd] ad 대신에
individual [indəvídʒuəl] n 개인
unproven a 입증되지 않은
treatment [tríːtmənt] n 치료; 처리

04

The leader, who has never been ① looked up to, ② thinks that it is very ③ satisfactory to show off his ④ new gained power.

④ 과거분사 gained는 형용사가 아니라 부사의 수식을 받는다. 따라서 형용사 new를 부사 newly로 고친다. ① 동사구 look up to의 수동태는 be looked up to가 된다. ② 콤마 콤마 사이에 삽입된 관계절(who has ~to)을 괄호로 묶어 보면, 주어의 핵심어가 The leader로 3인칭 단수이므로 3인칭 단수 현재 동사 thinks와 수일치한다. ③ 형용사 satisfactory는 be 동사의 보어로 쓰였다.

출제포인트 분사를 수식하는 부사
정답 ④ (new → newly)
해석 한 번도 존경받지 못했던 그 지도자는 새롭게 얻은 권력을 과시하는 것이 매우 만족스럽다고 생각한다.
어휘 look up to ~ ~를 존경하다
satisfactory [sætisfæktəri] a 만족스러운
show off ~을 과시하다
gain [gein] vt 얻다

406 • Basic Grammar

05 I asked my friend _____ early for the movie tomorrow.
① comes
② coming
③ came
④ to come

출제포인트 ask + 목적어 + to R
정답 ④
해석 나는 내 친구에게 내일 영화를 보러 일찍 오라고 요청했다.

타동사 ask는 목적보어 자리에 to R를 취하는 동사이다. 따라서 to come인 ④가 정답이 된다.

06 Bona attended _____ in the U.S.A.
① in UC San Diego
② to UC San Diego
③ at UC San Diego
④ UC San Diego

출제포인트 타동사 attend
정답 ④
해석 보나는 미국에 있는 UC샌디에이고에 다녔다.
* UC - University of California의 약칭으로 캘리포니아 주에 있는 종합 대학군으로 10개의 캠퍼스가 독립성을 유지하면서 통합적으로 운영된다. 이 중 UCLA, UC Berkeley, UC San Diego, UC Irvine 등이 한국인에게 많이 알려져 있다.

동사 attend는 '~에 다니다'라는 뜻일 때는 타동사이다. 따라서 전치사 없이 목적어를 취하므로, 가장 적절한 것은 ④이다.

07 When they learn language, if corrected too much, babies will stop _____.
① talking
② to talk
③ has talked
④ had talked

출제포인트 stop Ring
정답 ①
해석 아이들이 언어를 배울 때, 너무 많이 지적받으면, 아이들은 말하는 것을 멈출 것이다.
어휘 correct [kərékt] vt 정정하다, 고치다
too much 너무 많이

동사 stop은 동명사를 목적어로 취하는 동사이다. 빈칸에는 stop의 목적어가 들어가야 하므로, stop Ring가 되어야 한다. stop to R 구문은 '~하기 위해서 멈추다'라는 의미로 여기서 stop은 자동사이고, to R는 부사적 용법으로 사용된 것이다. 따라서 정답은 ①이 된다.

08 The more we study, _____.
① the more discover we our ignorance
② the more we discover our ignorance
③ we discover our ignorance the more
④ we discover our ignorance more

출제포인트 The 비교 ~, the 비교 ~ 구문
정답 ②
해석 공부를 하면 할수록, 우리는 우리의 무지를 더 많이 발견한다.
어휘 discover [diskʌ́vər] vt 발견하다, 알아내다
ignorance [ígnərəns] n 무지, 무식

The more we study가 제시되어 있고, 보기에도 'the 비교'가 보인다. 따라서 'The 비교 ~, the 비교 ~' 구문을 묻는 문제임을 알 수 있다. 'The 비교 ~, the 비교 ~' 구문에서는 양쪽이 완벽한 대구를 이루어야 한다. 앞 절이 'The 비교 + 주어 + 동사 ~'의 구조이므로, 빈칸에도 똑같이 'the 비교 + 주어 + 동사 ~'의 구조가 되어야 적절하다. 따라서 정답은 ②가 된다.

09

① Either my mother nor my father ② is particularly interested in my ③ going abroad ④ during the summer vacation.

① either는 or와 상관관계에 있는데 either 뒤에 nor가 제시되었다. 따라서 Either를 Neither로 고치는 것이 적절하다. ② neither A nor B가 주어 자리에 나오면 동사와의 수일치는 B에 맞춘다. B에 있는 주어가 my father로 단수이므로 동사 또한 단수가 된다. ③ in + R ing는 '~하는 데 있어서'라는 뜻이며, 동명사의 의미상의 주어는 소유격이므로 동명사 앞에 my가 온 것이다. ④ during은 전치사로 '~ 동안에'라는 뜻이다.

출제포인트 등위상관접속사 짝짓기 (neither A nor B)

정답 ① (Either → Neither)

해석 나의 어머니와 아버지 두 분 중 어떤 분도 내가 여름 방학 동안에 해외여행을 가는 것에 특별히 관심을 가지고 있지 않으신다.

어휘 particularly [pərtíkjələrli] ad 특히, 특별히
be interested in ~에 흥미가 있다, 관심이 있다
go abroad 외국에 가다

10

The problem with ① these sleep aids is that ② even though they induce ③ drowsiness, they do not promote real sleep ④ what is deep, lasting and refreshing.

④ 선행사 real sleep이 관계대명사 what 앞에 있으므로, 선행사를 포함하고 있는 관계대명사 what은 부적절하다. 따라서 what을 선행사를 포함하지 않고, 사물을 선행사로 취할 수 있는 관계대명사 which나 that으로 고친다. ① these는 복수명사와 수일치한다. ② even though는 '비록 ~일지라도'라는 뜻의 접속사로 양보의 부사절을 이끈다.

출제포인트 관계대명사 what

정답 ④ (what → which 또는 that)

해석 이러한 수면 보조제와 관련된 문제는, 비록 그것이 졸음을 유발한다고 해도, 깊고, 지속적이고 상쾌한 진짜 수면을 촉진하지는 않는다는 것이다.

어휘 aid [eid] n 보조(제)
induce [indjúːs] vt 유도하다; 야기하다
drowsiness [dráuzinis] n 졸음, 졸림
promote [prəmóut] vt 촉진하다, 진척시키다
lasting [lǽstiŋ] a 지속적인
refreshing [rifréʃiŋ] a 상쾌한, 산뜻하게 하는

11

The teacher encouraged ① her students ② read as ③ many good books as ④ possible.

② 타동사 encourage는 목적보어 자리에 to R를 취하는 동사이다. 따라서 원형부정사 read를 to read로 고친다. ① 명사 앞자리는 인칭대명사의 소유격 자리이다. ③ many는 복수명사와 수일치한다.

출제포인트 encourage + 목적어 + to R

정답 ② (read → to read)

해석 교사는 자신의 학생들에게 가능한 한 좋은 책들을 많이 읽도록 장려했다.

어휘 encourage [enkə́ːridʒ] vt 격려하다, 장려하다
as ~ as possible 가능한 한 ~하게

12

There are a few ① rules to follow ② when you ③ participate the message board ④ on our school website.

③ participate는 자동사로 전치사 없이 목적어를 가질 수가 없는데, 이 문장에서 participate 뒤에 목적어가 있으므로 participate를 participate in으로 고치는 것이 적절하다. ① a few는 '약간'이라는 뜻으로 복수명사와 수일치한다. ② when은 '~할 때'라는 뜻의 접속사로, 시간의 부사절을 이끈다.

출제포인트 자동사 participate

정답 ③ (participate → participate in)

해석 우리 학교 웹사이트의 게시판에 참여할 때, 네가 따라야 할 몇 가지 규칙들이 있다.

어휘 participate in ~ ~에 참가하다
message board n 게시판

13

① The police officer will ② tell you ③ write on the statement all the things about the car crash ④ that you know.

③ 불완전타동사 tell은 목적보어 자리에 to R를 취한다. 따라서 원형부정사 write를 to write로 고쳐야 옳은 문장이 된다. ④ that you know에서 that은 관계절 내의 동사 know의 목적어 역할을 하는 목적격 관계대명사이며, 관계절이 선행사 the things를 꾸며 주고 있다.

출제포인트 tell + 목적어 + to R
정답 ③ (write → to write)
해석 경찰관은 교통사고와 관련된 네가 알고 있는 모든 것들에 대해 진술서에 쓰라고 너에게 말할 것이다.
어휘 statement [stéitmənt] n 진술(서)
car crash 접촉사고, 충돌사고

14

After ① taking care of my brother and ② me, ③ my mom used to scrub, mop, and ④ to dust everything in the house.

④ 이 문장은 주절 동사 used to R에 걸리는 원형부정사가 세 개 열거되는 구조이다. scrub과 mop은 원형부정사의 형태로 적절한데, to dust는 to R의 형태로 옳지 않다. 따라서 to dust를 원형부정사 dust로 고치는 것이 적절하다.

출제포인트 등위접속사에 의한 열거 구문
정답 ④ (to dust → dust)
해석 오빠와 나를 돌봐 주신 후에, 엄마는 집 안에 있는 모든 것을 문지르고, 닦고, 털곤 하셨다.
어휘 take care of ~ ~를 돌보다
used to R ~하곤 했다
scrub [skrʌb] vt 문질러서 씻다
mop [mɑp] vt 대걸레로 닦다
dust [dʌst] vt 먼지를 털다

15

① No one can ② discourage her from ③ marry the man of ④ her own choice.

③ marry 앞에 전치사 from이 있다. 전치사 뒷자리에는 명사 상당어구가 들어가야 하는데 동사 marry가 있으므로 적절하지 않다. 따라서 동사 marry를 명사 역할을 하면서 뒤에 있는 the man을 목적어로 취할 수 있는 동명사 marrying으로 고쳐야 옳은 문장이 된다.

출제포인트 전치사 + 동명사
정답 ③ (marry → marrying)
해석 어떤 사람도 그녀 자신이 선택한 그 남자와 결혼하는 것을 막을 수 없다.
어휘 discourage [diskə́ːridʒ] vt 막다
choice [tʃɔis] n 선택

16 다음 중 어법상 틀린 문장은?
① You should be sound in body as well as in mind.
② She has never been either to Paris or London.
③ I expected her to finish it sooner than usual.
④ I felt someone listen to my singing a song.

② 등위상관접속사 either A or B의 양쪽이 병치를 이루어야 하므로 Paris와 병치가 되도록 London을 to London으로 고친다. 혹은 either를 전치사 to 뒤로 옮겨 to either Paris or London으로 표현하는 것도 가능하다. ① 비교 대상이 in body와 in mind이므로 병치를 이루고 있다. ③ expect는 5형식 구문에서 'expect + 목적어 + to R'의 구조를 취한다. ④ feel과 같은 지각동사는 5형식에서 목적보어로 동사원형이나 분사를 쓴다. 그리고 전치사 to의 목적어로 동명사구(singing a song)가 나왔으며 동명사의 의미상 주어는 소유격의 형태이므로, my singing a song은 적절하다.

출제포인트 등위상관접속사에 의한 병치
정답 ② (London → to London)
해석 ① 당신은 정신에 있어서 뿐만 아니라 신체에 있어서도 건강해야 한다.
② 그녀는 파리에도 런던에도 가본 적이 없었다.
③ 나는 그녀가 보통 때보다 더 빨리 그것을 끝낼 거라고 예상했다.
④ 내가 노래 부르고 있는 것을 누군가가 듣고 있다는 것을 느꼈다.
어휘 sound [saund] a 건강한, 건전한
sooner than usual 보통 때보다 더 빨리

17 다음 중 어법상 맞는 문장은?
① She was seen enter the room.
② I love nobody but you.
③ I want you study harder than now.
④ We consider to start the project next week.

② but은 '~을 제외하고'라는 뜻으로, except와 같은 의미의 전치사로 사용되었다. ① 지각동사(불완전타동사)의 목적보어는 원형부정사(R)이고, 이 구문을 수동태로 전환하면 원형부정사(R)를 to R로 고쳐야 한다. 즉, She was seen to enter the room이 되어야 한다. ③ 불완전타동사 want는 목적보어에 to R를 취하므로 원형부정사 study를 to study로 고친다. ④ 불완전타동사 consider는 동명사를 목적어로 취한다. 따라서 to start를 starting으로 고친다.

출제포인트 전치사 but
정답 ②
해석 ① 그녀가 방으로 들어가는 모습이 보였다.
② 나는 너 말고 아무도 사랑하지 않는다.
③ 나는 네가 지금보다 더 열심히 공부하기를 원한다.
④ 우리는 그 프로젝트를 다음 주에 시작할 것을 고려하고 있다.
어휘 but [bʌt] prep ~을 제외하고

18 다음 중 어법상 틀린 문장은?
① To master English is not so easy.
② A number of books were arranged on the book shelves.
③ Would you mind helping me with moving the desk?
④ The climate of England is cooler than those of Korea.

④ 비교 대상인 those of Korea에서 those가 가리키는 것은 climate로 단수명사이므로 those는 적절하지 않다. 따라서 지시대명사 those를 단수형인 that으로 고친다. ① to R구가 주어로 오면 단수 취급한다. ② 'a number of + 복수명사 + 복수동사'이다. ③ 동사 mind는 동명사를 목적어로 취하며, help A with B는 'A가 B하는 것을 돕다'라는 의미이다.

출제포인트 대명사의 수일치
정답 ④ (those → that)
해석 ① 영어를 통달하는 것은 쉽지 않다.
② 수많은 책들이 책꽂이에 꽂혀 있었다.
③ 제가 책상을 옮기는 것 좀 도와주시겠습니까?
④ 영국의 기후는 한국의 기후보다 더 서늘하다.
어휘 master [mǽstər] vt 통달하다, 완전히 익히다
arrange [əréindʒ] vt 배열하다, 정리하다
help A with B A가 B하는 것을 돕다
climate [kláimit] n 기후

19 다음 빈칸에 들어갈 말로 적절하지 <u>않은</u> 것은?

We _____ her to complete the application form.

① expect   ② allow
③ tell   ④ let

목적보어 자리에 to R가 있으므로 ④의 let은 빈칸에 들어갈 수 없다. let은 make, have 등과 함께 목적보어에 원형부정사(R)를 취하는 동사이다.

출제포인트 let + 목적어 + 동사원형
정답 ④
해석 우리는 그녀가 지원서를 작성할 것을 기대한다/허락한다/말한다.
어휘 complete [kəmplíːt] vt 작성하다; 끝마치다
application form n 지원서

20 Even though he was very smart, he found even the easiest things very _____.

① confuse   ② confusing
③ confused ④ confuses

보기를 보니 감정분사 문제이다. 이 문장에서 보기에 제시된 감정분사는 목적어 easiest things, 즉 사물의 상태를 나타내야 하는 것이므로 현재분사가 되어야 한다. 따라서 ②가 정답이다.

출제포인트 감정분사
정답 ②
해석 그가 아주 똑똑할지라도, 가장 쉬운 것 조차도 아주 헷갈릴 수 있다는 것을 알았다.
어휘 confuse [kənfjúːz] vt 혼란시키다
confusing [kənfjúːziŋ] a 혼란스러운
confused [kənfjúːzd] a 혼란스러워하는

MEMO

MEMO

MEMO

MEMO

기초필수 영문법

TAKE-OUT
BASIC GRAMMAR

초판인쇄	2022년 10월 19일
초판발행	2022년 10월 26일
저자	이리라
발행인	박홍준
발행처	㈜두빛나래
등록번호	제 575-86-01526호
주소	서울시 구로구 경인로 661, 103동 2404호
	(신도림동, 신도림1차푸르지오)
전화	070-4090-1051
팩스	070-4095-1051
교재문의	dubitbook.com
ISBN	979-11-90945-66-0 13740

저자와 협의하에 인지는 생략함

이 책의 무단 전재 또는 복제 행위는 저작권법 제136조 제1항에 의해 5년 이하의 징역 또는 5,000만 원 이하의 벌금에 처하거나 이를 병과할 수 있습니다.
파본은 교환해 드립니다.

정가 27,000원